『新プラ　　　　　　　　　の出版にあたって

　公益社団法人日本証券アナリスト協会では、2011年12月、旧版『プライベートバンキング』を発刊し、2013年6月にはPB資格試験を開始するなど、先駆けとなって、わが国におけるプライベートバンカーの育成に取り組んできました。

　この間、主としてプライマリー・プライベートバンカー（プライマリーPB）資格試験のテキストとして作成された『プライベートバンキング』が、資格取得を目指す方々のみならず、広くプライベートバンキング関連の知識を求める読者にも受け入れられてきたことは、金融・投資の分野における人材育成を使命とする協会にとって幸いでした。

　2020年12月、当協会では、PB資格試験制度の発足10年を前に、資格試験制度の基盤となっている「プライベートバンキング基礎知識体系」の大幅な改定に踏み切りました。

　わが国でプライベートバンカーの中心的な顧客層となっているオーナー経営者は、ファミリー（個人）とビジネス（事業）の両面で課題を抱えており、その一方を解決するだけでは十分なサービスを提供したことにはなりません。このため、これら両面の課題を分析し、解決策を考え、顧客に寄り添いながら実行を支援し、ファミリーとビジネス双方の持続的な発展を長期的にサポートできることが、プライベートバンカーに必要とされる特徴的なスキルであるという点をより強く意識して、関連する項目を充実させたものです。併せて、プライベートバンキング業務を巡る環境の変化も踏まえて大幅な改定を図りました。

　これを受けて、プライマリーPB資格試験のテキスト『プライベートバンキング』については、本書『新プライベートバンキング』として、全面的に内容を一新することとしました。

　内容を改めるに当たって本書では、想定する顧客層を事業承継が大きな課題となっているオーナー経営者に絞りました。その課題の解決に必要な知識という観点から記述することで、解説の統一感を保つようにしたものです。これらの知識を一通り学ぶことにより、開業医等の専門職、地主等の資産家からマス富裕層まで、多様な顧客層への対応にも応用できる基礎を身につけることがで

きるようになっています。

　本書では、「はじめに」でプライベートバンキングビジネスについて概観します。プライベートバンキングの意義や可能性について認識していただきます。
　続く、第1編「顧客とのかかわりと職業倫理・行為基準」では、プライベートバンカーにとって顧客を知ることの意義と手法、ファミリービジネスの特徴について解説しています。さらに、顧客のために最善を尽くすプライベートバンカーにとっての職業倫理の重要性と、職業行為基準について十分に理解を深めていただきたいと思います。
　第2編「資産の運用」では、顧客の資産状況を把握することに始まり、金融資産の運用と不動産の運用について解説します。
　第3編「資産の承継・管理」では、相続の法務、税務、納税資金対策、成年後見制度といった一般的な内容を押さえるとともに、近年普及が進んでいる信託について、実務で想定される事例に基づく説明を充実させています。
　第4編「事業の承継」では、その手法について親族内承継と親族外承継に分けて詳しく解説しています。その際に、ビジネスの持続的な成長を支えるために役立つ知識として、事業価値評価も取り上げていることは、これまでにない特徴です。

　より学習し易いテキストとなるよう、原則として、各章の冒頭に、「学習ポイント」を、章末に「本章のまとめ」を置きました。また、適宜例題を掲げて知識の確認、定着を図るようにしています。本文と関連する実務で役立つ知識や発展的な内容は、コラムや補論として盛り込みました（プライマリーPB試験の対象とはしないので、難しければ読み飛ばしていただくこともできます）。

　本書が、プライマリーPB資格試験を目指す方々はもちろんのこと、既にプライマリーPB資格を有している方や、プライベートバンキング実務に携わっている方にとって知識の整理とブラッシュアップのために役立てられることを願っています。

2023年1月
公益社団法人日本証券アナリスト協会

本書を利用する上での留意事項

法令の基準

　本テキストは原則として、2022年4月1日時点の法令に基づいて編集しています。法令が変更され、テキストの内容に修正が必要な場合には、当協会のウェブサイト（プライベートバンカー資格＞プライマリーPB試験＞テキスト）にその内容を掲載します。

例題

　プライマリーPBの試験は択一式で行われますが、読者の理解の確認と定着を図るため、例題では、内容に応じて○×式や、穴埋め形式、理由を問う形式などを採用しています。

「プライベートバンキング基礎知識体系」

　「プライベートバンキング基礎知識体系」については、当協会ウェブサイト（プライベートバンカー資格＞資格を知る＞新スタディガイド＞プライベートバンキング基礎知識体系）をご覧ください。

PB資格試験

　当協会が提供するプライマリーPB資格の取得には、本書の各分冊を出題範囲とする3つ（3単位）の試験（四肢択一式のコンピューターによる試験＜CBT＞）に合格することが必要です。ただし、いずれかの試験に合格（単位を取得）すれば、名刺等にその特定の分野を修了した旨の表記をすることができます。

　プライマリーPB資格や試験の詳細については、当協会ウェブサイト（プライベートバンカー資格＞資格を知る＞新スタディガイド）をご覧ください。

セミナー等

　当協会で開催しているPBセミナー、PB補完セミナーなどのセミナーの多くは動画化され、PB資格を有しない方でもご覧いただけます（原則有料）。PB資格保有者の継続学習教材であるため、本書が対象とするプライマリーPB資格試験の範囲を超えるものですが、本書で取り扱われている事項と実務との結

びつきを知る機会ともなります。特に、既にプライベートバンキング業務に携わっている方には、参考となることでしょう。

詳しくは当協会ウェブサイト（プライベートバンカー資格＞セミナーとスクール）をご覧ください。

総合提案書の作り方

なお、上級資格として提供しているシニアPB資格の試験では、顧客に対する体系的な提案書である総合提案書の作成を課しています。

プライマリーPB資格試験のテキストである本書ではほとんど触れていませんので、関心のある方は、『顧客のための総合提案書の作り方〜事業・資産承継と運用に関する投資政策書入門〜』（編集：公益社団法人日本証券アナリスト協会、発行所：ときわ総合サービス株式会社）をご覧ください。同書は、シニアPB資格を目指す方だけでなく、広く実務でのスキルアップを目指す方にも参考にしていただけるものです。

目　次（第1分冊）

参考：目　次（全体）

はじめに

1 魅力のある富裕層市場

(1) わが国の富裕層市場の動向

終戦後創業し、わが国経済の高度成長とともに事業を拡大、株式公開を果たした起業家の莫大な富やM&Aでの売却資金などがいま次世代に承継され始めている。これにより資産保全を目的とする運用ニーズが高まり、有価証券による本格的分散投資の時代が始まっている。

プライベートバンキング（以下、PB）業務は、人口減少が続くわが国において金融分野では数少ない成長市場の1つとなるだろう。また、欧米の金融機関の実績をみても、資産運用ビジネスとしてのPB業務は、機関投資家向けサービスに比べ、はるかに収益率も安定性も高い有望な事業として期待されている。

わが国の世帯数は全階層で増加しているが、特に富裕層と超富裕層の増加率が他よりも高い（図表1）。このことは、金融資産の運用を行っている準富裕層以上の世帯が、この間の景気拡大と株価上昇を受け保有資産を大幅に増やしたこと、また、その結果として準富裕層や富裕層が階層をランクアップさせたことが要因と考えられ、市場の成長がうかがえる。

図表1 わが国の富裕層市場

		超富裕層	富裕層	準富裕層	アッパーマス	マス	合計
2005年から2019年の増加率	世帯数	167.3%	152.5%	121.9%	101.5%	110.0%	110.2%
	金融資産	210.9%	141.3%	140.1%	126.0%	128.1%	134.8%

世帯の純金融資産　超富裕層：5億円以上　富裕層：1億円以上5億円未満
　　　　　　　　　準富裕層：5,000万円以上1億円未満
　　　　　　　　　アッパーマス：3,000万円以上5,000万円未満　マス：3,000万円未満
（出所）　㈱野村総合研究所「NRI富裕層アンケート調査」（2020年12月）より筆者作成

(2) 金融機関にとってのPB市場の魅力

日本のPB市場は、日本経済が人口や所得の伸び悩み等構造的要因から全体として縮小方向にあるにもかかわらず、下記3点の特徴を有する、金融業界において数少ない魅力的な市場であり、業務分野である。

① 今後も成長が見込める市場であること
② 顧客にもたらす生涯価値（LTV＝Life Time Value）が高いこと

1

③　安定的な収益が期待され、一旦顧客になると、そのサービス提供者は代替する新たなサービスの担い手に取って代わられるリスクが低いこと

　以上のような特徴を持つPBサービス分野では、プライベートバンカーが一度、有力顧客の信頼を掴めば、継続的なサービスの提供者としての地位を確立できる可能性が高いことを示唆している。

2　スイスのPBサービスの本質

　先進例としてスイスのPB市場をみると、長年の伝統を背景に、世界の富裕層一族の資産運用を担うオフショアセンターとして傑出した地位を占めている。図表2が示すように、近年ではスイスのPB市場と競合するシンガポールなどの伸び率は確かに高いものの、絶対金額でみれば、依然、スイスが世界一のオフショアPB市場であることは明らかだ。

図表2　主要各国の預かり資産残高

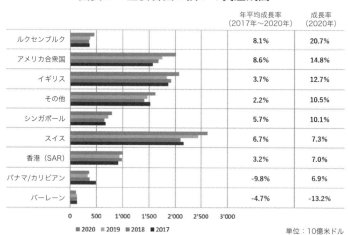

単位：10億米ドル

（出所）　The Deloitte International Wealth Management Centre Ranking2021より筆者一部加工

　こうしたスイスのPB業務のプレゼンスの高さは、何を起因とするものであろうか。以下、7点に分けてその優位性を支える理由を説明する。

　第1に、金融市場の人材能力の高さが挙げられる。顧客への対応能力が高く、複数の外国語を操り、高い職業倫理を持つグローバルな専門人材が国内に数多くいることがオフショア金融市場としてのスイス市場の魅力である。

　第2に、厳格な守秘義務が挙げられる。顧客の資産に係る情報に関しては、

スイスの金融機関は厳格な守秘義務を負うことになる。もし秘密保持を破った場合には、6ヶ月の禁固刑が課されるなど、わが国とは比較にならないほど、厳格な秘匿義務が生涯にわたって課されている。

第3に、スイスのプライベートバンカーには日本の金融機関のような短期の人事ローテーションが通常はなく、同じ富裕層一族を20〜30年間、サポートすることを当然としており、特殊な状況でない限り、生涯にわたり顧客を深くサポートする（親子の争いの仲裁に立つことさえもある）。

第4に、スイスのPB市場は、従来、Old Moneyという富裕層が代々引き継いできた資産を運用するマーケットとして発達してきた歴史的経緯があるため、運用の基本は資産保全型運用と言われている。しかし、近年、富裕層の顧客規模が超富裕層化しているため、より大きな流動性リスクを取ることができ、それに見合うより大きな流動性プレミアムを提供することにも注力している。

例えば、100億円の現預金があり、毎年、運用額の3％だけを支出する富裕層一族を前提とすれば、10年間で支出するのは30億円であり、70億円は10年超、継続的に運用可能な資金となる。この70億円は超長期投資が可能となる資金であり、プライベート・エクイティ・ファンドなどに投入することで、流動性リスクと引き換えに、長い目で見れば高いリターンを目指すことができる。近年、スイスのPBは、こうしたプライベート・エクイティ投資プログラムの提供などにも注力している。

第5に、超富裕層を対象とするファミリーオフィス（第1編第2章第3節参照）による非財務分野も加えた包括的サービスに近年力を入れていることである。

具体的には、著名なプライベートバンク（スイス）の中には、預かり資産1億ドル以上の顧客に対して、預かり資産の1％のフラットフィーを課すことと引き換えに、投資以外の広範なサービスを提供している。こうした非財務分野の投資サービスの中には、弁護士による各種プランニング、一族の会議の企画運営や一族の子弟の教育や就職の支援、長期の旅行の提供などが含まれる。

第6に、世界最高水準の金融商品へのアクセスがあることである。スイスは世界最大のオフショアPB市場として、世界有数のファンドマネージャーが商品を提供しているため、流動性の高い運用商品のみならず、流動性リスクを取るプライベート・エクイティ投資プログラムまで、グローバルでみても最も運用商品が多様な市場の1つとして、顧客にとって魅力的な金融市場となっている。

第7に、富裕層個人を対象としたグローバルなタックス・プランニングのノウハウの高さを挙げることができる。OECD加盟国によるマネーロンダリングや租税回避行為を取り締まる枠組みなどが強化されたことで、スイスのPBサービスはこれまで無頓着であったオフショア顧客の母国の租税ルールを考慮するよう180度方針を変えた。この結果、顧客の母国においても、合法で有効な投資スキームを数多くの国の顧客に提供することができ、今やスイスのプライベートバンカーは顧客の母国の税制からみても、適法で最も高度な税務対策が行えるように変身している。

　筆者はコロナ禍が広がる前の2019年まで過去5年間にわたり、日本の富裕層顧客や金融機関で勤務する方々と視察団を組成し、スイスの金融機関や教育機関での研修を実施してきた結果、以下のような知見が得られた。

⑴　**顧客本位のサービス提供**

　金融サービスのあり方として、単に商品面でのオープンプロダクトプラットフォームの提供に留まらず、顧客の立場に立った姿勢が徹底されており、報酬戦略や人事評価も含めた組織運営の基本哲学として顧客本位が企業運営のあらゆる仕組みに反映されている。

⑵　**サステナブル・インベストメント**

　欧州ではサステナブル・インベストメントという考え方が社会のあらゆる分野に既に浸透しつつある。この背景には、ミレニアム世代を中心にその大宗がサステナブルでないものは受け付けないという価値観やライフスタイルへと一変していることがある。サステナブル・インベストメントの重要性を熱心に説くスイスのバンカーの姿をみて、この分野における日本の新たな経営課題を考えるきっかけとなった。

⑶　**非金融サービスにおける卓越したサービスの提供**

　IMD（International Institute for Management Development、スイスのローザンヌにあるビジネススクール）などの高等教育機関においては、ファミリービジネスを所有する一族を支援する専門教育プログラムが提供されているほか、スイスでは世界の富裕層を対象とする金融機関のサービスや次世代教育が一つのセットとしてごく自然に提供されており、今後のわが国におけるPBサービスの在るべき姿を考えるうえで参考となった。

3　日本のPB市場の課題

　スイスPB市場をベンチマークとして、PB市場の運用商品の多様性や非財務

分野を含むサービスの広範性、担当者に人事ローテーションがなくパーソナルタッチを重視するなどの観点から、以下日本のPB市場の競争力を考えてみたい。富裕層市場の近年の成長にもかかわらず、日本のPBサービスはスイスに比べ、その提供の仕方は十分とは言えない。具体的には特に次の3点に課題がある。

第1に、顧客へのソリューション提供が部分最適の視点で行われていることである。例えば、事業承継において、わが国の相続税率の高さから、節税に偏ったソリューションを顧客に提案してしまう金融機関は多いように思われる。むしろファミリービジネス（FB＝Family Business）を所有する一族などの場合、一族の有形資産のみならず、一族の各メンバーが持つ能力や経験、人脈、および一族が全体として有する社会からの信用といった無形資産（第1編第2章第1節参照）も統合的に、1つの有機的な仕組みとして、次世代に承継させることが永続的な資産承継につながると考えるべきである。こうした手法を原則とするならば、有形と無形の2つの資産の関係性を正しく捉えた上で、FBの永続化を支援するサービスの提供が望まれることになる。この意味で日本の金融機関は、スイスのような一族のガバナンスを考えたり、子弟教育を支援したりするなど、広義の意味で捉えた一族の資産の運用において、非財務分野を含めて、一族をサポートする体制の整備がまだ不十分である。その意味で、まさに部分最適の助言に留まっていると言えよう。

第2に、日本のプライベートバンカーの多くは、リテール部門の中の優秀な人材が資産運用に特化する形でサービス提供を行っており、法人・個人一体型サービスの提供が不十分となっている。例えば、FBのオーナーは一族事業への最後の貸し手としての役割を担うため、FBに十分なキャッシュフローがなければ、いつ事業に個人資産を投入することになるか分からないことから、個人の流動資産を用いて、株式やプライベート・エクイティ・ファンドなども組み込んだ本格的なポートフォリオを組むことはできない。このようにFBを所有する富裕層一族の場合、プライベートバンカーは、コーポレートファイナンスの実務や知識もベースにして、法人・個人を一体として財務分析した上で、あるべき戦略的アセット・アロケーションを判断する必要がある。しかし、コーポレートファイナンスの知識や経験が不十分なプライベートバンカーではこうした役割を十分に果たすことはできないだろう。近年メガバンクの中に、法人・個人の財務・資産状況を一体的に把握したうえで資産運用提案を行うことを目的に、コーポレートファイナンスの経験者をPBに配置しようとする新しい動きがあり、こうした人材配置は顧客の視点でのサービスの創造という意味では、

重要な取組みと言えよう。

　第3に、わが国の金融機関では慣行となっている短期人事ローテーションが及ぼすPBへの弊害は深刻であることである。具体的には、下記4つの理由が考えられる。

・担当者が人事ローテーションで替わる度に、顧客に同じ質問を繰り返し、本来、顧客が秘密にしたい内容を数多くの人間が聞くことになり、秘密保持を困難とする。

・新しい担当者が顧客に同じ内容を確認することで、時給も高く、多忙な顧客の貴重な時間を奪う結果となる。

・優秀な人材が後任として必ず配属されるわけではなく、顧客が落胆するという問題が起こる可能性が高い。

・顧客を担当するプライベートバンカーとの関係が良好ではないケースが出てくる。高級な服飾店で、パーソナリティの合わない売り子に接客を求める人間はいない。特に、高級店ではその傾向は強い。金融機関との関係では、顧客は短期人事ローテーションで次々と異なる担当者を押し付けられているのが現状である。

　以上述べたように、短期の人事ローテーションが顧客に与える4つのストレスを解消する必要がある。この短期人事ローテーションがもたらす弊害に気がついた一部の金融機関は、担当者には一切現預金を触らせず、別の事務担当者が業務監査を同時に行うことで、既に人事ローテーションを廃止する動きを取っており、こうした試みは顧客の視点でのサービス改善という意味で高く評価される。

4　顧客視点での包括サービスの在り方
〜PBの中核顧客であるFBを所有する一族に対して〜

　PBの中核顧客であるFBを持つ一族の場合、プライベートバンカーとしては、対顧客の観点でより差別化されたポジションを確立しようと思えば、一族の富を生み出す活動の結果である現預金に単に群がるようにみなされるのではなく、一族の富の源泉であるFBの永続化に寄与するサービスの提供を目指すべきであろう。こうしたサービスをプライベートバンカーが有効に提供するには、一族のガバナンスの上に事業のガバナンスがあるという、FBの「ガバナンスの2層構造」が生み出す一族の課題をよく理解する必要がある。すなわち、こうしたFBのガバナンス構造においては、まず基底の構造である一族のガバナン

スを理解することがとても重要である。例えば、欧米のファミリーオフィスサービスにおいては、一族のガバナンスを強化するため、まず、一族のルールである家族憲章の立案を支援し、その上でこうしたルールを一族内に浸透させるための一連の一族会議体を企画・運営することが求められる。

ファミリーオフィスは、近年、どちらかと言うと超大口の顧客に対する高度な運用サービスだと、その機能を限定して認識されてしまっているようである。しかし、ファミリーオフィスの本来の役割は、財務分野に留まることなく、こうした非財務分野を含めた包括的なサービスの提供にあり、一族の永続化に資するサービスが究極の目的でなければならない。今後、金融機関がPBサービスを提供するという文脈で、FBの十分な研究を前提にPBサービスの提供を推進していくことが期待されている。PB業務の中核顧客であるFBを所有する一族に対して、FBのガバナンスの2層構造が生み出す典型的な問題点や潜在的なリスクを先取りして、顧客に詳細に助言する価値は高いことを自覚すべきである。

5 生涯現役キャリアの対象になり得るプライベートバンカーの業務の魅力

プライベートバンカーは、「人生の成功者」との深く長い付き合いを前提にしている。ビジネスで成功した一族はいずれも魅力のある人々であり、また、その豊かな財産や知識を背景としたライフスタイルは誰もが交流したいと願う魅力のあるものである。プライベートバンカーはこうした選ばれた顧客と長期にわたり、深く関わりながら仕事をするため、仕事を通じた刺激や学びは大きい。

上述のように本来、プライベートバンカーは人事ローテーションがなく、生涯現役で働く意思と能力がある限り、超長期に顧客をサポートするべきである。プライベートバンカーが生涯現役で活躍することで、自らが提供するサービスについて、顧客から評価を得て、自らの承認欲求の願望を満たすことができる。また、若い世代の人材に対して、晩年になってこそ自らの失敗も含めて知恵を伝えられるなど、後進の育成を通じた達成感も得られるのが、生涯現役というキャリアであろう。

今後も、富裕層の数は増加することが予想されている。また、顧客の立場に立った包括的サービスを人事ローテーションなく提供するサービスへの顧客ニーズも高まるだろう。

一方、働き手の視点では、プライベートバンカーというキャリアは、高度な

金融サービスを顧客の視点で包括的に提供し、オーナーをはじめその子、孫の世代とも関わることで、生涯現役を目指すことのできる魅力ある職業でもある。晩年になっても現役で働くことで、規律ある生活による健康寿命の延伸を手にし、シニア・プライベートバンカーとして、預かり資産をベースとした安定した高い所得を獲得でき、その上、人生の成功者と長く強い絆がバンカー本人にとっての生きがいになる。このことは、超高齢社会の３つの課題である、健康、お金、生きがいの３つの課題をPBの担い手自身にとっても同時に解決することができるのではないだろうか。

第1編

顧客とのかかわりと
職業倫理・行為基準

第1章　顧客とのかかわり

　PBでは顧客を知る（KYC＝Know Your Client）プロセスは、顧客ニーズを正しく把握し、本人の投資経験や主観的・客観的リスク許容度を前提に最善の提案を行うために、最初に着手しなくてはならないことである。更にマネーロンダリングの観点から問題のある顧客を排除するというコンプライアンス上の理由からも重要なプロセスである。また、一度行った提案も環境の変化に合わせて、適時見直すことを怠れば、資産規模が大きいだけに、大きな機会損失に繋がる。この意味でPB担当者にとってリレーションシップ・マネジメントの本質は、常に顧客の現状を知ることに尽きている。本章ではPB顧客へのアプローチ手法とその対象となる顧客を説明する。

第1節　顧客を知る

学習ポイント

●顧客の属性、資産・収入状況など対象顧客の特徴を理解する。
●顧客とはファミリー（家族ないし一族）全体であり、ファミリーメンバーを把握する重要性を理解する。また、ファミリーの資産（有形・無形資産）および収益の源泉である事業の状況を把握する重要性を理解する。

【1】　資産形成の経緯を確認する

1　過去の事業や投資の成功・失敗体験を聴く

　人は誰も成功体験は話したがるものである。どのようにしてこれ程の資産を一代で築くことができたのか、その理由を尋ねることから顧客を知るプロセスを始めるべきである。一般的にこうした話題をきっかけにすることで顧客との会話がスムーズに始まる。また、人生の成功者の話は、いずれも学ぶべきものが多く、当方が真摯に聞く姿勢を示せば示すほど、相手は熱を込めて話をしてくれるものである。このステージでの顧客の話は、決して当方からの提案や批判的コメントで遮ってはいけない。カウンセラーになったつもりで、終始頷きながら、ときには相手の言葉をオウム返しにして確認し相手の話を促しながら、

必要な情報をしっかりと収集しなければならない。

　相手がFB（ファミリービジネス）のオーナー経営者なら、まず、事業を中心に話を聴くことから始めたら良いだろう。証券投資の話は、当方は聞きたいかも知れないが、この時点では慎むべきである。投資提案というあなたの関心事（アジェンダ）を話すためだけに情報を取っていると誤解を受ければ、相手の信頼を得るきっかけを失うことになってしまう。

　資産形成の経緯を確認することは、スイスのPB業務にとって最も重要なプロセスと位置付けられている。このプロセスを徹底して行うことで、マネーロンダリングで問題のある顧客を排除することができるし、包括的提案に必要な顧客の基礎情報も手に入れることができるからである。

2　事業や投資の基本的な考え方や哲学を聴く

　事業では、何を大切に経営しているのか、特に、新規事業や大規模な設備投資を実行する際、どのような判断基準に基づいて意思決定しているのかを尋ねることである。ウェブサイトなどで会社の沿革を見れば、いつ、どの分野で大きく業態を変えるような大型の投資を行ったか、容易に発見でき、こうした事業の投資に関する一連の質問への回答の中に、有価証券投資に対する本人の好みや主観的リスク許容度など、投資提案の際に必要となる情報が潜んでいるため、有効なアプローチと言える。

3　Old MoneyとNew Moneyの違いを知る

　Old Moneyとは、先祖代々継承してきた財産（またはその所有者）を意味する。欧米のPB業務では、Old MoneyとNew Moneyの違いを知ることは、投資目的や投資スタイルを知る上で重要だと考えられている。

　一般的な傾向として先祖代々の資産を受け継いだ者（＝Old Money）は守りが中心の運用となり、必要最小限のリスクしか取りたがらない。一方、一代で財を成した起業家（＝New Money）は、過去の成功体験に照らし、自分が納得できるリスクなら、果敢に取る。もっとも創業者ではなくとも、中興の祖として、実質的な意味で一族の事業を今日の規模まで拡大することに成功してきた経営者の場合、その資産はNew Moneyとして評価すべきであろう。しかし、創業者といえども、事業を売却して引退し、売却代金を取り崩して生活している場合には、実質Old Moneyと考えるべきだろう。

　顧客が創業者か2代目以降かどうかという形式チェックで判断するのではな

11

く、経営している事業から継続的にキャッシュフローを取り、リスクのある事業投資をしているのかどうかという実質をみて、その顧客がOld MoneyかNew Moneyかの実質的な判断を行うことが必要となる。

【2】　資産の現状を確認する

1　経常資金収支を確認する

　超長期にわたる保全型資産運用を包括的に行うことがPB業務での目的である。まず、顧客の事業の経常資金収支が赤字か黒字かを判断するところから始めなければならない。

　経常資金収支が恒常的に赤字なら、向こう5年以内の生活資金不足額については、運用する前に預金やMRFなどで元本保全と流動性の確保を図る必要がある。こうした資金はいわば短期債務と同等で運用にあたっては、価格変動リスクや流動性リスクを取ることを控えなければならない。更に、赤字規模の大小や赤字の原因が構造的か循環的かなど、赤字資金の規模や性質も総合的に把握しなければならない。個人にとっても法人にとっても、絶対に回避しなければならない財務リスクはキャッシュフローリスクだからだ。経常資金収支の確認は、このように顧客個人だけではなく、顧客が支配し経営する事業に対しても行う必要がある。経営者個人の流動資産は、自らの事業への最後の貸し手の役割を果たし、会社の経常資金支出の動向によっては、会社の資金繰りニーズに経営者は常に対応せざるを得ないからである。

2　資産・負債の総額を把握する

　一般に資産から負債を引いた純資産額の規模が大きければ大きいほど、投資家のリスク許容度は高いといわれている。より正確にリスク許容度を把握するには、将来の引退後生活不足資金や未払相続税額という将来の負債も現在価値に引き直して資産から控除したり、生命保険の予想受取額を資産に増額させたりする微調整も必要となるだろう。その意味で、年金で用いられている**ALM**（＝**Assets and Liabilities Management**）の手法は、今後、富裕層に対して導入されてしかるべき資産管理ツールになると思われる。

　リスクマネジメントの本質が資金繰りリスクにあることに鑑みれば、単に純資産規模が大きいだけでなく、それに見合った当座資産（個人の場合は現預金および売却可能有価証券）の規模の大きさも重要となる。特に、新規上場を果たした起業家が現役の社長の場合、経営上の理由から持ち株比率を一定以下に

下げることができないことが多い。このため、純粋な意味で投資可能な流動資産（欧米では、これをNet Investible Assetといい、PB顧客選択基準として用いている）の規模を把握するには、売却できないこうした株式の金額を控除して判断する必要がある。

3　資産の保有形態を確認する

　相続における遺産分割や事業承継および総合的タックス・プランニングを効果的に提案するには、資産のみならずその保有形態からも課題を探り、改善の余地を検討する必要がある。特に、今後相続税の一層の強化が予想される中、過去に実施したタックス・プランニングが最善ではなくなる可能性も高く、新規アプローチのきっかけともなるので重要である。

　グローバル化が加速する中、一族の居住地および事業資産の所在地が国外に移り、グローバル・タックス・プランニングの活用の余地が生じている場合、PB業務に携わる者として、競合する金融機関とのサービスの差別化を示すことのできるこうした機会を逃してはならない。

⑴　保有形態の確認

　資産の保有形態が直接保有か間接保有かを確認し、間接保有の場合には、その法人などの器（＝Vehicle）の所在地を確認し、その設立目的まで把握できれば、効果的提案の機会を手に入れることも可能となるだろう。

⑵　持ち分の確認

　事業会社の本体の株式やその持ち株会社の株式の場合、一族の個人持ち分を正確に把握する必要がある。今後の相続税対策と経営支配力の維持という両面から、一族事業の株式に潜在的な課題がないか把握するため、どうしても必要である。

　特にプライベート・エクイティ・ファンドの持ち分のように、相続以外の理由では、原則期限まで売却できない有価証券持ち分があれば、流動性リスクの判断は極めて重要となる。また、純資産評価（**NAV＝Net Asset Value**）は、年に1回のファンドの会計監査の際、評価額が大幅に変更になることもあるので、注意が必要となる。顧客がこのような投資に慣れていない場合、顧客が思わぬ流動性リスクや予想外の評価損にさらされないようにするために、流動性リスクの有無やファンドの評価が突然下がる可能性があることを予め伝えることも重要となる。また、こうした潜在リスクに対し注意喚起することで、顧客の全資産に関する自主的な開示を引き出すことがPB業務担当者の重要な仕事

となる。

　命の次に大切なお金の問題は、個人の病気同様、必要な時に、必要な人に、必要な程度だけしか情報を開示しないものである。顧客の財産の自主開示を促すにあたり、以上のような開示の必要性があることを同時に伝えていくことがポイントとなる。

第2節　円滑な顧客対応の基礎

学習ポイント

● 企業オーナー等の主要な顧客とのコミュニケーションやリレーションシップマネジメント（RM）に関する基本事項を理解する。
● 子弟教育と後継者育成を支援する重要性を理解する。
● 自身の能力を向上させ、顧客との信頼関係を築く重要性を理解する。
● 顧客の話を傾聴し顧客の考えを聞き出す際に、定量的な情報のみならず定性的な情報を引き出すスキルの重要性を理解する。
● 専門部署（PB統括、運用、コンサルタントなど）や専門家（税理士、会計士、弁護士など）とのネットワークを社内外に広げ、チームとして協働することを通じ、顧客の課題を解決する重要性を理解する。
● ビジョンと現状の差を当事者である顧客に認識させるプロセスを理解する。

　一連の顧客を知るプロセスを経た後に、顧客が現状の課題の取組みとその進捗状況に満足しているのか、ずばり尋ねる必要がある。その際、具体的にどの分野で当方の支援を必要としているのかも確認することを忘れてはならない。これまで見てきたような正しいプロセスを経たファクトファインディングに基づく提案なら、顧客にとって単に売り込まれたものではなく、本人が求めている提案となるはずである。

【1】　プライベートバンカーに求められる傾聴力

1　カウンセラーとして傾聴（＝Active Listening）する際に注意すべきポイント

　本来は、本人の懸念事項から聴き始めるところだが、多くの場合、自分の課題については口が重く、最終的に「あなたが死んだら、誰があなたの代わりを務めてくれますか」と尋ねることで、ようやく重い口を開くものである。特に、成功している現役の経営者で一族の家長でもある人の場合、対外的に作られた顔（分析心理学者であるユングが言うところの「ペルソナ」）を維持する必要からも、自己の弱みを開示することには極端に神経質となり、消極的となる。たとえ話をしてくれたとしても、当たり障りのない話題だけで終わることにな

る。その意味でも、本人の心の中に入るには相手との共感形成が必要となる。近親者の抱える切実な問題を聴き手として真摯に共有し徐々に外堀を埋めていくアプローチが望ましい。障害を持つ子ども、介護が必要な親、そして頼りない後継者の存在と少しずつ口を開き始めるだろう。他人にも見えやすいものから徐々に見えにくいものへと、懸念事項を徐々に話していく傾向があるからである。

2　健康に関する課題と対処の状況を聴く

　病気などに対する支援が必要な近親者の状態が改善しないために本人の活動が制約されることや、他者の支援が必要な場合、少なくともその人の平均余命年数をカバーする生活費を賄える準備がなされているかどうか、検証する必要がある。また、より適切な介護施設の紹介が必要ならば、可能な限り顧客との信頼感を深めるためにも仲介斡旋の労を取るべきである。更に、健康改善の余地があるならば、高度医療サービスや専門医へ紹介することも重要な非財務分野のサービス提供の機会と捉えるべきである。

　この10年程、健康保険制度に不満を持つ医師や彼らを支援する経営者は増え、医師のセカンドオピニオンや先端医療機関を紹介するサービスが次々と出始めている。こうした業者の中で、紹介に値するフットワークの良い担当者を知っておくことは、顧客サービスという意味で役に立つ。しかし、この場合も高い会費の見返りに、紹介手数料をPB担当者に払うというアプローチをしてくる業者がいるので、職業倫理の観点からも、一線を置いて対応すべきである。

　また、去り逝く人と過ごす時間が持つ価値を忘れてはならない。お金により優れた医療・介護施設の提供がなされているとしても、病を抱え弱っていく人にとっても、看取る側にとっても、互いの心を通わせる最期の時間をできる限り確保できるよう配慮したいものである。

3　本人の健康上の課題

　周囲の人間の健康上の課題が共有できれば、いよいよ本人の課題に移る。この場合、「○○様が元気な限り何とかなりますね」と肯定的に質問をぶつけてみることからスタートし、相手の反応を見ていくことを勧めたい。その際、本人の顔の表情が曇ることや、長い沈黙など言外のメッセージがあれば、それを読み取れるような注意深さが大切となる。こうした質問に触発され、本人が背負いきれない重荷を感じた時、「実は、私自身にも健康の課題や体力の急速な

衰えの実感があり、いつまでも1人で支えきれないかも知れないと感じているのです」と本音を漏らす一瞬が訪れるものである。これにより初めて本人の願望をしっかりと聴くことができるようになる。

4　子供や孫の教育の課題を聴く（含む後継者育成問題）

(1)　受験支援

　子供や孫の教育問題も富裕層顧客の抱える悩みの1つである。本人には十二分に資産があるが、一族が代々私立の有名小学校に通ってきたわけではない場合には、学校へのツテもなければ、家族に代々伝わる入学準備へのノウハウもない。お受験ブームの中、娘から孫のためにと教育費の支援と目指す学校の関係者の紹介を求められ、困った結果、相談を受けることもしばしばある。

　お受験事情に詳しくかつ受験準備指導に関して誠実に対応してくれる有識者を人脈に持つことは、PB担当者にとって重要な財産となる。成功の要諦は、進学の目標を明確にすること、本人に向いた学校を選択すること、そして、選択した学校の入学試験に合った準備を実績のある塾で十分に積むことの3つを確実に行うことである。また、学校によっては可能な限り学校関係者と知己を得ることも重要になるかもしれない。幼稚園・小学校の選択というプロセスでは子供が幼小であることから、親の影響力が強くものを言うだけに、中学や高校・大学の受験以上に親や祖父母が何かできることはないかと悩むケースが多い。富裕層顧客に接しているPB担当者がこうした親や祖父母の気持ちに共感し、必要な支援をタイムリーに提供すれば、生涯にわたり顧客から感謝され、顧客一族との強い信頼関係を構築するきっかけとなる。相談があればPB担当者は自らの人脈をフルに活用し、顧客のニーズに先手を打つ形で対応することが必要である。

(2)　留学支援

　留学のニーズへの対応もFBの国際化とともにPB担当者にとって不可欠となりつつある。

　わが国では、中長期的に経済の成熟化と人口減で国内市場が構造的に縮小していく。このため、非貿易財の提供を行うサービス業や不動産業まで、成長市場が見込める新興国市場に活路を見出そうとする国際化が進展している。

　次世代教育の一環として、事業のグローバル化に対応するため、一族の子弟を留学させる富裕層は今後も増え続けるだろう。特に、国際的視野でみれば、最終学歴はグローバルに通用する国際的なプロフェッショナルスクールで修士

17

号を取得することが求められている。現に有力な外資系企業の在日トップは、皆例外なく修士号を取得しており、語学や専門能力は当然のこと、学校を通じて作った人脈は、ビジネス交渉の要所要所でものを言う。顧客である祖父母や両親は、お金に不自由がない分、自分に果たせなかった夢の実現だけでなく、一族事業の永続の可能性も賭け、子弟の留学にも心を砕いている。PB担当者としては、こうした顧客の想いに共感することが求められる。

(3)　後継者問題

　学業を終え、他社で武者修行を積んできた次世代がいよいよ一族経営に参画する時期が来たとする。ここで問題となるのが、どのように一族の企業内で後継者を育成するかということである。欧米のFBの研究においても、高等教育を身につけ、大手企業や金融機関などで刺激のある実務経験を積んでしまうと、家業に感じていた魅力が急速に失われてしまうリスクが指摘されている。また、一族の企業に入っても、一族の企業理念やこれまでの取引先との長期的貸借関係への十分な知識や配慮に欠け、問題の種となる場合がある。

　父親が社長であるがために、いずれその後継者となる子ども世代に対して、番頭達が十分な指導が行いづらいという不可避な問題を抱えながら事業承継プロセスが進むことになる。社長である父親が、次期後継者に適切な修羅場を与えないまま社長交代を迎えると、コーポレートガバナンス上、大きな爆弾を抱えながらの事業継続を強いられることとなる。

　FBオーナーへのヒアリングの際、オーナーのメッセージの裏に隠されている後継者への複雑な想いが込められているケースがある。この部分については、特に傾聴を心がけ、後継者問題について父親である社長とどの程度まで深くこの想いを共有できるかが、顧客への提案内容の精度にも反映されるだろう。

　後継者問題は、企業に永続性があるため、ある年齢を超えた経営者にとっては自らの命以上に重要である場合がある。PB担当者の中核的な顧客は間違いなくFBを所有する一族である。事業承継という大きな人生の課題が彼らと共有できれば、PB業務は自ずと成功するといっても過言ではない。

【2】　コミュニケーションスキル

1　顧客の意思決定への阻害要因を取り除く

　せっかく顧客が営業の機会を与えてくれ、当方も良いソリューションを提供しても、顧客の心の壁に阻まれて、顧客が意思決定をしてくれない限り、双方にとって時間の無駄となるだけである。その意味で顧客の意思決定の阻害要因

にはどのようなものがあり、今どのステージで顧客が意思決定を止めているのかを理解しない限り、顧客との効果的なコミュニケーションは成立しない。

(1)　顧客の意思決定を阻害する4つの心のハードル

①　不信のハードル

　売り手を信用できないという買い手の抱く拒絶反応が不信のハードルである。これを越えるには、顧客紹介が最も有効である。もっとも、この不信のハードルは大手の金融機関に勤めていれば、そのブランドを使って、通常は簡単に越えることができるだろう。

　独立している場合、紹介以外の信用補強の方策としては、専門分野での書籍の出版や顧客が信頼をおくサークルや企業が主催する講演会で講師としての自分の話を聞いてもらうことが有効になる。

②　不要のハードル

　第2のハードルが、売り手が指摘するような課題は持っていないという買い手側の拒絶反応である。

　この心のハードルも、本章第1節で既述したとおり、顧客の課題を一つひとつ丁寧に聴き、相互に確認することができれば解決できる阻害要因である。しかし、十分に顧客の話を聴くプロセスを欠いて紋切り型の提案書で拙速に進めようとすれば、顧客は売り込まれていると感じ、この第2のハードルをより高くし、次に進めなくなる危険があるので、油断できない。

③　不適のハードル

　第3のハードルは、一度は共有した課題に対して売り手側が提示する解決策が買い手にとっては適切ではないとする買い手側の拒絶反応である。

　この3番目の心のハードルを越えるには、あなたの提案書に対し顧客にセカンドオピニオンを取らせることや、社長の抱える社内のゲートキーパーや顧問税理士などへの説得が有効となる。要するに、「外堀を埋めて」次第に提案内容への関係者の合意を取りつけ最終意思決定者に判断を迫るアプローチを取ることが有効となる。

　以上、3つのハードルについては、そもそも顧客に課題がある限り、論理的なアプローチで一つひとつ越えることができる心のハードルである。

④　不急のハードル

　「確かに、あなたを信頼できるし、指摘された課題もそのとおりだ。恐らく提案された課題解決策が最善のものだろう。でも、まだ時間があるし、急ぐ必要はない」と買い手側が拒絶してしまうのが不急のハードルである。実務経験

からこの第4の心の壁を越えることが最も難しいと感じている。経験からこの不急の壁を越えるには、顧客の課題（懸念）だけでなく、夢の実現も合わせて、コミュニケーションを進めることが有効であることを確信している。

(2)　課題解決にあたっての顧客の制約条件を確認する

　富裕層個人の抱える問題は、規模が大きく、関係者も多いため複雑で取扱いが難しい。事業承継問題などは重要な問題ではあるが、とりあえず緊急ではない案件として、その対処は日々後手に回ってしまう。オーナー経営者が突然の病気で引退せざるを得なくなったり、亡くなったりした瞬間、緊急で重要な問題となり、先延ばしできない課題となる。しかしオーナー経営者には、年齢での強制的な引退もなければ、当面自分は死なないと信じているのか、はたまた考えたくないのか、この問題には無頓着な場合が多い。多くの中小企業オーナー経営者の一族の資産承継への取組みが遅れるのには、こうした諸事情がある。

　具体例として、経営者が、健康上の理由から70歳になる前の残り3年の間に、経営トップの座から退きたいという時間上の制約が考えられる。また、直系血族の中には、具体的な後継者となるような候補者がいないため、非一族のプロ経営者を招聘し、当面は、経営トップを任せる必要がある場合、取締役会によるガバナンス強化が求められるなど組織構造上の制約も想定される。こうした一族およびFB固有の制約条件を十分に考慮した上、ベストのソリューションの提示が求められていることをPB担当者として理解しておかなければならない。

　知識と知恵とは違う。課題を解決するには、平面的に知識を並べても歯がたたないことを理解してほしい。

(3)　顧客による不作為を回避する

　以上の制約条件を事前に考慮することで一見複雑に見える問題も、解決し易い形に組み換え、優先順位を持って対処することで、管理可能性が高まる。

　そうして「解決できる」ことが分かれば、後は心理の問題が残るだけだ。そこで重要になるのは、「もし、この問題が片付いたら、何をしたいと思いますか。教えて下さい」と問いかけ、本人に夢を語らせ、不作為の壁を打ち破る心のエネルギーを引き出すことである。こうした自らが決めた夢の実現という心の報酬は、これまで先送りしてきた重要な課題解決への行動を起こすエネルギーとなる。顧客が語る夢がより具体的で生気に満ちたものであればあるほど、顧客の心のエンジンはより力強く回転する傾向がある。ここでもPB担当者がカウンセラー的なアプローチで顧客コミュニケーションを進めることは大変有効と

なる。

2　効果的な顧客コミュニケーション手法の確立

(1)　既存顧客のメンテナンス

①　コミュニケーション手段は相手と目的で決定する

　マス・マーケティングとは異なり、PBサービスでは顧客とのコミュニケーション手段は、顧客の求める手段に合わせることを基本とする。これを効率的に行うには、予め顧客とのコミュニケーションを取る手段を確認し、合意しておくことが大切である。もちろん、運用報告や顧客への提案などでは、対面コミュニケーションが不可欠だが、単なるコンテンツや情報伝達の目的なら、面談とは異なる手段を選ぶことが適切なこともある。

　顧客から特に指定がない限り、原則、市場に関する情報や税制情報など富裕層に関心の高い一般的な情報の提供は、メールで送信すれば十分である。多くの富裕層は、金融機関から一方的に送られてくる書類の量に実のところ辟易としていることも忘れるべきではない。

　金融商品取引の実行に当たっては、電話で合意した内容をメールで速やかに確認しておくことがトラブルの未然防止につながる。万が一訴訟が起きたとき、裁判や和解でも有利な証拠となりうるからである。

　富裕層のイベントへの勧誘は、招待枠が限られており優先順位を考慮して、顧客リストの順にまず電話で非公式に先方の意向を確認し、次にメールで本人から出席の旨の返信を受けて、正式な招待状を郵送するのが一般的な手順となろう。

②　コンテンツ

　提供するコンテンツは、財務分野と非財務分野に分けて、提供すべきメニューをリストアップし、顧客に欲しい情報を選択してもらうことが有効である。その方が双方にとって資源の節約につながるし、顧客のニーズや嗜好を知る良い機会ともなる。

　財務分野のコンテンツでは、更に市場系情報とその他一般情報に分けるとよいだろう。市場系情報については金融機関独自のコンテンツに加え、商品を取り扱っている投信委託会社の情報を効果的に利用することも検討すべきである。金融市場関係以外の一般情報については、提携している税理士や弁護士に顧客の関心の高い制度変更に関連したコメントを情報提供してもらうのも一法だろう。

　非財務分野のコンテンツは、健康、娯楽、教育（留学を含む）といったところが主要テーマとなろう。

　非財務分野のコンテンツについては、欧米の金融機関は外部委託し始めている。社内スタッフの時間を本来の仕事以外の顧客接待業務で浪費するとスタッフの生産性が落ち（＝彼らのボーナスが減る）、モラールの低下を招くリスクが高いことが指摘されているからである。

　PB担当者としては、こうした富裕層個人向けサービスを提供する会社との共同イベントを開催し、既存顧客への非金融分野のサービス拡充を図ると同時に、新規顧客の開拓手段として位置付けることもできよう。欧米のPBサービスでは、チャリティーイベントや夕方美術館を貸し切っての特別内覧会などのレセプションが開催され、顧客が配偶者や友人を伴い、集う機会として演出されている。但し、こうした他人と混じる集まりに決して参加したくないという最有力顧客がいる一方、ほとんど金融取引もしないのにこうしたイベントだけには必ず参加する顧客もいるため、イベントを継続すべきか、誰を招待すべきかなど、費用対効果の観点から検証する必要がある。

③　**顧客とのコミュニケーションの頻度**

　顧客の要請があればできる限り早く面談の時間を取るのが原則である。しかし、運用報告という最も大切な面談についても、その頻度を一律に決定することはできない。資産規模の大小、本人の運用内容がアクティブかパッシブか、市場動向が荒れているか落ち着いているかなど、諸要素に影響を受けるからである。しかし、5億円前後の資産を預かっているなら、少なくとも年に2回程度は面談する必要があろう。また、緊急度を考慮した上で、非金融系のコンテンツも面談と併せて顧客に紹介することも心掛けるべきである。こうしたやり取りが円滑なコミュニケーションに繋がり、顧客からの信頼も高まる。

⑵　**新規顧客開拓**

　新規顧客開拓において、既存顧客からの紹介は重要である。その意味で既存顧客の満足度の向上が新規顧客の増加に直結する。もちろん講演などが得意なPB担当者であれば、その講演を聞いて感銘を受けた参加者が新規顧客となる場合も珍しくない。また、前述の既存顧客のゲストとして、富裕層イベントに参加した顧客の友人が見込客となることもある。これも、ある意味では間接的な顧客紹介と言えよう。

⑶　データベースと管理サイクル

①　効果的セグメンテーションの切り口

　富裕層顧客のうち、資産規模が 1 億円超 3 億円未満の顧客[1]については、金融機関によっては過剰サービスが課題となる可能性がある。不採算取引を防ぐためにも、データベースを活用した何らかのパッケージ・ソリューションを提供して、顧客満足度の維持と部門別純利益確保を両立させることができる。いずれにせよ、費用対効果を考慮した何らかの効果的セグメンテーションの切り口を予め決定しておく必要がある。

　一般に、商品サービスを設計・提案する際、特定セグメントの顧客ごとに共通する課題や支払い能力を軸に検討することになる。金融資産規模を 1 〜 3 億円のレンジに限ってみると、次の 3 つが効果的なマーケティングの切り口となりうる。

- ・職業特性
- ・ライフスタイル
- ・ライフステージ

　このうち、職業特性から生じる財務の特性とライフスタイル・コスト（＝固定性の生活費）や一定の価値観に根差した特定支出項目の高さは、マーケティングの切り口となる比較的安定的な要素である。ライフステージでは、定年による退職や、独立したプロフェッショナルでも心臓外科医や歯科医のように体力や視力の限界から一定の年齢で現役引退を強いられる分野もある。単純に医師として一括りして判断することはできない。

②　管理サイクル

　PB 業務に携わる者が実行すべき顧客管理の PDCA サイクルを考えてみたい。PDCA は、P ＝ Plan（計画）、D ＝ Do（実行）、C ＝ Check（評価）、A ＝ Act（改善）の 4 つの頭文字を取ったものである。具体的には、ある業務管理プロセスとして Plan（業務計画の作成）したものを Do（計画に則った実施）して、Check（実行の後の結果と計画上の目標とを比較して点検、評価）した結果、Act（発見した課題を改善）するという一連の改善プロセスを指している。

a　計画段階は次の 3 点を中心に行う

- ・ターゲット顧客別に目標とする預かり資産残高と金融商品販売手数料などから期待する収入金額を予算化する。

---

[1]　プライベートバンカーによりこの資産規模水準は異なり得る。顧客の資産規模に応じ、パッケージ・ソリューションの提供の必要性が出てくる。

・その営業活動に必要な時間を計算する。なお、突発的な事故処理や上司や顧客から急に依頼された作業も必ず発生することを考慮し、通常の就業時間の70％を営業活動に配分できる時間として計画する。この営業活動に割く時間を70％からどの程度まで引き上げられるかは、試行錯誤で徐々に最適値を求めざるを得ないかもしれない。

・予算上の顧客別商品アイテム別成約率を設定し、活動計画を立案する。

b　実行段階

仮説に基づく営業行動計画なので、検証するまで何が正しいかあるいは間違っていたのかは分からない。それ故、十分なサンプル数が集まるまで一定期間、一貫した営業行動を実行することが大切となる。

実行に当たっては、次の2点に注意する必要がある。第1に、予算額と成約率でアプローチする顧客の優先順位を決定してからアプローチすること。第2に、将来の種まきのため、新規アプローチ先へ一定の営業時間を必ず配分すること（例えば、営業時間の25％）。

c　評価段階

例えば、3ヵ月間既存・新規営業先を優先順位A、B、Cの3ランクに分け、上位A、Bランク先を各々10顧客以上回った段階で、評価プロセスを回してみる。

評価に当たっては、次の諸点に注意し、予算と実績の差を検証する必要がある。

・ターゲットの置き方（ニーズと商品・サービスの対応関係）は正しかったか、もしそうではないなら、どのように修正すべきか。

・成約のプロセスは正しかったか、もしそうではないなら、どのように修正すべきか。

・成約率向上のポイントはどこにあるのか。

・他の金融機関からはどのようなアプローチが行われているのか。

d　改善策の立案

上記評価段階で見えてきた課題を改善するためにチームで検討会を開く。チームのメンバーが個々の営業成果を持ち寄ることで検討に必要なサンプル数は一気に増加し、それに伴い改善提案の質も向上する。

金融サービスと畑は違うかも知れないが、日本メーカーのQC活動の本を読んだり、製造業でQC活動を経験した友人にヒアリングをしたりすれば、営業管理サイクルの改善に参考になる点が見つかるかもしれない。

　こうして、修正された営業プロセスを前提に新たな仮説に基づく営業プロセスを使い、改めて検証する。その後、次のPDCAサイクルを回して螺旋状にその営業プロセスの生産性を継続的に改善することを目指していく。常にチーム内で、ベスト・プラクティスを共有化するメカニズムを動かし、絶え間ない改善プロセスを回し続けることが重要となる。

【3】　組織内外のプロフェッショナルとの連携

1　チームメンバーの知恵をベストプラクティスとして組織で共有する

　PB業務は、プライベートバンカー個人の力量と同じくらい、担当者を支えるPBチームの集団としての力と支援態勢の充実が競争力の源泉となる。職場での360度評価などを活用し、多面的な視点でプロフェッショナルとしての自己の改善点に気付きを与え、より民主的な評価環境の下、互いに支援を仰ぎ合い、チームメンバーの知恵を組織知としてデータベース化する必要がある。

2　外部プロフェッショナルの支援を仰ぐ

　長期にわたり、本来の意味におけるパートナーシップに基づいて活動していると、外部プロフェッショナルはPB担当者のことを良い意味で彼ら自身の営業マンだと認知し、パートナーのPB担当者の要請であれば、使った時間は自分の事業への投資とみなして優先順位をあげて対応してくれるだろう。しかし、確度の悪い案件ばかり持ち込み、その上、プロフェッショナルに案件を丸投げするPB担当者だと思われてしまうと、多忙を口実にプロフェッショナルも非協力的になるだろう。こうした外部プロフェッショナルとの事実上の提携関係は、互いにメリットを継続的に享受できない限り長続きはしない。それ故、健全な緊張関係が大切となる。

3　自分の得意な技を周知させる

　まず、「累積鍛錬量[2]」を効率的に増やすには、自分だけの案件のみではなく、チームのメンバーや外部の専門家から様々な案件を持ち込んでもらう仕掛け作りが必要になる。

---

[2]　実験心理学の知見の一つに、いわゆる一流になるためには、10年もしくは1万時間という累積鍛錬量の壁を超えない限り、際立った能力の習得は困難であるというものがある。詳細はジョフ・コルヴァン、米田隆訳『究極の鍛錬』（サンマーク出版、2010年）を参照。

こうした仕掛けには、次の3つの方法がある。

⑴　ノウハウのドキュメント（文書）化

過去の実績をドキュメント化し、チームのメンバーと共有することで、自らのノウハウを他のチームメンバーに伝えられるよう精緻化する。文書化することで、漏れている留意点や知識が不正確な点に改めて気付くことができる。

⑵　メディアへの効果的露出を演出する

富裕層には、相続税対策という共通の課題と社会的に際立った存在という意味で市場での可視性が高く、商品やサービスを売り込もうとする人間が多くアプローチするため、そうした相手に対して、営業を受ける側として厳しい選別眼と強い懐疑心を持っている。それゆえ、売込みよりも顧客が自律的に引き寄せられるアプローチが重要となる。その意味でアプローチする側にとって、口コミは最も有効である。富裕層市場でのメディア露出を考える場合、特定の顧客セグメントに絞り込んだ媒体に、自分のノウハウをある種の権威付けやインフルエンサーによる承認などを通じて提供して顧客開拓し、紹介の連鎖を起こすことができれば、1人当たりの取引額もリテールの個人顧客に比べ相対的に大きいため、累計額でみれば最終的に大きな取引額となる可能性がある。

⑶　専門家からのお墨付きを得る

自分の得意分野が活かせる富裕層セグメントを見つけ、あなたの記事を専門雑誌に載せてくれたり、彼らの集う勉強会に講師として招いてくれたりする特定セグメントのインサイダーを見つけ、あなたのRaving Fan（＝「圧倒的なファンや支持者」という意味）にすることが、顧客紹介の連鎖を生み出す上で鍵となる。

4　Give & Giveから始める

Raving Fanを作るには、まず相手に好きになってもらうことが必要である。そのためには、まず相手が何を大切にし、価値を置いているかを知り、相手の人生の目標を実現することに献身的な努力を尽くすことが有効となる。

PB業務では、セミナーの参加者が顧客になりたいと言ってくれることや、既存顧客の紹介を受けることを除けば見込顧客に会うことは滅多にない。紹介を受けたら次の4つのことを心がけてアプローチすることが大切となる。

・紹介を受ける人物の特徴や注意すべき点を紹介者から事前に十分聞いておくこと。

・共感を持って相手の課題を傾聴すること。

・相手から直接依頼をされた案件だけでなく、その周辺の課題についても情報
　提供するよう心がけること。
・こうしたきめ細かな情報提供を、短期的には見返りを一切期待せず愚直に
　Give & Giveの精神で続けること。

5　社外のネットワークを活用する

　自分が投入する時間で顧客にもたらす付加価値を極大化しようと思えば、戦
略的な提携関係にあるプロフェッショナル・ネットワークの力でレバレッジす
ることが不可欠となる。例えば、都内であれば、初回の顧客への紹介はパート
ナーであるプロフェッショナルに無報酬で顧客との面談に同席してもらうこと
も良い。地方の出張については、顧客による交通費など実費負担を条件に同行
することを原則にしても良いだろう。こうしたルールを持つことで、顧客には
躊躇することなく専門家を交えた課題の検討へ話を進めてもらうことができる。
PB担当者として成功を望むならば、ぜひともこうしたルールに基づくプロ
フェッショナル・ネットワークによる機動的な支援の仕組みを持つべきである。
こうした機動性の有無が競合するPB担当者との決定的差別化のポイントにも
なり得るからである。

【4】　PB担当者の役割と目指すべきゴール

　顧客の夢（＝人生の目的）を明確にし、ゴールから逆算して、何を、いつま
でにどの程度まで完成させるか、人生の重要な目標に対して中間目標地点を設
定することは、顧客の夢の実現には不可欠なプロセスである。これにより緊急
ではないかもしれないが、人生の重要な目標に対し、必要な時間とお金を確実
に割けるようになるからである。

　顧客の夢の実現こそがPB担当者が目指すべき最終的なゴールのはずである。
資産の保全や価値の増大はそうした目標を実現するための手段にすぎない。後
に述べるようにPB担当者の提案に顧客が共感し、その提案に合わせ顧客が行
動変容を起こすかどうかは、目標を顧客が主体となって設定したものか、PB
担当者がその顧客の目標をいかに深く共有するかにかかっている。

　お金は所詮、人生をより良くするための手段であって、目的ではない。まず
この本質を履き違えないことが大切である。このことを見誤れば、私達はいと
も簡単にお金の奴隷となってしまう。お金に支配されないためには、人生の目
標が「主」で、手段としてのお金はあくまで「従」の役割であることを決して

忘れてはならない。

　お金との幸せな付合い方を身につけるには、お金はどの分野が得意で、どの分野が不得意か予めよく知っておかなければならない。しかし、残念ながらこうした知恵を私達は学校では学ぶことができず、日常生活での親の言葉や、自分自身の失敗を通じてしか学ぶことができない。だからこそ、お金との正しい付き合い方を伝えることはPB担当者の重要な業務の１つなのである。

　ここで、PB担当者の心得として、３つのＣの役割を考えてみたい。図表１－１－１にあるように顧客（＝Client）という頭文字Ｃを囲んで、PB担当者は３つの異なるＣがつく役割を適宜果たすことが求められている。

図表１－１－１　プライベートバンカーに求められる３つのＣ

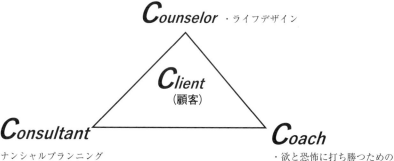

・ファイナンシャルプランニング
・インベストメントプランニング（アセットアロケーション）
・金融商品の選択　　・定期的見直し
・欲と恐怖に打ち勝つための　資産形成の伴走者

（出所）　筆者作成

1　Counselorの役割

　第１のＣがCounselorで、その役割は顧客のライフデザイン（人生の設計図）を顧客自身の手で描けるよう支援することである。

　これは、個々の顧客の価値観を明確にするプロセスであり、客観的、合理的に解が決まる性質のものではない。本人にとっては、いわば魂探しのプロセスともいえる。それ故、用いるテクニックは説得ではなく、カウンセラーが一般に用いる傾聴が重要となる。色々なタイプの人の例を出しながら顧客の反応を探り、ときには顧客の思いを言語化することや、顧客が自分の思いを具現化することの支援が求められている。夢を明確化するこのプロセスこそ、このライフデザインのステージでは最も大切なことである。

2　Consultantとしての役割

　ライフデザインが一旦確立すると、第2のC、つまり、Consultantとして顧客を支援する領域に進むことになる。ライフスタイルというのは、ある意味では本人の価値観の表れであるが、財務的には固定性の生活費としても位置付けることができる。これを受け、次の3つの変数を動かしながら顧客とともに財務シミュレーションを繰返し、死ぬまで老後資金が持ちこたえられるプランを検討することになる。

　第1の変数が退職時期を延長するというオプションである。しかし、永遠に働き続けることはできず、高齢になれば疾病や障がいの発症率も高まるので、この選択肢だけに頼るプランニングはリスクが大きいと言える。

　第2がライフスタイル・コストの見直しである。ただし、一度上がったライフスタイルを落とすことは頭で考えるほど容易ではない。

　第3は、預金を中心とした不作為状態となっている流動資産を本格的な資産運用によって働かせることである。即ち、アセット・アロケーションを抜本的に見直し、具体的な商品提案を実行することになる。この領域でコンサルタントの担うべき役割は、自分の提示した数字に基づいて合理的、客観的に顧客が意思決定できるよう支援することであり、顧客自身の現状と目標のギャップを解決すべき課題として顧客へ説明すること、更に、顧客に対して、実効性のある複数の選択肢を示した上で、顧客の選択、意思決定を支援することに用いるスキルを身に着けておく必要がある。

3　Coachとしての役割

　第3のCがFinancial Coachとしての役割である。顧客がこれまでの元本保証の預金と保険一辺倒の資産運用から株式を含めた変動性の金融商品を購入すると、市場のもたらす欲と恐怖で顧客の心が翻弄されることになる。PB担当者は、ファイナンシャル・コーチとして市場が大きく下落しても毅然として顧客を導く必要がある。このようなとき、「あなたのライフデザインに変更がありましたか」と聞くことが大事である。顧客の答えが「いいえ」であれば、すかさず次のように言葉を続ける。「万が一の時に必要になる6ヵ月分の生活費などの緊急支出も5年以内の生活費以外の臨時支出に必要な資金もすでに預金で十分確保している。もし、PERやPBRが歴史的にみてこんなに低い底値圏で、保有株式を売却し預金に逃げ戻れば、15年後の長期資産形成の目標は達成できない。このまま我慢して時間とともに着実に将来の問題を解決すべきです。も

し、仮に株式などもすべて売却し、0.5％以下の預金レートでの資金を運用すれば、時間とともに問題が顕在化することになるでしょう。どちらがより良い人生の選択でしょうか」正しい投資プロセスを経た運用プログラムであるなら、PB担当者は躊躇なくこのような発言ができるはずである。

　このようにファイナンシャル・コーチは、長期資産形成の伴走者として、市場が生み出す欲と恐怖を顧客が乗り越えることを支援し、本来の正しい長期運用が継続できるよう顧客を導く役割が求められている。

例題 1-1-1

1　正しいものに○、誤っているものに×を付けその理由を説明しなさい。
①　顧客の投資目的や投資スタイルを知る上で、Old MoneyとNew Moneyを見分けるには、顧客が起業家であるか、2世代目以降であるかを確認すれば良い。
②　顧客の資産規模を把握する際には、純資産規模の大きさに加えて、それに見合った当座資産（個人の場合は、現預金および売却可能有価証券）の金額も重要となる。
③　PB業務の中核顧客であるFBを所有する一族への提案は、一族およびFBの資産状況のみならず、ビジョンや両者の関係性などの情報も寄与する。

2　正しいものに○、誤っているものに×を付けなさい。
①　顧客が発した言外のメッセージは、誰にも伝えたくない内容であると考えられるため、プライベートバンカーが考慮する必要はない。
②　顧客の意思決定を阻害する4つの心のハードルは、不信、不満、不適、不急である。
③　新規顧客を獲得するには、講演や出版などの積極的な営業活動が最も効果的である。
④　予算額と成約率でアプローチする顧客の優先順位を決定してからアプローチするが、新規アプローチ先へ一定の営業時間を必ず配分しなければならない。
⑤　Raving Fanを作るには、顧客との真摯なコミュニケーションが必要

であるものの、短期的な収益を得られるスキームを考慮した提案をすることが継続的な収益獲得に繋がる。

⑥ プライベートバンカーに求められる3つのCは、Counselor、Consultant、Coachのことであり、プライベートバンカーは顧客の伴走者としての役割を果たさなければならない。

解答・解説

1

① × 顧客が創業者であるか、2世代目以降であるか確認することに加えて、顧客の生活資金の源泉が、Old MoneyとNew Moneyのどちらであるか判断を行うことも必要である。

② ○ 問題文の通り。

③ ○ 問題文の通り。

2

① × プライベートバンカーは、言外のメッセージを読み取る注意深さが必要であり、顧客の心境に十分配慮した上で、顧客に寄り添った質問を投げかけなければならない。

② × 顧客の意思決定を阻害する4つの心のハードルは、不信、不要、不適、不急である。

③ × 新規顧客開拓において、既存顧客からの紹介は重要であり、既存顧客の満足度の向上が新規顧客の増加に直結する。

④ ○ 問題文の通り。

⑤ × まず顧客に好きになってもらうことが必要であり、顧客が何を大切にし、価値を置いているかを知り、顧客の人生の目標を実現することに献身的な努力を尽くすことが有効となる。したがって、短期的には見返りを一切期待せず愚直にGive & Giveの精神で続けなければならない。

⑥ ○ 問題文の通り。

本章のまとめ

●販売商品の説明から面談に入るのではなく、まず、顧客の話をしっかりと聴き取ることが重要である。これによって、顧客からの信頼を得るだけでなく、顧客の正確な状況が把握可能となり、正しい課題解決へのベースができる。

●個人および個人が所有・支配する法人の財務状況や資産保有形態、本人の健康状態、特別に配慮すべき顧客の事情等を、包括的にヒアリングすることで、課題解決に向けた制約条件の理解も進み、結果として、妥当な解決策への道筋がみえてくる。

●顧客とのコミュニケーションを客観的に評価するためにも、顧客の意思決定を阻害する4つの心のハードル（不信、不要、不適、不急）を手掛かりに、会話を進めることは有効である。

●属人化しがちな各営業マンの営業ノウハウを営業チーム全体でベストプラクティスとして共有する仕組み作りは、組織全体でみた顧客コミュニケーション能力の改善手法として有効である。

●PB業務の包括性に鑑みると、組織内外でのプロフェッショナルのノウハウや経験の効率的な動員が不可欠となる。こうした関連分野のプロフェッショナルの協力が有効に活用できる業務体制の確保が、プライベートバンカーの営業インフラとして、重要となる。

●プライベートバンカーに求められる役割として、顧客に仕える3つのCの役割、すなわち、カウンセラー、コンサルタント、コーチの役割を理解し、統合的に用いることが有効であり、市場におけるプライベートバンカーとしての差別化要因となる。

第2章　FB（ファミリービジネス）の　特徴とガバナンス

　第1章では、PB業務の対象となる顧客像、そして、その中核顧客がFBを所有する一族であることを説明し、顧客対応の基礎に関して取り上げた。

　FBを所有する一族への支援は、顧客の課題解決に向け、顧客を包括的かつ統合的にサポートし、顧客の最善の利益を長期的に達成することを目的とする。

　本章では、FBの特徴やそのガバナンスの在り方について説明する。

第1節　FBの特徴

学習ポイント

- ●ビジネスとファミリーとにまたがるファミリービジネス（同族企業）を学習する意義を理解する。
- ●一般企業（ノンファミリービジネス）との差異を理解し、企業の存続と成長にとっての優位性の把握と承継対策の重要性を理解する。
- ●スリーサークルモデル等からファミリービジネスの特徴を理解し、潜在的な利害対立の構造を体系的に理解する。

【1】　FBの概要

　上場企業を対象とするFBの学術研究では、一般に次の2つを満たす企業をFBと定義している。第1に大株主の上位10位以内に特定の一族がいること、第2にこうした一族が代表取締役社長（会長）などの要職を輩出していることである。

　このアナロジーで非上場のFBを定義すれば、第1に、株式を過半は所有しないものの、特定の一族が集団として圧倒的な大株主であること、第2に、その大株主が過半の取締役、もしくは代表取締役を選出していることとなる。こうした定義に従えば、日本企業の大半はFBと言っても過言ではない。例えば、『ファミリービジネス白書2022年版』（詳細は巻末の参考図書を参照）では東証等に上場する全企業の内、約49％がFBと推計されている。更に、非上場企業

を含めた日本の全法人では、90%以上がFBと推定されるという学術研究[1]もある。

1　FBの強さ

　上場企業の場合、FBは非FBよりも平均でみた経営のパフォーマンスは高いが（図表1-2-1）、そのバラつきは非FBより大きいと言われている。言い換えれば、一族の統治体制の良し悪しがFBの経営体制の良し悪しに反映されやすいことを示唆していると言えよう。

　FBが非FBに比べ経営上の強みとしているのは、長期の視点に立った経営戦略の実行と迅速な意思決定だ。こうしたFBの強さの源泉は、一族の一体性を背景とする安定した一族株主集団の存在である。

図表1-2-1　上場企業のFBと非FBの業績比較

◆ROA（総資産利益率）

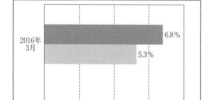

◆ROE（自己資本利益率）

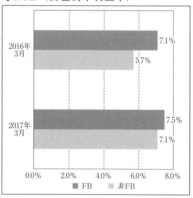

（出所）　静岡県立大学落合康裕准教授、ほがらか信託荒尾正和氏作成、『ファミリービジネス白書2018年版』から加筆修正（ファミリービジネスは創業家などの出身者が上位10位株主もしくは出身の取締役が過去を含め2人以上いる企業と定義）

2　FBが抱える課題

　しかし、図表1-2-2に示す通り、FBは世代を経るごとにその生存率が大きく下がる傾向にある。FBの学術研究が進んでいる欧米の論考の多くが、3世代目の生存率は10%程度と計測している。それは下記2つの要因を背景に、

---

[1]　後藤俊夫『ファミリービジネス　知られざる実力と可能性』（白桃書房、2012年）を参照。

世代を経るごとに一族メンバー間の遠心力が高まる（＝求心力を失う）からである。第1に、創業者との関係が希薄になるにつれ、創業者の理念や創業の苦しみ、一族間で共有すべき行動原理などが喪失されやすくなることである。第2に、3世代目以降は、一般的に1つ屋根の下で寝食を伴にしたことのない従兄弟間の関係であり、2世代目と比べて、その絆は著しく希薄化しやすいことである。

図表1-2-2　世代別にみたFBの生存率

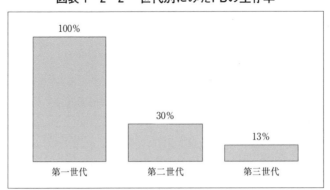

（出所）　John L. Ward. *Keeping the Family Business Healthy*. Palgrave Macmillan, 2011から引用して筆者作成

　一族の求心力を奪う上述の内部要因に加え、外部の経営環境の変化もFB存続の阻害要因となっている。創業者が40〜50年間経営した後、後継世代では20〜30年毎に一度事業承継が起こるとすれば、創業から3世代目では既に60〜80年の時間が経過しており、当初有効であったビジネスモデルも継続的な経営革新が無ければ、市場が求める最適なビジネスモデルから大きく乖離することになる。外部環境変化の及ぼす経営へのストレスが事業承継のタイミングと重なると、FBの脆弱性は一層高まる。

　技術革新や法規制の変化、市場規模の縮小など、想定外の問題が生じることも十分あり得る。しかし、こうした環境変化を受動的に捉えるのではなく、経営変革への良い契機と積極的に捉え、成長に繋げる経営革新の立案と実行が永続を目標とするFBには望まれている。今後、地域経済ではローカル企業を対象とする業界再編の急進が予想されており、地域の有力FBによる業界再編を地域金融機関が支援する役割も大きい。

3　FBに携わるメンバーの潜在的な利害対立
～スリーサークルモデル活用の在り方～

　FBの関係者間の利害関係を理解するには**スリーサークルモデル**が参考になる。スリーサークルモデルとは、米国のFB研究学者であり、コンサルタントとしても長年活躍されている John A. Davis教授（MITスローンスクール）が提唱したと言われており、FBの関係者の潜在的対立の可能性を予想し対処するために有効な分析フレームワークだ。

　潜在的なトラブルを予想して、いち早く備え、参加すべき人を交えて必要な話し合いを公正に行うことが効果的な問題解決には重要となる。スリーサークルモデルは、株主、家族（一族）、経営の３要素を組み合わせて生まれる７つの異なる立ち位置が生み出す典型的な利害の対立を示してくれる。

図表1-2-3　スリーサークルモデル

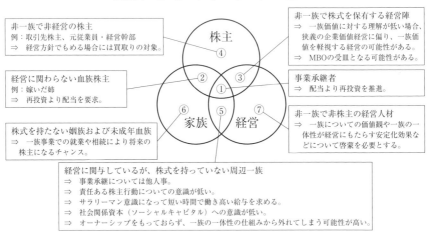

（出所）　Gersick, Kelin E. et al. *Generation to Generation: Life Cycles of the Family Business.* Harvard Business Review Press, 1997 から引用して筆者作成

　FBの配当可能資金のうち、何割を配当に回し、何割を再投資にまわすべきか、そうした典型的な株主間の対立ポイントになり得る論点がFBでは考えられる。

　例えば、（図表1-2-3）①の位置にいるFBの最大株主で、FBの最高経営執行責任者である一族の長男A氏は、一族が期待している安定配当額以上の配当増額支払いによる社外流出をなるべく抑えて、長期的に内部留保の充実を図りたいと願っている。非上場FBの事業の成長ファイナンス手法として、銀行借入の枠を機動的に確保するためにも、内部留保の拡充が求められるからである。

　ところで、経営執行に直接関わらない②に位置するA氏の姉（B氏）には、⑥の位置にいる姻族として一族メンバーとなった夫（C氏）がいる。

　さて、C氏は妻であるB氏に次のような主張をする。「今年は、我が家は医学部への大学入学を目指す双子がいる。予備校への支払いに加えて、入学金や授業料などの多額の支払いが見込まれる。是非、君の弟であるA君に特別配当を出してほしいと伝えてくれ。彼は一族事業の社長だから高給の上に、会社の経費を使える立場にあるので、配当を増やすことに強い経済的インセンティブはないだろう。むしろ、大株主として、配当可能資金はなるべく再投資に回し、それをテコに更に銀行借入をして、企業価値向上に繋がることに強い動機がある。しかし、一族事業を支える株主として、一族事業の株式を売却できない我々にとって、配当が唯一の頼りだ。是非このことを彼に伝えて、今年に限って増配してほしいと説得してくれ」

　以上が経営執行を担う株主①と経営執行を担わない株主②、およびその背後にいる姻族⑥の間の再投資（内部留保増加）か配当かを巡る典型的な対立構造である。

　こうした問題は、そもそも一族の一体性を強化する仕組みとして、一族株式の時価評価をベースに株主の借入制度などを家族憲章で予め定め、それと並行した一族会議体での一族の後継世代の教育状況のモニタリングや支援制度も共有されていれば未然に防ぐことができる、本来、コントロール可能な一族問題である。

　このように、確固たる**ファミリーガバナンス**のルールとその運用に基づく一貫した企業価値向上経営が行われているベースがあれば、スリーサークルモデルで一族株主間の利害の対立点を予め予想し、いち早く手を打つことができる。いわば、スリーサークルモデルを早期警戒警報措置として、FBの一族秩序維持に利用することも可能となる。

　図表1-2-3で、その他の代表的な対立点を示しているので、是非参考にしてほしい。一族やFBのガバナンスの仕組み作りにおいても、こうした潜在的リスクへの対処方法を予め埋め込む形で制度設計することが極めて有効であることが示唆される。

　その意味でスリーサークルモデルを用いたリスク分析と問題解決は、一族およびFB両面のガバナンスの円滑材の役割を担い、その適切な運用を可能とするガバナンスの制度設計への指針も提供してくれる大変有効なツールとも言える。

【2】　FBの本来あるべき事業承継プロセス

　FBを所有する一族の事業承継は、PB業務において避けられない重要なイベントだが、有形資産の承継だけではFBの永続化は実現しないため容易ではない。相続税の視点からいくら効率的に有形資産を後継世代に遺しても、後継世代の関与の在り方次第で有形資産は大きく毀損するリスクがあるからである。どのような人間が相続を受け、どのような一族株主集団がFBを支えるかが、FBの永続化の成否を決め、一族の持つ**無形資産**の承継プロセスの鍵となる。

　ここでいう無形資産とは、会計上や法律上の定義とは異なり、FBの永続化に資するという文脈で下記3つに分類して理解することが重要となる。

・一族の個々のメンバーが持つ、知識・スキル・経験・人脈
・一族の一体性（理念を共有する一族同士の共同行動によって個々のメンバーが持つ無形資産が醸し出す相乗効果）
・一族として社会から得ている信頼・評判、およびその結果得られる特別な社会的・経済的地位（＝FBの文脈での社会関係資本）の維持・強化

　こうした無形資産は目に見えないから他者には模倣されず、一族の持続的競争力の源泉になり得る。有形資産は一族の富を創造するための客体および結果であり、無形資産は一族の富の主体であり原因であるからだ（図表1-2-4）。

図表1-2-4　FBの文脈における有形資産と無形資産の関係

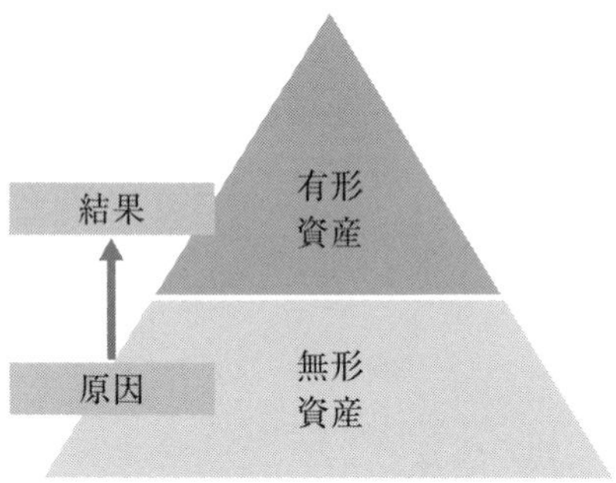

（出所）　㈱青山ファミリーオフィスサービス資料より筆者作成

　また、上述の無形資産は金銭評価が困難で、税法上の課税もなく、民法上の財産分割もない。それ故、無形資産は一族が適切に培い育めば、世代を重ねるごとに、むしろ拡充する資産となり得る。無形資産の整備は、FBにおいて多様な選択肢を与え、経営の自由度向上に資する。

【3】　FBを持つ一族のライフサイクル

1　FBを持つ一族の４つのライフサイクルモデル

　製品や企業にライフサイクルがあるように、FBを所有する一族自体にもライフサイクルがあると想定し、モデル化して　一族の在り方を考えることで一族の求めるソリューションにより近づけると考えられている。顧客と課題や解決策を検討する際、顧客が今どこにいて（＝現状認識）、どこに向かいたいのか（＝ビジョン）、顧客とのコミュニケーションを有効にするアプローチ手法の１つとして知っておくべきだろう。

　図表１-２-５のように、FBを所有する一族は、一族や事業を取り巻く内外の環境要因により３つのフェーズの中から、どれか１つに当てはまり、事業を保有する一族から資産のみを保有する一族へ順次変化していく。

図表１-２-５　FBのライフサイクルモデル①

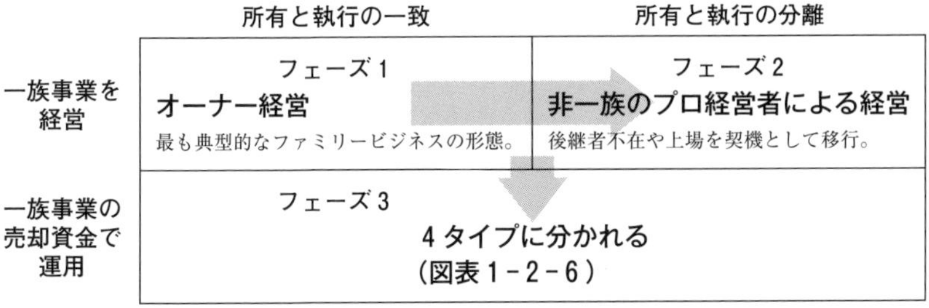

	所有と執行の一致	所有と執行の分離
一族事業を経営	**フェーズ１** **オーナー経営** 最も典型的なファミリービジネスの形態。	**フェーズ２** **非一族のプロ経営者による経営** 後継者不在や上場を契機として移行。
一族事業の売却資金で運用	**フェーズ３** **４タイプに分かれる** （図表１-２-６）	

（出所）　㈱青山ファミリーオフィスサービス資料より筆者作成

2　なぜ永続化には一族資産に一族理念を吹き込むことが必要か

　こうしたFBを持つ一族には世代を経るごとに高まる遠心力が働く。一族の永続化のための仕組みにおいて、最も重要なことは資産に一族の想いを入れることである。

　一族の無形資産は相続税も課税されず、民法上も個人に分割されない。また、一族とFBの間には互いに支え合う関係がある一方、FBを支える一族の無形資産は外部者から見えにくいため、FBの持続的競争力の源泉となる。

　図表１-２-６にあるように、縦軸を資産に一族の理念が伴うかどうかで２分し、横軸を一族の資産運用が能動的であるか否かに分け、４つの象限で整理した上でその優先順位を考えてみたい。

図表1-2-6　FBのライフサイクルモデル②

	能動的関与	受動的関与
一族理念の共有あり＝資産を一族で共同管理	**タイプA** 一族理念のもと、株式の売却で得た資金を能動的に運用。	**タイプB** 一族の理念は共有するが、資産運用については投資信託を購入し見守る等、受動的な対応。
一族理念の共有なし＝個別に管理	**タイプC** 理念の共有がないため、一族のそれぞれが、個別に自身の資産を能動的に運用。 個別に運用するため、タイプAに比べ、運用の効率性に劣る。	**タイプD** 理念の共有がないため、一族のそれぞれが、個別に自身の資産を受動的に運用。 個別に運用するため、タイプBに比べ、運用の効率性に劣る。

（出所）㈱青山ファミリーオフィスサービス資料より筆者作成

　一族にとって理想的な選択はタイプAであり、一族が共有する資産に対して理念を共有している状態である。ファミリーオフィス[2]はここで、一族、一族の財務（有形資産）、非財務（無形資産）両面での包括的な資産管理で重要な役割を果たすことが求められている。運用面において、金融機関に劣ることのないサービス提供者が社内にいるという条件を揃えることは現実には困難である。その意味でタイプBが次善の策として、より現実的な選択肢となり、目指すべきものとなる。このタイプは、一族の理念は共有するが、一族の資産規模が十分でないことや、有形資産において一族内に意思と能力のある人材がいないため選択される一族資産の運用形態となる。欧米のマルチファミリーオフィスサービスを享受する一族が代表例だ。タイプCは能動的に資産運用するということから一見、良いように見えるかもしれない。しかし、一族理念の共有もなく、個別に運用して高い利回りを狙う短期の利益追求を目的だけに集った一族で、運用パフォーマンスが悪くなると、一族理念による共通の基盤がないため、すぐに離散してしまう。また、タイプDも理念がないという意味で、永続化の力が限られている。

3　プライベートバンカーが事業売却した一族に伝えるべきこと

　永続化を目指す一族が事業売却をすれば、プライベートバンカーには大きなビジネスチャンスがもたらされる。問題は、本当に顧客の視点で一族の永続化を支援する構想を十分に顧客と共有できているかという点だ。本来、顧客の視点に立てば、次のように金融商品以外の支援を正しい順序で提供すべきことが理解できるはずである。

---

[2]　本章第3節【3】「ファミリーオフィス」を参照。

　第1に、一族の理念を共有した上でその維持・強化を目的にファミリーガバナンス強化に資する家族憲章や一族会議体の整備を支援すること、第2に、一族の資産規模、一族メンバーの資産管理・運用能力、および一族が一族資産を活用して新しい事業や自己実現並びに社会貢献活動に従事する意思を確認すること、第3に、真に一族の視点で広義のアセット・アロケーションや適切な運用の器（例：シングル・ファミリーオフィス、マルチ・ファミリーオフィス）の選択を事前に示すことである。

4　永続化を求める一族が増えればファミリーオフィスへの需要も高まる

　一族や広義の一族の資産運用の永続化がもたらす社会への価値や恩恵への理解が進むほど、上記3で提示したファミリーオフィスサービスへの役割はますます高まるものと予想している。このファミリーオフィスの分野についても、先行する欧米の研究を前提に日本の法規制や社会風土を十分考慮しなければならない。一族を類型別に分析した上で最適なファミリーオフィスのモデルの構築が専門家により速やかになされることを切望してやまない。

第2節　FBのガバナンスとその課題

【1】　FBにおけるガバナンスの2層構造

　FBのガバナンス構造は、一族のガバナンスを基底にFBの事業のガバナンスが乗っている「**ガバナンスの2層構造**」を特徴とする。

　図表1-2-7にあるように、ファミリーガバナンスにおいて、受託者は現在の一族株主で、委託者兼受益者は未来の一族株主となる。FBを所有する一族はその財産をスチュワードシップに基づいて守り、より良くして後継世代に受け渡していく責務がある。現在の一族株主は、一族やFBの永続性を担保するため、声を上げることのできない未来の一族や無視されがちな経営執行に携わらない少数の一族株主の声もすくい上げなければならない。

図表1-2-7　FBのガバナンスの2層構造

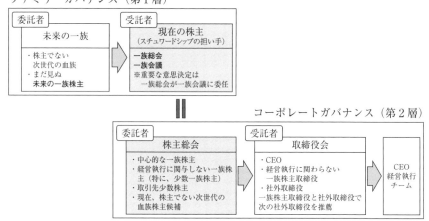

（出所）　筆者作成

【2】　FBのコーポレートガバナンスが受けている挑戦

1　単独株主・単独経営の限界

　日本のFBにおいて、実質1人の株主に議決権を集中させることが、これまでの典型的な事業承継モデルとして推奨されてきたように思われる。このような承継モデルを支障なく実現できれば特段問題ないが、非連続に変化する経営環境を考慮すると、将来に向けて単独株主・単独経営に拘る事業承継モデルには懸念が生じ始めている。

　技術進歩やグローバル競争の激化で、競争力の維持に求められる閾値（いきち。境目となる値）売上高や投資規模が年々大きくなっており、下記要因から1人株主による経営の限界や弊害の可能性に懸念が集まっている。

(1)　個人としての財務対応力の限界（増資引受能力、相続税負担能力）

　第1に、個人の財務負担能力の限界が挙げられる。事業が成長し、その成長を支える資金を借入金だけで賄うことは、特に年々営業利益率が低下傾向にある業界では、ますます困難となっている。仮に、一族経営堅持の観点から上場を選択しないとすれば、銀行借入ではやがて限界になる。そのとき、一族内だけで増資に応じようとすれば、個人の増資引受能力の壁に突き当たる。一方、相続税負担でみれば、成功している企業であればあるほど純資産が増加するため、1人株主での事業承継にこだわれば、世代を経るごとに相続税の個人負担は財務受容限度を超えることになる。

(2)　高まる専門経営者への要請

　第2に、グローバル化やDX化など非連続な事業環境は経営者にますます高度な専門能力を求めており、一族内の1人の経営者でこれに対応するのは困難になりつつある。持続的に成長しているFBであればあるほど、国際化や事業の多角化で組織構造が複雑化し、より高い経営執行力が求められている。そもそも、どの世代においても、時代に適合した優秀な経営人材を一族から輩出し続けるという前提自体が現実的ではない。

(3)　後継世代の職業選択の自由

　第3に、豊かな家庭環境を背景に高度な専門教育を受けた後継世代の職業選択の自由を確保しなければならないという今日的要請がある。一族の後継世代はこうした高度教育を受けた結果、様々な職業に就くチャンスを手にできるため、本人の意思に反して、FBに縛り付けることには大きな機会費用が発生する。

　以上、3つの課題を内包したまま、FBが一族による経営執行にこだわれば、一族の存在がむしろFBの持続的な成長の阻害要因になりかねない。

2　上場企業のコーポレートガバナンス強化の影響

　100年リスクといわれる長寿社会に入った日本では、対GDP比でみた巨大な財政赤字から、高齢者の老後を支える公助の力が既に限界となり、自助に頼らざるを得ない社会環境に移行している。こうした自助で老後時代を支えるには資産運用環境の改革が政策課題となり、インベストメントチェーン改革というスローガンのもと、運用環境の改革が進展するに至った。以下、詳述する上場企業のコーポレートガバナンス改革は、実はこのインベストメントチェーン改革の一環としてその位置づけをとらえることが欠かせない。

　まず、上場・非上場を問わず、概念としての**コーポレートガバナンス**の全体像を簡単に説明したい。コーポレートガバナンスは、企業の所有と経営の関係において、所有者（株主）と所有者から資本を委託されたプロ経営者による業務執行を前提に、株主への管理・説明責任を果たす業務監督を企業統治の基本的な仕組みとしている。コーポレートガバナンスの目的は、こうした業務執行と業務監督を通じ、株主のために企業の持続的な価値向上を図ることにある（図表1-2-8）。特に、業務監督においては、社内外の取締役で構成される一定の委員会（指名、監査、報酬に関する委員会）のもと、全社戦略の観点から次の3つの役割を拡充することが求められている。①取締役候補者として相応しい人物を指名すること、②各取締役の業務が望ましいものであるか監督すること、③各取締役の業務内容に見合った報酬額を決定することである。

図表1-2-8　コーポレートガバナンスの在り方

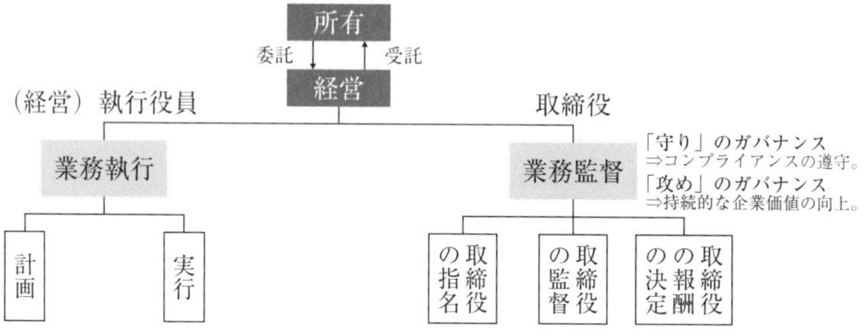

　上場企業のコーポレートガバナンス改革の気運が一気に高まったのは、第2次安倍政権（2012年12月～2014年9月）が掲げた新成長戦略（日本再興戦略）を契機とし、2014年2月、責任ある機関投資家の諸原則として、「日本版スチュワードシップ・コード」を金融庁が策定したことに端緒がある（2017年5月に

改訂）。**スチュワードシップ・コード**では、機関投資家が建設的な対話（エンゲージメント）を通じて、財務データだけでなく、事業戦略などの非財務データも共有し、持続的な企業価値向上の促進に資する行動を求めている。

これを受けて、2015年6月、「コーポレートガバナンス・コード」を株式会社東京証券取引所が策定し、上場企業が取組む統治体制の指針を明文化した（2018年6月、2021年6月にそれぞれ改訂）。

コーポレートガバナンス・コードが要請しているガバナンスは、一般に「守り」と「攻め」の2つの側面で考えると理解しやすい。

「守り」のガバナンスとは、企業の意思決定の透明性と公平性の確保を要請し、経営者による暴走リスクや私物化リスクの抑制を求めており、主に内部統制などのコンプライアンスルールで対応している。一方、「攻め」のガバナンスとは、持続的な企業価値向上に資する経営行動を求めている。

コーポレートガバナンス改革は上場会社を対象とするが、市場において非上場FBは上場会社と競争している以上、現在、資本市場で推進されているコーポレートガバナンス改革の影響を非上場FBも免れるわけではない。これまでFBの固有の強みと言われていた長期戦略の実践という特徴も、コーポレートガバナンス改革で上場企業が長期視点での経営を求められるようになり、今やその相対的な優位性が揺ぎ始めている。

FBの事業承継は、上述の通り、20〜30年に一度しか起こらないため、経営者に権力が集中しやすい傾向にある。単独の経営者が圧倒的に株式を保有して長期にわたり経営をすれば、形骸化している取締役会のもと、一族の少数株主の利益が構造的に侵害される危険性がある。とりわけ、経営トップが経営の暴走や私物化に走れば、企業価値を著しく毀損し、遂には倒産に至るなど、未来の一族株主の利益を侵害することになる。英国の政治哲学者であるジョン・アクトン（1834〜1902年）が遺した「権力は腐敗する傾向がある。絶対的な権力は絶対的に腐敗する」という格言はまさにこうした事態を指し示している。

上場会社のコーポレートガバナンス改革に加えて、FBが抱える諸課題克服の要請からも、上場企業と同様に今後のFBも持続的な企業価値の向上が求められている。FBのコーポレートガバナンスの基底となるのは、一族のガバナンスである。プライベートバンカーが一族の懐に深く入り、一族内の利害調整のコーディネーターとして一族ガバナンス強化を示現すれば、一族から選ばれたプライベートバンカーとして、一族の資産運用における特別な地位が与えられるはずである。

第3節　FBのガバナンス改革

学習ポイント

●ファミリーガバナンスの重要性を理解し、機能を強化する手法を理解する。

●一族の理念や価値観などを文書化し、将来のあるべき姿（ビジョン）を明確にする重要性を理解する。

●一族とFBが円滑なコミュニケーションをとり、施策の進捗を継続的にモニタリングする重要性を理解する。

●ファミリーオフィス（資産の保全、事業経営等に対し、一族の統治を支援することを目的とした組織）の概要を知る。

【1】　ファミリーガバナンスを強化する手法

　一族のファミリーガバナンスを強化するには家族憲章、一族会議体といった手法がある。

1　家族憲章（別称：一族憲章、ファミリー憲章など）

　家族憲章とは、一族のルールを記載した文書で、一族の理念・価値観やFBに係る株式承継の規定など、一族およびFBを規律する様々な取り決めが書かれている。家訓とは異なり、家族憲章は一族間の絆を強め、一族間のトラブルを未然に防ぐ具体的な行動指針や判断基準が明記されているところに特徴がある（図表1-2-9）。作成の際、主要な一族メンバーが漏れなく参加することが強固なファミリーガバナンスの構築を支える有効な家族憲章の作成に繋がる。

図表1-2-9　家族憲章と家訓の違い

	家族憲章	家訓
作成プロセス	当世代が作成に関与し、作成プロセスを通じて一族間が理解し合うことに価値がある。	代々伝えられたもので、当世代の人間は作成には関与していない。
書き換えの可能性	定期的な書き換えを前提とする。	書き換えなどもってのほかで、墨守することが求められる。
規定の具体性	誰もが具体的な行動を起こすことの規範として用いることができ、関係者は規定を基に予定の行動を取ることができる。そのため、不必要な一族間の争いを回避できる。	抽象的であり具体的な問題解決の役割を果たすことができない。解釈にあたっても当主など口伝者の権威を必要とする。
規定を運用する会議体の有無	一族総会、一族会議、各種委員会など、規定を具体的に運用したり相談する会議体が常設され、それぞれの会議への参加資格も予め決められている。	なし。
背景となる思想	個人の尊厳を前提とし、一族集団の目的との調和を目指している。	日本の家制度に起源を持つ発想で書かれている。その意味で個人の尊厳が十二分に尊重されていない場合もあり得る。
一族事業から離脱する時の扱い	一族による株式の買取を通じた株主としての離脱の形をとる（pruning the tree＝株主の剪定と呼ぶ）。	勘当・絶縁の形をとる。

2　一族会議体

　一族会議体とは、一族とFBに関する報告や意思決定、利害対立の調整、交流などを行う一族の集いである。一族の家族憲章を継続的に運用し、新しい一族メンバーにも常に共有させる役割を担う。

　一族会議体は、一族総会（Family Assembly）、一族会議（Family Council）、一族株主委員会（Family Committee）の3種の会議体から構成される。一族総会は一族全体でのコミュニケーションを担う組織であり、企業で言えば株主総会に当たる。一族会議は一族総会の委任や家族憲章の規定によって権限を与えられた、一族に関する実質的な審議と重要な意思決定を担う組織であり、企業で言えば取締役会に当たる。一族株主委員会は一族会議の機能をより専門的な領域で補完する組織であり、企業で言えば取締役会の下部専門組織にあたる。こうした会議体を目的に合わせて使い分け、一族の意思統一と一体性を図っていくため、一族会議体は後述にあるFBのコーポレートガバナンス強化とも密

接な関係にある。

【2】　FBのコーポレートガバナンスを強化する手法

　一族とFBの密なコミュニケーションの関係が、FBのコーポレートガバナンス強化に繋がる。具体的には、一族会議体と取締役会のコミュニケーションが重要となる。例えば、大規模な資産の処分や取得、事業の統合、分離など主要な事業ポートフォリオの再構築、株主構成の変更、主要な経営幹部の選解任など、いわゆる有事の場合は、取締役会の前に一族会議での審議を行い、**一族株主**の意向を予め取締役会に伝えることが欧米の一族会議の運営原則である。一方、平時の場合には、取締役会の後に一族会議でFBの状況を報告することで済む。

　また、一族会議での実効ある意思決定を支えるため、ファミリーガバナンスの組織図上は一族会議の下に位置する一族株主委員会と、取締役会の間で双方向のコミュニケーション（欧米では、1年に3～4回、1回半日程度の十分な時間を取るケースが多い）を必要に応じて取っている。これらにより、通常、株主総会では時間が十分に取れず、一方向的で、形式的になりがちな一族株主とFBの経営者や取締役各メンバーとの間の対話を、一層インタラクティブにし、エンゲージメントの場を確保している（図表1-2-10）。

　もちろん、すべての非上場FBがこうした包括的なFBを支えるガバナンスシステムを構築しなければならないというわけではない。上記のような最も包括的なものを参考に、一族やFBの事情に併せて構築すれば良い。例えば、株主が数名の一族のみで構成されているFBであれば、年に1回の一族総会と年に2回程度の一族会議を開催することで十分であり、一族委員会は不要だろう。他方、一族株主の数が多く、経営に携わらない少数一族株主が多い場合や、所有と経営の分離を将来検討している場合、図表1-2-10に近いものが必要となるかもしれない。

図表1-2-10　FBのガバナンス構造

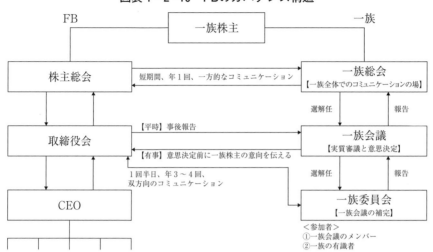

【3】　ファミリーオフィス

ファミリーオフィス[3]は一族の資産の合同運用や資産管理などに関するプランニングをするだけでなく、家族憲章の運用を助け、一族会議体の企画・運営を支援する非財務分野における一族の支援機能を持つ（図表1-2-11）。

図表1-2-11　ファミリーオフィスの業務内容

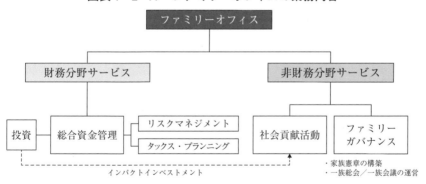

---

[3]　欧米では、ファミリーオフィスは、一族の資産管理会社として一族によって設立された。次第に、第三者による特定の一族向けのシングルファミリーオフィスとして、更に複数の一族向けのマルチファミリーオフィスが設立されていった。

　こうした機能は、欧米の超富裕層一族を支援する独自の組織として注目されている。

　ファミリーオフィスの主な役割は、次のとおりである。

・統合された税務対策

・投資戦略の立案と実行

・信託の受託者

・リスクマネジメント

・ライフスタイル・マネジメント

・帳簿管理と財務報告

・一族の一体性を確保するための様々なイベントの企画・運営

・一族の慈善活動　など

　また、ファミリーオフィスの運営は一族の持つ無形資産を培い育む機能がある。日本では未だファミリーオフィスは、その本来持つ包括的な役割が十分に認識されておらず、「ファミリーオフィス＝大口資産運用会社」と認識されている場合が多い。たしかに、資産管理や資産運用はファミリーオフィスの中核業務であり、一族の資産の増減に直結するため、一族の最大の関心事の1つである。ファミリーオフィスは、一族の絆の維持やFBを支える一族のコミュニケーション強化などを目的とするファミリーガバナンスの強化や社会貢献活動、一族教育など、一族の永続化に不可欠な非財務分野での重要な役割も担っていることも忘れてはならない。一族の包括的なニーズに対して、**顧客本位**の視点で、本来のファミリーオフィスをわが国においても根付かせることが重要である。

　20～30年に一度しか発生しないFBの事業承継を乗り越え、一族およびFBの永続化を実現するには、外部の市場変化への対応に留まることなく、事業承継を契機に一族の主要メンバーが無形資産を含む広義の一族の資産を棚卸して、その価値を再認識し、維持コストの負担方法に合意した上で、強固な一族の無形資産の土台を形成して確実に後継世代に承継しなければならない。こうした堅実な土台があってこそ、一族とFBの永続化という価値ある目標の達成が可能になる。

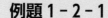

例題 1-2-1

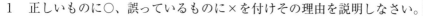

1　正しいものに○、誤っているものに×を付けその理由を説明しなさい。

①　上場FBにおいて、FBが非FBに比べ、平均でみたパフォーマンスは高いものの、そのバラつきが大きいことは、FBの経営者がワンマン気質である傾向を指し示している。

②　FBの脆弱性が高まるのは、FBを所有する一族の内部対立および関係性の希薄化に大別される。

③　FBのスリーサークルモデルとは、株主、経営、家族（一族）の3つのサークルの交わりからできる領域に、FBの主要な関係者を当てはめて、潜在的な利害関係を整理する手法である。

④　FBの永続化に資するという文脈における無形資産は、一族の個々のメンバーが持つ、知識・スキル・経験・人脈、および一族の一体性で構成される。

⑤　FBにおいて、一族およびFBの持つ有形資産は一族の持つ無形資産を基底とする。

⑥　FBを支援するプライベートバンカーは財務分野に加え、非財務分野の専門家として、包括的なサービスを提供できなければならない。

2　正しいものに○、誤っているものに×を付けなさい。

①　FBのガバナンスの2層構造において、ファミリーガバナンスの委託者は、一族の現在の非株主である。

②　単独株主・単独経営による事業承継が限界を迎えた要因は、個人としての財務対応力の限界、高まる専門経営者への要請、後継世代の職業選択の自由が考えられる。

③　コーポレートガバナンス改革は上場企業を対象にしたものであるため、非上場FBは特段考慮する必要はない。

3　正しいものに○、誤っているものに×を付けなさい。

①　家族憲章は一度作成しても、一族内外の環境要因の変化を踏まえた上であれば、変更や廃止をしても良い。

②　一族とFBが密なコミュニケーションをとるには、一族総会とFBの取

締役会のコミュニケーションが不可欠である。

③　ファミリーオフィスでは、資産運用やタックス・プランニングなどの
　　財務分野の機能のみを有する。

解答・解説

1

①　×　経営者個人だけでなく、一族の統治体制の良し悪しがFBの経営
　　　　体制の良し悪しに反映されやすいことを示唆していると言える。

②　×　FBの脆弱性が高まるのは、一族の内部要因に加え、経営環境の
　　　　変化に伴う外部要因も挙げられる。特に、こうした外部要因に事
　　　　業承継のタイミングが重なると、FBの脆弱性は一層高まる。

③　○　問題文の通り。

④　×　FBの永続化に資する文脈における無形資産は、①一族の個々の
　　　　メンバーが持つ、知識・スキル・経験・人脈、②一族の一体性、
　　　　③一族として社会から得ている信頼・評判、およびその結果得ら
　　　　れる特別な社会的・経済的地位の3つから構成される。

⑤　○　問題文の通り。

⑥　×　FBを支援するプライベートバンカーは、必ずしも非財務分野の
　　　　専門家である必要はない。非財務分野に関する最低限の知識と
　　　　ファシリテーターとしての役割を果たすことができれば、非財務
　　　　分野の各種専門家と協業することが結果として、顧客へより高い
　　　　価値をもたらす場合も多い。

2

①　×　FBのガバナンスの2層構造において、ファミリーガバナンスの
　　　　委託者は、未来の一族株主である。

②　○　問題文の通り。

③　×　市場において非上場FBは上場会社と競争している以上、現在、
　　　　資本市場で推進されているコーポレートガバナンス改革の影響か
　　　　ら非上場FBも免れるわけではなく、一族の強い絆を基底とした

コーポレートガバナンスの強化が求められている。

3
① ○ 問題文の通り。
② × 一族とFBが密なコミュニケーションをとるには、一族会議とFB
の取締役会のコミュニケーションが不可欠である。
③ × 財務分野に加え、一族の一体性を確保するための様々なイベント
の企画・運営や一族の慈善活動などの非財務分野の機能も有して
いる。

本章のまとめ

●PB業務の中核顧客であるFBのオーナー一族の課題を理解するには、まず、その経営課題を理解することが重要となる。FBは一族の富を創造する源泉であるからだ。

●FBを支える一族株主の範囲やFBへの関わり方に対する理解を深めることで、FBや資産の承継における課題が顧客視点でみえてくる。

●ファミリーガバナンスの構造や、一族の持つ無形資産がもたらす、一族の広義の富の創造への貢献の在り方等を知ることで、FBの永続化への一族の想いをより共有することができる。そのことは一族が持つ課題への本質的な解決策に繋がる。

●FBを持つ一族のライフサイクルモデルは、一族の現状分析や一族のビジョンについて、一族の合意を形成するために有効な分析フレームワークである。

●一定規模以上の有力FBオーナー一族が一族とFBの永続化を目指す場合、所有と経営の分離も１つの選択肢として考えなくてはならない時代となっている。こうした所有と経営の分離を考える際、FBにおけるガバナンスの２層構造で課題や課題への解決策を考えることが有効となる。

●今後、一族やFBのガバナンスを強化することを支援する一族の仕組みとして、家族憲章や一族会議体、ファミリーオフィスがより注目されてくるだろう。

第3章　職業倫理・行為基準

学習ポイント

- ●プライベートバンカーに求められる職業倫理の重要性とその根拠、職業倫理と法的規制との関係を理解する。
- ●職業行為基準の構成を理解し、具体的な内容およびその趣旨を理解する。
- ●顧客との信任関係を基に、専門的な技能を発揮してPB業務を行い、顧客の最善の利益を図る重要性を理解する。
- ●顧客と利益相反になる恐れがある場合とその対応について理解する。
- ●常に理論と実務の研鑽に努め、専門能力を維持向上する重要性を理解する。
- ●守秘義務を徹底する重要性を理解する。
- ●資産運用等において投資目的や顧客の財務状況を踏まえた投資が行えるよう常に配慮し、必要に応じて顧客の状況を確認し更新する重要性を理解する。
- ●自らのPB業務の能力に関し誤解を招くような表示をしないことを理解する。
- ●各種業法上の内容と制約を把握し、自身で処理できる範囲と外部の専門家との協働が必要な場面を、具体的な設例をもとに明確に理解する。

　プライベートバンカーは、顧客からの信頼を前提に、その保有する資産の運用等についてアドバイスを行う職業であり、強い自己抑制とともに、単なる契約上の義務を超えて顧客のために自発的に最善を尽くすことが求められるなど、顧客に対して大きな責務を負うことになる。顧客のプライベートバンカーに対する信頼・信用は、単に顧客との個人的な人間関係によるものだけではなく、その有する資格に依存する部分も大きい。そのため、もしあるプライベートバンカーが、私利私欲を図り、顧客の財産を食い物にすれば、そのプライベートバンカー個人の信頼・信用だけではなく、プライベートバンカーという資格に対する信頼・信用にも悪影響をもたらすことになる。

　そこで、プライベートバンカーにおいては、専門知識を持った職業人（プロフェッショナル）として、金融商品取引法その他の法令の遵守が求められるこ

とはもちろん、プライベートバンカーに対する社会的信頼を担保するため、PBという業務を営む上で求められる職業倫理を具体的な行動ルールないし考え方として整理した「職業行為基準」をも遵守しなければならない。

　まず法令遵守について、金融商品取引法や信託業法等のいわゆる金融規制に関する法令は、プライベートバンカーにおいても日常的に意識し、触れている法令であるため、学習においても、具体的な場面ごとにこれらの法令を自然と意識することができる。しかしながら、これらの法令だけではなく、税理士法や弁護士法等、一定の業務分野について資格独占を認めている士業にかかる規制法との抵触についても意識しながら理解を深めることが求められる。

　また職業行為基準については、単にその文言に目を通すだけではなく、プライベートバンカーに対する社会的信頼という観点を前提に、なぜそのような規定が設けられたのか、その規定により何を達成しようとしているのか、という点まで十分に理解しながら学習を進めることが肝要である。

第1節　職業倫理についての考え方
【1】　プライベートバンカーにとって職業倫理とは何か

　ここでいうプライベートバンカーとは、「高い職業倫理観を持ち、顧客の最善の利益のために、顧客本位の姿勢で顧客の抱える課題や悩みの解決に向け、的確なコミュニケーションを通じ、顧客のニーズをくみ取り、外部専門家と連携しつつ、事業（価値向上、承継・再編）および資産（価値の維持、承継）等に関し、自らないし組織の有する高度な能力（分析・評価、管理・運用面等）を発揮し、オーナーとそのファミリー（オーナー一族）にとって全体最適な顧客に信頼される提案を行い、その実現をサポートし、長期間継続的にフォローできるプロフェッショナルな人材」（本章第3節「プライベートバンキング職業行為基準」参照）と定義されている。本章は、PB業務を遂行するうえで不可欠であって常に意識することが必要なプライベートバンカーにとっての職業倫理を解説する。上記定義から読み取れるPB業務の特性は次の通りである。

　まず、顧客の資産運用や資本政策のほかそれと密接する顧客自身またはその家族の問題にもニーズに応じて関与し、長期間、場合によっては幾世代にもわたって顧客であるファミリー（一族）のためにサポートを続けていく点が挙げられる。顧客の抱える様々な事情に通じ、かつ、顧客から厚い信頼を寄せられてはじめて成り立つ職業である。

　資産運用にとどまらず、税金や不動産、信託などの幅広い分野における提案・問題解決を期待されることから、状況に応じ内外の専門家とネットワークを構築するとともに、それらの専門家と協働することが求められる。

　第3にPB業務の顧客は個人が中心であり、必ずしも顧客がPB業務の対象となる分野に精通しているとは限らない点も指摘できる。

　これら3つの特性から導き出されるところは、プライベートバンカーは顧客である個人やその家族の信頼・信用に応えて、顧客の利益のために、専門的能力と専門家とのネットワークをフルに発揮して、最大限の努力をしなければならず、情報や知識の優位性に乗じて自己の利益を図ることは決して許されない、ということである。

　プライベートバンカーは、顧客のために高い職業上の倫理を持ち顧客のために最善を尽くすことが求められている。これがプライベートバンカーのあるべき姿であり、ひとたびこれに違背するようなことがあれば、職業として成り立たなくなってしまう。

　これがプライベートバンカーに求められる職業倫理の要諦である。

【2】　職業倫理の根拠および法的規制との関係

1　高い職業倫理の根拠と顧客とのサービス提供契約の関係

　顧客の利益の保護等を目的として一定の業種に対して規制を設ける、いわゆる業規制はPB業務と深く関連しているが、プライベートバンカーの資格自体は公益社団法人日本証券アナリスト協会（以下、協会という）が認定しているものであって、PB業務それ自体に対する直接的な法規制があるわけではない。では、プライベートバンカーに不可欠な高い職業倫理の根拠はどこに求められるのだろうか。

　その根拠は、【1】で述べたように顧客からの信頼・信用である。顧客との信頼・信用関係を構築し、維持、発展させることに職業倫理の根拠がある。プライベートバンカーは、多数の個人を顧客とし、分野は異なるものの、医師や弁護士などと同様に、高度の専門知識を駆使する職業である。顧客としては専門家の提供する業務の内容についてその大部分を信頼し、専門家の判断に任せざるを得ない場面は多く存在する。このような専門家と顧客との関係は信任関係と呼ばれ、信任を受けた専門家が負う義務のことを**信任義務**という。上記のプロフェッショナルとしての倫理は、信頼・信用関係を礎に持つ信任義務に基づいているのである。

2　士業資格や法人職員の資格における業務や職業倫理との関係

　プライベートバンカーの職業倫理と、士業資格や関連業種役職員としての職業倫理はどのような関係にあるだろうか。

　士業や関連業種役職員であるプライベートバンカーが、士業や関連業種役職員として行う業務の範囲は、士業の法令や関連業種の法令および組織のルールに従う。PB業務の内容は、士業や関連業種の業務と一部重複しているが、重複部分については、士業や関連業種の法規制や業界ルールに従うことはもちろん、更にプライベートバンカーの資格を有する者は、プライベートバンカーとしての職業倫理も遵守することが求められる。

　なお、国内外の法令の違いは極めて重要であるが、このテキストでは国内法令を前提にしている。もちろん、海外の法令が問題となる場合においては、個別に十分な知識を得て対応する必要があることは言うまでもない。

【3】　職業行為基準の構成

1　職業倫理を具体化した職業行為基準

　プライベートバンカーの資格認定者である協会は、プライベートバンカーの職業倫理を具体的な文章にしたものとして、「**職業行為基準**」を定めている。これは、PB業務を営む上で求められる職業倫理を具体的な行動ルールとして整理したものである。プライベートバンカーはこうした職業行為基準を知識として身に付けるだけではなく、その精神・考え方を十分理解した上で日々の業務を進めていくことが求められる。

2　職業行為基準の構成

　職業行為基準の構成は、⑴法令上の基準または義務をより具体化または強化した基準（業界団体の自主規制、当局の指導）、⑵これらに限られない信任義務（Fiduciary Duty）に基づく基準、に分かれる。

　⑴については、現行のわが国の法令やそれに準じる基準が、すべて当てはまる。本書においてこれらのすべてを解説することはできないが、特に刑法（顧客を騙す詐欺、顧客資金の横領、私文書偽造など）に触れることはもちろんあってはならないほか、消費者保護のための消費者契約法、個人情報保護法、マネーロンダリングに関連する犯罪による収益の移転防止に関する法律（犯収法）には注意を要する。

第2節　士業や関連業種についての法令、自主規制とPB業務
【1】　法令上の規制について

　士業資格を有さないプライベートバンカーは、士業や関連業種についての法令に抵触しないよう、十分に注意して職務を遂行しなければならない。なお、士業や関連業種の役職員であっても、資格を持たない他の士業や関連業種の業務を行えないことは当然であり、自らの資格外の行為をすることがないように留意する必要がある。

　また、顧客に対する提案を行う上で、法改正、裁判例のほか、行政指導の有無や通達を調べるなど、常に新しい法令上の知識を、専門家などの協力を得て、身に付けておくことが望ましい。

　更に、業種・業界で自主規制があるときは、当然それを遵守しなければならない。職務上、自主規制も含め法令上何が許容され、何が許容されないかを常に確認しながら進めることは、最終的には顧客から確固たる信頼・信用を得ることに結びつく。プライベートバンカーという仕事の性格上、海外の案件に携わる場合はその国の法令や慣習を理解することも重要である。もちろん、プライベートバンカーは万能ではないため、このようなことをすべて把握するのは不可能に近い。そのため、専門家と協力して役割分担しながら業務を遂行していくことが不可欠である。

【2】　プライベートバンカーにおける法令遵守の例

　あるプライベートバンカーの法令遵守の具体例についてみていく。例えば、銀行員であれば、顧客からの依頼を受けて行う銀行預金、投資信託、保険の販売は、銀行法、金融商品取引法あるいは保険業法において規定される銀行の本来業務または関連代理業務となるし、不動産業を営む会社に所属するプライベートバンカーが顧客に対して行う不動産の販売は宅建業法によって規律される。こうした法令上取り扱うことが認められている業務とはいえ、遵法精神を自らに問い掛ける心構えは常に必要となる。そして法令を十分遵守しつつ富裕層顧客と友好的な関係（リレーションシップ）を築くことが、プライベートバンカーの業務としての第一歩である。

　さて、顧客との間のコミュニケーションも進んで気心も知れ、相続対策についてアドバイスを求められたときを考える。仮に、プライベートバンカーが税務上の一般的な解説から一歩踏み込んで、税理士法上の**税務相談**をしてしまうと、税理士法に抵触することとなってしまう（税理士法との抵触については後

記【3】参照）。税理士法に限らず、他の業法に抵触する可能性のあるアドバイスを求められた場合には、自らアドバイスを行うのではなく、顧客の意向を十分汲み取ったうえで、税理士や弁護士等の有資格者を別途紹介したり（ただし弁護士の紹介については後記【4】のとおり注意を要する）、有資格者を帯同したりする必要がある（企業内税理士等については後記【5】参照）。

　なお、各種業法に抵触しない範囲で提案を行う場合であっても、その内容に高度な税務上または法律上の論点が含まれ得る場合、必要に応じて提案を行うスキーム等について事前に顧問税理士等の有資格者から十分なヒヤリングを行い、関係法令に触れないかどうか、慎重に確認をしておかなければならない。

　更に顧客との信頼関係が深まり、総合提案書[1]の作成依頼がきた時の対応を検討する。総合提案書がカバーする範囲はPB基礎知識体系（PBCKB）に示したように多岐にわたるため、プライベートバンカーのみでは対応できないこともあり、場合によっては（内外の専門家を交えた）チームを組成することもある。このような場合、プライベートバンカーは法令の遵守に常に注意を払うとともに、海外不動産の取得、信託の活用やそれにまつわる訴訟が生じたときのリスク対策などさまざまな場面を想定しなければならない。業務の推進に伴う法令違反を避けるために、プライベートバンカーが組織に属している場合には、その組織の内部の人材を活用するとともに、弁護士、会計士などを含めた専門家による外部のネットワークの活用も重要となる。こうしたチームワークによって得た知見を活かしつつ、法令を遵守しながら富裕層顧客のニーズに沿った総合提案書を作成していくことになる。

　以上はPB業務のほんの一部を例として切り取ったものに過ぎず、実際にPB業務を行うにあたっては、個別事例に応じて、それぞれの組織が営む業種に応じた規制（例えば、金商法や宅建業法）はもちろん、他業種の規制に抵触していないかどうかにも注意する必要がある。

【3】　各種士業の規制法への抵触防止①―税理士法

　上記のとおり、プライベートバンカーにおいては、とりわけ業規制との関係に、常に注意を払わなければならない。性質上、金融商品取引法や信託業法についてはなじみが深いプライベートバンカーが多いと思われるが、税理士法や弁護士法との抵触について意識されていない事例も散見される。以下では税理

---

[1]　公益社団法人日本証券アナリスト協会『顧客のための総合提案書の作り方』2020年を参照。

士法と弁護士法を例に、プライベートバンカーの具体的な業務における留意点を検討する。なお、仮にプライベートバンカーが各種業法に違反すると、プライベートバンカー個人はもちろん、その所属する法人まで行政罰や刑事罰等のペナルティを受ける可能性がある。

　税理士法が税理士の業務として定めているのは、税務代理、税務書類の作成、および税務相談であり、このうちプライベートバンカーが抵触する可能性が比較的高いのは税務相談である。

「税務相談」の定義

　①税務官公署に対する申告等、②税務官公署に対する主張もしくは陳述、または③申告書等の作成に関し、租税の課税標準等の計算に関する事項について相談に応ずること。

「相談に応ずる」とは

　税理士法に規定する事項（上記①から③）について、具体的な質問に対して答弁し、指示しまたは意見を表明すること。

　上記の業務については、税理士資格のない者が行ってはならず、これは有償無償を問わない。したがって、プライベートバンカーが顧客からの要請に応じて、具体的な資産と債務を前提に相続税の額を具体的に計算して示すことは、上記の「税務相談」に該当し得ることになる。他方で、あくまで「具体的な質問に対して」答弁すること等とされているため、一般的な事項について質問を受け、回答を行うことは許される。

　要するに、税制の内容や税法改正の情報といった一般的な事項について回答したり情報提供したりすることは許されるが、顧客の状況やニーズに応じた個別具体的な内容となると、原則として「税務相談」に該当し、違法となる可能性がある、ということになる。ただし、この「個別具体性」は個別事例に応じて判断されるものであるため、その限界は必ずしも一義的に明確ではない。重要なことは、税務相談に該当するのではないかと疑問に感じたときは、税理士や弁護士等の専門家に確認した上で、当該専門家の意見を伝達するという形式をとったり、それらの専門家とともに事案を処理したりするよう心がけることである（なお、ここでいう専門家が社内の従業員であってはならない点については、後記【5】参照）。

例題 1 − 3 − 1

1　プライベートバンカーが顧客から経理的な相談を受けることができるか、またその中で、顧客のために、未払税額を計算することはできるか。

2　プライベートバンカーが、顧客から税務に関する以下の相談を受けたため、それぞれについて、「税務上の具体的な問題点については税理士にご相談ください」との文言(いわゆる免責文言・ディスクレーマー)を付して回答した。この場合、税理士法違反となるか。

①　来年の税制改正に関する一般的な情報の提供

②　顧客の具体的な資産および負債の内容を前提とした想定相続税負担額の具体的な計算

解答・解説

1　経理的な相談については、税務に関する具体的なアドバイスを行っていない限りは許される（公認会計士法上、公認会計士の資格無しに監査業務を行うことは禁じられているが（公認会計士法第47条の2、第2条第1項）、仕訳や会計処理等の会計に関するアドバイスについては、直ちに同法違反とはならない）。他方、未払税額に関する計算を行うことは、グレーゾーンである。プライベートバンカーのアドバイスが財務会計の範囲内のものとして説明ができるものであれば許容され得るが、税務申告に直接繋がる等、税務に関する具体的なアドバイスとなっている場合には、税理士法違反となり得る。

2

①　プライベートバンカーが税制改正に関する一般的な情報を提供することは原則として可能である。ただし、一般的な情報を踏まえた上で個別具体性のあるアドバイスを行うと、税理士法違反となる。例えば、配当所得の計算方法について改正があったような場合、計算方法がどのように変わり、一般的にどのような影響を受けるのか（一般的に税

額が増えるのか、減るのか等）について説明することは許容されると考えられる。しかしながら、顧客の具体的な受取配当額を前提に税額計算を行うことは、税理士法に違反する可能性がある。

② 例題のようないわゆる**免責文言（ディスクレーマー）**を付した資料等については、実務上も散見されるものであるが、必ずしもこれを付したからといって、税理士法違反とならないというものではない点に留意が必要である。結局、「租税の課税標準等の計算に関する事項」に関する「具体的な質問に対して答弁」すれば、それは「税務相談」であって、無資格者が行えば税理士法違反となる。例題では、顧客の資産および負債の内容を把握した上で、相続税の課税標準を計算して顧客に示しており、これが「申告書等の作成に関する」ものではない、と主張することは容易ではないと考えられ、税理士法違反となる可能性が高い事例である。そのため、税理士を同行する等の対応を検討する必要がある。

なお、「具体的な質問」に対する答弁等であるかどうかについて、その限界は必ずしも明らかではない。例えば、顧客の推定所得に対して所得税額を一律で45％と仮定して所得税額を回答するような場合にも「税務相談」に該当するかどうかは、明確ではない。繰り返しとなるが、個別具体的な案件に応じて、適切に判断を行う必要がある。

【4】　各種士業の規制法への抵触防止②―弁護士法

次に弁護士法は、弁護士でない者が、報酬を得る目的で、法律事件について法律事務を取り扱うことを禁じている。

「法律事件」とは

　法律上の権利義務に関し争いや疑義があり、または、新たな権利義務関係の発生する案件をいう。

　なお、法律事件については「事件性」が必要かどうか、争いがあるが、少なくとも事件性がある場合には法律事件に該当することに争いはない。

> 「**法律事務**」とは
>
> 　法律上の効果を発生、変更する事項の処理のほか、法律上の効果を保全・明確化する事項の処理をいう。

　これらの定義は若干理解しにくいところもあるが、例えば、顧客が離婚することとなった場合の財産分与に関する具体的な相談、顧客の父親が逝去され、その相続分や遺留分侵害額請求の行使に関する相談などがこれに当たる。実務上も、プライベートバンカーは紛争となる可能性が高いと見込まれている場合や、既に紛争が発生している事案について、法律上の助言を行うことは避けるべきである。なお、税理士法と異なり「報酬を得る目的」がなければ弁護士法違反とはならないが、法律事務の直接の対価である必要はない。特に株式会社をはじめとする営利法人は、営利目的で業務を行っている。そのため、プライベートバンカーが法律事件に関する法律事務を行えば、案件全体を通じて収益を目的として顧客に対して勧誘や提案行為を行っている以上、報酬を得る目的があったとされるリスクは無視できないであろう。

　なお、弁護士法においては、弁護士または弁護士法人以外の者が報酬を得る目的で、法律事件について法律事務を取り扱うことに加えて、これらの「周旋」を行うことも禁じられている[2]。ここで「周旋」とは、依頼を受けて、当事者と弁護士との間で、委任関係等の成立のために便宜を図り、その成立を容易にする行為をいうとされている。要するに、依頼者と弁護士とを仲介する行為であり、プライベートバンカーが「報酬を得る目的」でこのような行為をすると、弁護士法違反となる。典型的には依頼者や弁護士から報酬を得て弁護士の紹介を行う行為がこれに該当するが、仮に直接的な「紹介料」の授受がなかったとしても、上記のとおり、プライベートバンカーは案件全体を通じて収益の実現を目的としている以上、弁護士を紹介する場合にも、その対価として報酬を得る目的があったという疑いを受けないよう注意する必要があろう[3]。

---

[2]　なお、税理士法においてはこのような制約はなく、税理士を紹介することにより顧客や税理士から紹介料を受領しても、税理士法違反に問われることはない。

[3]　ただし、提案している商品や相談を受けている案件に直接関わらない場面において、顧客から弁護士の紹介を依頼されたような場合、弁護士を紹介することによって直接報酬を受領したり、商品購入を約束したりせず、単に弁護士の連絡先を伝えるにとどまるものであれば、当該行為をもって直ちに弁護士法に違反することにはなりにくいと考えられる。

例題 1 - 3 - 2

1 顧客が、遺産分割について他の相続人と紛争となっているため、士業資格を持たないプライベートバンカーに対して、他の相続人との交渉の進め方に関するアドバイスを求めた。プライベートバンカーはこの相談に乗ることはできるか。また、顧客が、他の相続人から遺留分侵害額請求を受けたため、納税済みの相続税の取扱いに関してアドバイスを求めた場合はどうか。

2 士業資格を持たないプライベートバンカーが「具体的な取扱いについては税理士、弁護士その他の専門家にご相談ください」との免責条項（ディスクレーマー）を置きつつ、グループ内合併に関する法務、税務、会計の情報を提供することはできるか。

3 弁護士や税理士に、紹介料を支払うことができるか。

解答・解説

1 まず前段の遺産分割は、相続人の間で、被相続人が生前有していた相続財産に対する所有権その他の権利の帰属について合意するものである。したがって、遺産分割に関して既に他の相続人と紛争となっている事案であることから、法律上の権利義務に関して争いがあることは明白である。このような場合に、顧客に交渉の進め方についてアドバイスをすることは、法律事件について法律事務を行うものであり、弁護士法違反となる可能性は十分考えられる。また、一般論として、例えば、他の相続人が遺留分を侵害されることを顧客に伝える場合であっても、それが具体的な事実関係（相続財産に対して顧客が相続することとなる割合、具体的な他の相続人の続柄等）に基づくアドバイスとして行われるものであれば、やはり弁護士法違反となる可能性がある点には留意が必要であろう。

次に後段の相続税の取扱いに関する質問に関しては、グレーゾーンであろう。一般論として遺留分侵害額請求があった場合にどのような処理がされるかを回答することは、税理士法違反とならないものとも考

えられるが、本件の場合「遺留分侵害額請求を実際に受けた」という個別具体的な事実関係を前提に回答を行うものであるため、「あくまで一般論である」との主張が通りにくい可能性もある。

2　まず、本件のような免責条項（ディスクレーマー）を置いたからといって各種業法に反しないこととはならない点については、弁護士法についても同様である。したがって、免責条項（ディスクレーマー）の有無にかかわらず、具体的なアドバイスの内容を前提に検討する必要がある。

その上で、法務に関して検討すると、グループ内合併については法律上の権利義務に関する事項ではあるものの、通常は事件性のないものである。したがって、事件性の要否に関する見解のうちいずれに立つかによって結論が変わりうる部分である。プライベートバンカーとしては、弁護士法に違反するリスクを冒す必要がない限り、一般的な情報の提供にとどめておく（「法律事務」に該当しないようにする）のが無難であろう。

次に税務に関しては、これまで見てきたとおり、グループ内合併に伴う具体的な税額計算を行うなど、個別具体性を伴うアドバイスはできない。

最後に会計に関しては、原則として具体的なアドバイスを行うことは許容されている。ただし、これが税務上のアドバイスとならないよう（「税務相談」に該当しないよう）、十分な注意が必要である。

3　上記のとおり、法律事件を紹介したことの対価として弁護士に紹介料を支払うことは明確に禁じられている。ただし、「**紹介料**」の範囲については必ずしも明確ではないため、個別具体的な判断が求められる場合が多いと思われる。他方、税理士については紹介料の支払いは禁じられていない。

【5】　各種士業の規制法への抵触防止③
―企業内税理士・弁護士によるアドバイス

　昨今、各企業により雇用される、いわゆる企業内税理士・企業内弁護士（以下「**企業内税理士等**」という）の数が増加しており、プライベートバンカーにおいてもこうした企業内税理士等に対して具体的な案件を相談する機会も増え

66

ていると考えられる。しかしながら注意が必要となるのは、企業内税理士等の行為を企業内税理士等を雇っている企業から独立した第三者の行為であると評価することは困難であり、当該企業としての行為であるとの評価を免れ得ない、という点である。このように当該企業として税務アドバイスや法務アドバイスを提供した形となってしまうため、当該企業は税理士法人でも弁護士法人でもない以上、税理士法違反となってしまうのである。したがって、例えば、税務相談に該当する恐れがあるからといって、企業内税理士を同行させたとしても、それによって税理士法違反ではなくなるというものではない。そのため、リスクを回避するには外部の税理士や弁護士を同行させるほかない。

　この点は、税理士や弁護士が出向により各企業において勤務している場合も原則として同様であり、出向してきた弁護士とともに顧客を訪問しても、それによって弁護士法上適法になるものではない。ただし、出向元の事務所での勤務も継続して行っている、いわゆる「部分出向」や兼職の場合には、出向元の税理士または弁護士として顧客を訪問することにより、税務アドバイスや法務アドバイスを行うことが可能となる場合もある。

【6】　関連業種についての行為規制抵触で注意すべき具体例 （「金融サービスの提供に関する法律」に基づく金融サービス 仲介業との関係）

　PB業務に関連が深い業種である銀行、金商法業者、保険会社の役職員のプライベートバンカーは、組織の業務遂行にあたり、各業法（銀行法、金商法、保険業法）の範囲内で業務を遂行し、PB業務も組織の業務の範囲に限定される。一方、こうした金融機関の役職員でないプライベートバンカーが、こうした金融機関の商品の販売について、一定の役割を果たすことが法令で認められている。具体的には、銀行代理業、金融商品仲介業、保険代理店、保険仲立人であり、更に2020年に「金融サービスの提供に関する法律」が成立し、一定の預金等、金融商品、保険商品の販売媒介ができる金融サービス仲介業が認められた。PB業務を営む金融機関でない会社や自営するプライベートバンカーがこのような業務を営む場合には、各業法に基づき認可や登録などの手続をする必要がある。こうした手続きを行わない場合には、各業法に抵触しないよう業務範囲について注意が必要である。

　特に「金融サービスの提供に関する法律」は、「**金融サービス仲介業**」を預金等媒介業務、保険媒介業務、有価証券等仲介業務または貸金業貸付媒介業務

のいずれかを業として行う者と定義している。プライベートバンカーの提案の内容やその実現のためのサポートに、例えば、相続対策としての一定の有価証券の取得等、上記金融サービスの仲介としての顧客と金融商品を販売する金融機関との契約成立の媒介行為（契約の成立の有無にかかわらず、契約の成立をサポートする事実行為を指す）が含まれる場合には、有価証券仲介業務に該当することから、「金融サービスの提供に関する法律」に基づく金融サービス仲介業登録が必要になる。

　一般に「媒介」とは他人間で法律行為が成立するよう尽力する行為をいうとされる[4]。したがって、例えば、プライベートバンカーの作成した提案書の中で、米国債投信の購入を提案するだけでは「媒介」に該当しないが、具体的な証券会社の販売する投資信託を提案し、顧客が証券会社から当該投信を購入する手続を担う（証券会社の担当者の紹介、契約文書の作成等）ことは金融サービス仲介業に該当しうることとなる。

　なお、顧客のポートフォリオについて特定の銘柄購入を助言する場合、**投資助言業の登録**が必要になることにも注意が必要である。

---

[4]　森本滋編著『商行為法講義［第3版］』（成文堂、2009年）p. 104を参照。

第3節　プライベートバンキング（PB）職業行為基準

　プライベートバンカーは、上記の法令や自主規制の遵守のみならず、信任義務（Fiduciary Duty）に基づく職業倫理を保つ必要がある。

　プライベートバンキング（PB）職業行為基準の根幹を為す信任義務という概念は、英米法において、信託の受託者が受益者に負う義務として歴史的に生まれたものである。信任義務は、「自己や第三者の利益を顧客の利益の上位に置いてはならない」（忠実義務）と「顧客への注意・配慮を怠ってはならない」（善管注意義務）の2つの義務からなる。

　以下では、協会が、信任義務を礎として、プライベートバンカーのために制定した職業行為基準を逐条的に解説する。

【1】　定義
1　プライベートバンカーならびにプライベートバンキング（以下、PB）業務についての一般的な定義

　プライベートバンカーとは、「高い職業倫理観を持ち、顧客の最善の利益のために、顧客本位の姿勢で顧客の抱える課題や悩みの解決に向け、的確なコミュニケーションを通じ、顧客のニーズをくみ取り、外部専門家と連携しつつ、事業（価値向上、承継・再編）および資産（価値の維持、承継）等に関し、自らないし組織の有する高度な能力（分析・評価、管理・運用面等）を発揮し、オーナーとそのファミリー（オーナー一族）にとって全体最適な顧客に信頼される提案を提示し、実現をサポートし、長期間継続的にフォローできるプロフェッショナルな人材」を指す。またPB業務とはプライベートバンカーが携わるこのような業務のことである。PB業務を通じて、個人事業主、中小企業オーナー、ファミリービジネスなどの資産を活性化させ、経済の活性化と次世代への承継に資することを究極の目標としている。

2　本章におけるプライベートバンカーの定義

　本章のPB職業行為基準でいうところのプライベートバンカーとは、協会が実施するPB資格試験に合格し、かつ本協会が課す資格付与要件を満たすことによって、PB資格が付与された者のことをいう。

【2】　PB職業行為基準

　個人富裕層顧客から1対1の全面的な信任を得て業務遂行することが優秀なプライベートバンカーの社会的役割なので、高い倫理観を持ち、関係法令はもとより、各種のルール・規制を遵守しなければならない。

　ここには、信任義務をベースとする個人富裕層顧客への最善のアドバイスを提供することがまず根幹にあり、これに、利益相反の排除、専門家としての能力の維持・向上、顧客の秘密保持、投資の適合性等を含めた7つがPB職業行為基準の内容である。

　以下、これら7つの基準とその趣旨について見ていくこととする（PB職業行為基準の原文を掲載）。

基準1　顧客への最善のアドバイス提供

① 信任関係

イ．基準

基準1−1　「信任関係」とは、顧客とプライベートバンカー、信託の受益者と受託者等、一方が相手方の信頼を受けて、専門的業務または相手方の授権に基づく業務を行う関係をいう。

基準1−2　「信任義務」とは、信任関係に基づき信頼を受けた者が、相手方に対して真に忠実に、かつ職業的専門家としての十分な注意をもって行動する義務をいう。

基準1−3　プライベートバンカーがPB業務を行うに当たっては、顧客その他信任関係の相手方の最善の利益に資することのみに専念しなければならず、自己および第三者の利益を優先させてはならない。

基準1−4　プライベートバンカーがPB業務を行う場合には、その時々の具体的な状況の下で法令、規則、業界慣行を遵守した上で専門家として尽くすべき正当な注意、技能、配慮および誠実さをもってその業務を遂行しなければならない。

ロ．趣旨

　歴史的に見ると、信任関係という概念は、英米における信託関係に発し、また信任義務は信託において受託者になった者の義務として生成されてきた概念なのですが、その後これらの概念は信託に限らず、**基準1−1**に列挙された関係のほか、会社とその役員、証券の発行者と引受人、年金基金とその理事、個人顧客と投資顧問業者、医師と患者、弁護士と依頼人、本人とその代理人など

70

幅広い関係に適用されるようになっています。

　日本を含むヨーロッパ大陸法系の国々においても、また英米法系の国々にあっても、私人間の関係を律する基本は契約関係ですが、信任関係は契約関係とは異なる要素を含んでいます。契約関係は、いわば対等な当事者同士のギブ・アンド・テイクの関係であり、相互の権利・義務は契約の条項として詳細に規定され、それが実行されれば契約関係は全うされます。これに対し、信任関係においては、一方が相手の専門家としての能力または識見・人格を信用し、頼り、任せるという要素が含まれ、信頼を受けた者が行うべき行為は、信任関係の始まる時点で必ずしも詳細には決められないことも多いのです。

　また、この信任関係の下で、信頼を受けたものは、相手方の信頼に応え、相手方の最大の利益を図るために全力を尽くすという高い倫理観を伴った行動が要請されます。信任関係および信任義務は、上記のように英米法系で発展した概念であるため、わが国の法律においては、これらの概念をそのまま規定したものはなく、後述の信任義務の構成要素である忠実義務や注意義務を断片的に規定したものがあるにとどまっています。しかし、近年わが国においてもこれらの概念はかなり広く受け入れられるようになってきていることを考慮し、この基準においてこれらを導入することとし、まず**基準1－1**において、その定義を行ったものです。

　信任義務は、上記のような信任関係において、信頼を受けて、専門的業務または授権に基づく業務を行う者が負う義務です。信任義務は多くの内容を含みますが、沿革的に最も重要なものとされているのは忠実義務と注意義務の二つです。**基準1－2**に「相手方に対して真に忠実に」とあるのが忠実義務を規定したものであり、信頼を受けた者は、任され、頼られるという立場を認識し、専ら相手方の最善の利益を図るように行動しなければなりません。相手方の犠牲の上に自己や第三者の利益を図るようなことはあってはならないとの趣旨なのです。

　基準1－2の後段は、信頼を受けた者の注意義務を規定しています。信任関係において、ある者が信頼を受ける理由は、その者が通常人に比し、高い専門的能力を持っていることを期待されている点にあります。業務の遂行に当たり、その者は専門家として要求される能力、思慮、勤勉さを十分に発揮しなければならないという義務です。

　基準1－3は、受任者としての忠実義務について規定しています。プライベートバンカーは、PB業務を行うに当たっては専ら顧客その他信任関係の相手方

（以下本条の解説において顧客等という。）の最善の利益を図るよう行動しなければならず、顧客等の犠牲の上に自己や第三者の利益を図ってはならないとの趣旨です。

　プライベートバンカーは、常に顧客等の信任を得たPB業務に関する専門家としての誇りと高い倫理観を持って、誠実に顧客等の利益のために何が最善であるかを考えながら行動することが要請されます。このためには、顧客等の利益を損なうような形で顧客等の財産を利用し、自己や第三者の利益を図るようなことが許されないことはもちろんのこと、PB業務の公正性、客観性を阻害する可能性のある利益相反の状況に置かれることを極力回避するよう努めなければなりません。もし利益相反の状況に置かれたときは後記の**基準2-1**の定めるところに従い、その事実を顧客等に開示することが求められます。

　基準1-4は、忠実義務と並ぶ重要な信任義務である注意義務について規定しています。プライベートバンカーは、その時点での顧客やファンドなど投資の主体の状況、客観的な経済・金融情勢など投資をめぐる環境を見極めながら、投資の専門家として要求される注意、配慮を払い、また専門的な技能を発揮し、さらに信任を受けたものとしての勤勉さを発揮してPB業務を行わなければならないとの趣旨です。プライベートバンカーは、顧客等から専門家としての信任を得てPB業務を行うものですから、上記のような注意義務は通常人に期待される以上のものが要求されます。

　具体的にどのように行動すればこの注意義務を果たしたことになるかについては、プライベートバンカーの属する業態によっても変わってきますが、いわゆるプルーデント・インベスター・ルール（コラム1-3-1参照）が基本的な原則として適用できるでしょう。このルールは米国の信託法における受託者の行為基準として広く認められるようになったいわゆるプルーデントマン・ルール（同コラム参照）が、近年における資産運用の理論および実務の発展を考慮して修正されたルールであり、受託者が合理的な投資家として投資判断をすべきであるというものですが、このルールの考え方は信託の受託者のみならず、運用に関わる者をはじめPB業務に従事する者全般に適用し得るものです。ただ上記に述べたようにその具体的な適用のあり方はプライベートバンカーが置かれている状況により異なります。

Column 1-3-1

プルーデントマン・ルールと
プルーデント・インベスター・ルール

　プルーデントマン・ルールは、1830年マサチューセッツ州最高裁判所がハーバード大学の理事会の資産運用に関する訴訟において示した判断に由来する信託の受託者の投資行動に関する原則で、20世紀になって広く各州の裁判所や連邦法で取り入れられるようになった。その要旨は、信託財産の運用はプルーデントマン（思慮ある合理的な人間）が自分の財産を運用するように行われるべきであるというものである。それまでは、多くの州において信託の受託者が投資を許される対象が法律で限定され、投資対象は公債などごく一部に限られていた。プルーデントマン・ルールは、このような硬直的な規制を排し、状況に応じた柔軟な資産運用を行うことに道を開くものであった。

　しかし、その後多くの判例が積み重ねられ、また信託に関する判例法を条文化した信託法リステイトメント（1次、2次）が作成される過程で、このルールが本来有していた趣旨は変質し、むしろ受託者の投資行動を制約するものへと変わっていったのである。

　すなわち、変質したプルーデントマン・ルールの下では、信託財産の名目元本の維持を最も重視するとともに、投資対象を投機的なものとそうでないものに分け、前者に分類された投資対象については名目元本を毀損する恐れがあることから、投資対象として認められないという扱いがなされたのである。しかしながら、資産運用についての理論および実務の発展とともに、このような考え方に対して次のような批判がなされることとなった。

① 投資についての評価は、ポートフォリオを構成する個々の投資対象についてではなく、ポートフォリオ全体の収益率とリスクで行うべきである。

② リスク回避の観点からは、安全とされる特定の投資対象のみに投資するよりも、広く分散投資を行うことが適当である。

③ 元本の名目的価値を保全することは、インフレーションを考慮すれば十分でなく、実質的価値の保全が必要である。

　このような批判を取り入れ、プルーデントマン・ルールを拡張、発展させた考え方がプルーデント・インベスター・ルールであり、その眼目は受託者が、一般的に資産運用業界に受け入れられているポートフォリオ理論に従って運用を行っていればそれを適法なものとして認めるという点にある。この原則は1992年に刊行された第3次信託法リステイトメントに採用された。

② 客観的かつ公平な判断

イ. 基準

基準1－5　プライベートバンカーは、PB業務を行うに当たって、専門的見地から適切な注意を払い、公正かつ客観的な判断を下すようにしなければならない。

基準1－6　プライベートバンカーは、PB業務を行う場合には、すべての顧客を公平に取り扱うようにしなければならない。

ロ. 趣旨

　プライベートバンカーが、PB業務を行うに当たっての基本的心構えを述べたものです。**基準1－5**はすべて職業的専門家は、その職務について、専門的見地から、一般人以上の相当の注意を払わなければならないことは当然ですが、特にPB業務のように顧客の重要な資産運用に関わり、かつ将来の投資収益・リスクの予測を基本的要素としている業務については、職業上の適切な注意と配慮の下、公正かつ客観的な判断を下すことが求められることを示しています。

　基準1－6はプライベートバンカーがPB業務を行う場合には、すべての顧客を差別することなく、公平に取り扱うようにすべき旨の規定です。

基準2　利益相反の排除

① 十分な開示

イ. 基準

基準2－1　プライベートバンカーは、公正かつ客観的なPB業務の遂行を阻害すると合理的に判断される事項を、顧客に提示しなければならない。

基準2－2　プライベートバンカーは、基準2－1のほか次の事項を顧客に開示しなければならない。

　　ⅰ）プライベートバンカーが、その顧客に対して提供したPB
　　　業務の対価として、自己の所属する会社または団体以外か
　　　ら収受しまたは収受することを約束したあらゆる報酬。
　　ⅱ）プライベートバンカーが、その顧客に第三者の役務提供を
　　　受けることを推奨すること、またはその顧客を第三者に紹
　　　介することに関して収受しもしくは収受することを約束し
　　　た、すべての報酬。

ロ．趣旨

　基準1－3、1－4の受任者としての信任義務の項で述べたように、プライ
ベートバンカーはPB業務を行うに当たり顧客の最善の利益に資することのみ
に専念しなければならず、自己または第三者の利益を優先させてはなりません。
この信任義務に基づく当然の要請として、プライベートバンカーはPB業務を
自己や第三者の利害に影響されることなく客観的に、かつ公正に行わなければ
なりません。そのためには、客観性と公正さを阻害する可能性のあるような状
況に自己を置かないようできるだけの努力をする必要があります。しかし、プ
ライベートバンカーが所属する組織で職務を遂行する過程で、あるいは個人と
して社会生活を営んでいるうちに、本人が意図するかどうかにかかわらず、顧
客の利益と自己の利益が相反する立場に置かれることは往々にしてあり得るこ
とです。

　そのような事態が生じたとき、プライベートバンカーに対しすべての場合に
ついて利益相反状況を解消することを義務付け、あるいは利益相反状況を生じ
る行為を禁止することは、あまりに過重な義務をプライベートバンカーに負わ
せる恐れがあります。他方、プライベートバンカーについて、顧客に損害を与
える可能性のある利益相反の事情があるにもかかわらず、それを秘匿したまま
顧客のためにPB業務を行うことは、顧客に対してフェアーでなく、仮に顧客
が損失を被ったときは、プライベートバンカーが顧客の犠牲の上に利益を得た
のではない場合にも利益相反に関する情報が秘せられていたために損失を受け
たのではないかとの疑念を生むことになりかねません。

　そこで、**基準2－1**は、公正かつ客観的なPB業務を阻害すると合理的に判
断される事情が存在するときは、プライベートバンカーがそれを顧客に明らか
にすべきことを規定しています。すなわち、顧客にPB業務の公正性と客観性
に影響を与える可能性のある事項に関する情報を提供した上で、プライベート
バンカーが提供する投資推奨、資産管理等のPB業務を受け入れるかどうかの

判断を顧客自身にしてもらうこととしたものです。

　基準2－2－ⅰ）は**基準2－1**の系とも言うべき規定です。プライベートバンカーが、自分が行うPB業務の対価として、自己が所属する会社や団体以外のところから報酬を受け取る場合は、その報酬提供者への配慮からPB業務の客観性、公正性を損なう恐れがあります。特に、報酬提供者が証券の発行会社の場合は、投資推奨や投資管理が発行会社に有利なように行われる危険があります。そこでそのような場合は、報酬の収受または収受の約束を顧客に開示し、顧客がその事実を知った上でプライベートバンカーの提供するPB業務を受け入れるかどうかの判断をしてもらうこととしたものです。

　基準2－2－ⅱ）は、紹介料の受取りの場合の規定です。プライベートバンカーが、自らのイニシアチブで、あるいは顧客の依頼に基づき、第三者である投資顧問業者、コンサルタント、ブローカー・ディーラーなどを紹介する場合、当然ながらプライベートバンカーはPB業務の専門家としての知識を基に公正な判断を行い最も適切な第三者を選定し、紹介することが要請されます。しかし、その第三者から報酬を受取っている場合は最適な選定が担保されない恐れがあります。そこで、その場合は、報酬の収受または収受の約束を顧客に開示し、顧客がその事実を承知してもなお紹介された第三者のサービスを受け入れるかどうかの判断を行う機会を持てるようにしたものです。

② 　利益相反の防止

イ．基準

基準2－3　業務のうち顧客に対する投資情報の提供または投資推奨（以下「投資推奨等」という）の業務に従事するプライベートバンカーは、顧客に投資推奨等を行う証券の実質的保有をしてはならない。ただし、公正かつ客観的なPB業務の遂行が阻害されることがないと合理的に判断される場合において、投資推奨等において当該証券の実質的保有の事実が顧客に開示されているときには、この限りではない。

基準2－4　投資推奨等の業務に従事するプライベートバンカーは、投資推奨等を行う場合は、自己が実質的保有をしまたはそれが見込まれる証券の取引に優先して、顧客が当該投資推奨等に基づいて取引を行うことができるよう、十分な機会を与えなければならない。

基準2－5　投資管理業務に従事するプライベートバンカーは、自己が実質的保有をし、またはそれが見込まれる証券の取引が、自己の関与す

　　　　る運用財産において行う取引の利益を損なうことがないよう、当
　　　　該運用資産のための取引を自己の取引に優先させなければならな
　　　　い。

基準 2 - 6　　プライベートバンカーは、**顧客が同意した場合を除き、顧客との**
　　　　取引において当事者となりまた自己の利害関係者の代理人となっ
　　　　てはならない。

ロ.　趣旨

　投資推奨等の業務を行う証券アナリストが、担当する企業の証券（以下「担
当証券」という）に個人的投資をすることについては、賛否両論のさまざまな
考え方があります。プライベートバンカーについては、PB業務の客観性、公
正性を守り、また同業務に対する顧客の信頼を確保する観点からすると、プラ
イベートバンカーが個人的投資を行うことは、原則として望ましくないと考え
られます。投資推奨等の対象となっている証券と同一の銘柄の証券を実質的に
保有している場合は、一般的に、自己が値上がり益を得るために客観的、合理
的な裏付けがないのに買いを推奨したり、あるいは値下がり要因が存在するの
に売り推奨を控えるといった作為、不作為の誘因となる危険があります。また、
例えば、自分が買い推奨した証券のうち、特定の証券にのみ投資を行った場合
にはその証券について投資家に知らされない情報があったのではないかとの疑
念を招きやすいことも事実です。

　そこで、**基準 2 - 3** は、顧客に対する投資推奨等の業務に従事するプライベー
トバンカーは、担当証券の実質的保有を行ってはならないとの基本原則を示し
た上で、公正かつ客観的なPB業務の遂行が阻害されないと合理的に判断され、
かつ実質的な保有の事実が投資推奨等において顧客に開示される場合はその例
外とすることを規定しています。

　基準 2 - 4 は投資推奨等の業務に従事するプライベートバンカーが、**基準 2
- 3** のただし書きに基づき、自らの投資推奨等の対象になる証券と同一の銘柄
の証券について個人的な取引をする場合には、顧客が当該投資推奨等に基づい
て優先して取引を行うことができるよう十分な機会を与えた後でなければ、プ
ライベートバンカー自身の取引を行ってはならないとの趣旨であり、いわゆる
リサーチ・フロントランニング行為を禁止するものです。

　これは、プライベートバンカーが常に顧客の最善の利益に資することに専念
しなければならないという信任義務から導かれる当然の義務を規定したもので
す。つまり、投資推奨等の業務に従事するプライベートバンカーは、自己が個

人的に実質的保有をしている証券について、売りの推奨を行う場合には、売り推奨を行った後、顧客がそれを考慮して売るかどうかの判断をするに十分な時間が経過した後でなければ、自己が実質的に保有している証券を売ってはならず、逆に買い推奨をしようとしている証券については、顧客がその買い推奨を考慮し買うかどうかの判断を行うのに必要な十分な時間をおいた後でなければ、自己の買いを行ってはならないということです。

　基準2－5の規定は、基準2－4と同様の趣旨を投資管理業務に従事するプライベートバンカーにつき規定したものです。すなわち、投資管理業務に従事するプライベートバンカーが個人的な取引をする場合には、顧客の取引を優先させなければならないということです。つまり、プライベートバンカーが関与する運用財産で保有する証券の売却予定がある場合に、自分が実質的保有をしている同一の証券を先に売ってはならず、また、買付けの場合も同様に自分のための買付けを先に行ってはならないということです。

　基準2－6はPB業務を行うに当たり、プライベートバンカーは顧客の最善の利益に資することに専念しなければなりませんが、自己が顧客に対し取引の当事者すなわち相手方となる場合には顧客の最善の利益の追求が妨げられる可能性が強いとみられます。顧客の利益と相手方となったプライベートバンカーの利益は相反するのが通常だからです。そこでこのような行為は、顧客の同意がある場合を除き禁止することとしたものです。プライベートバンカー本人が直接の当事者にならないが利害関係者の代理人となる行為も、同様の問題を生ずる恐れがあるので禁止することとしています。

基準3　専門家としての能力の維持・向上

① 社会的役割

イ．基準

基準3－1　プライベートバンカーは、PB業務の持つ重要な社会的役割にかんがみ、誠実に職務を励行し、互いにプライベートバンカーの社会的信用および地位の向上に努めなければならない。

ロ．趣旨

　本協会のプライベートバンカーとしての理念と職業的専門家としてのあるべき基本的姿勢を示したものであり、PB業務の社会的役割を自覚して誠実に職務を励行し、社会的信用と地位の向上に努力するよう求めています。

② 専門能力の維持・向上

イ．基準

基準3－2　プライベートバンカーは、常にPB業務に関する理論と実務の研鑽に精進し、その責務にふさわしい専門能力を維持し、向上させなければならない。

ロ．趣旨

　プライベートバンカーが社会のニーズに応え、信頼を得るのは、何よりもまずその職務にふさわしい専門能力を有しているからであり、そのためプライベートバンカーは、常に理論と実務の研鑽に努めるべきことを述べたものです。

基準4　顧客の秘密保持

① 守秘義務

イ．基準

基準4－1　プライベートバンカーは、業務を行う場合には、当該業務の依頼者である顧客に関し知り得た秘密を他に漏らしてはならない。

ロ．趣旨

　PB業務を行う場合には、その業務を通じて顧客の財産、収入その他種々の秘密を知り得ることになりますが、これを他に漏らしてはならない旨の規定です。顧客が、プライベートバンカーに対し、自己の財産や収入の詳細を示してその助言を求めまたは投資運用を任せるのは、秘密保持についての信頼感が1つの前提となっているわけであり、この顧客の信頼を裏切るような秘密漏えい行為は、プライベートバンカーの信用失墜につながるものだからです。

基準5　投資の適合性

イ．基準

基準5－1　顧客の財務状況、投資経験、投資目的を十分に確認すること。また、必要に応じてこれらの情報を更新（最低でも年1回以上）すること。

基準5－2　顧客の財務状況、ニーズ、投資対象およびポートフォリオ全体の基本的特徴など関連する要素を十分に考慮して、投資情報の提供、投資推奨または投資管理の適合性と妥当性を検討し、顧客の投資目的に最も適合する投資が行われるよう常に配慮すること。

ロ．趣旨

　基準5－1、5－2は、プライベートバンカーが顧客のため業務を行うときは、顧客の投資目的に最も即応した投資が行われるよう配慮しなければならないという、いわゆる適合性の原則に関する事項について述べたものです。

　基準5－1は、この原則を実践する上で前提となる顧客に関する情報の把握について規定しており、顧客に関する情報の確認義務と更新の必要性について述べています。顧客の置かれている状況は、個人であれば資産の額、年齢、家族構成、資金の必要となる時期などによりさまざまです。また、投資の目的もさまざまです。例えば、収益を生計費に充てるために投資を行う場合もあろうし、リスク分散のために投資を行う場合もあります。また資産運用に関する知識・経験も人により大きく異なります。

　運用資産の規模、事業の性格、将来の資金需要の見通しなどにより、投資の目的は異なってきます。個人と同様、法人についても資金運用に関するノウハウの蓄積度合いはさまざまです。PB業務を行うプライベートバンカーは、このように多様な特性を有する個別の顧客の状況をまず十分に確認する必要があります。

　基準5－2は、適合性の原則そのものを規定しています。PB業務に従事するプライベートバンカーは上記基準5－1に基づき得られた情報に照らし、それぞれの顧客の投資に関してどのような制約条件があるかを検討し、その上で顧客のリスク許容度を考慮しながらどの程度の収益率を目指すかを決定する必要があります。このような過程を踏み、最終的に顧客の投資目的に最もふさわしい収益率とリスクの組合わせを持った投資対象の選定やポートフォリオの構築を行うように努めなければなりません。これが適合性の原則と呼ばれるものであり、PB業務に従事する者が守ることを求められる最も基本的な原則の1つです。また、これは基準1－4に規定する受任者としての信任義務を構成する要素の1つである注意義務に由来するものでもあります。

　適合性の原則は、PB業務に従事するプライベートバンカーが常に念頭に置いておくべきものですが、求められる適合性の考慮の度合いは、プライベートバンカーが属する業態や従事する業務の種類によって異なったものとなることは当然で、一律にこの原則が適用になるわけではありません。

基準6　不実表示に係る禁止等

イ．基準

基準6－1　プライベートバンカーは、次に掲げる事項について不実表示をしてはならない。

　　　　　　　ⅰ）プライベートバンカーが顧客に対して行うことができるPB業務の種類、内容および方法その他PB業務に係る重要な事実。

　　　　　　　ⅱ）プライベートバンカーが有する資格。

ロ．趣旨

　プライベートバンカーが行う自らのPB業務の能力に関し虚偽、誇大または誤解を生ずるような内容の発言、文書への記載、広告をしてはならないとの趣旨です。

基準7　資格・認可を要する業務上の制約

イ．基準

基準7－1　プライベートバンカーは、資格・認可が必要とされる業務については、法の定める資格・認可を得ることなく、かかる業務を遂行してはならない。

ロ．趣旨

　不動産鑑定業務や税理士などをはじめとする資格が必要な業務については、当該分野の専門家に問題解決を委ねるべきで、プライベートバンカーとしての職務範囲を逸脱してはいけないとの趣旨です。

【3】　プライベートバンカーが陥り易い職業倫理上の陥穽

1　推奨商品の不適合【基準5に抵触】

　投資経験が豊富ではない顧客に対して価格決定のプロセスが明確でない仕組債を重ね売りすることや、シナリオマーケティングで今月の推奨商品などを販売せざるを得ず、顧客の理解力、リスク志向、財産内容等に合わない商品を購入させることなどが典型例である。

　こうした問題に対し、証券会社などでは、投資目的を設定すること、および適合性チェックを第三者的観点から繰り返し行うシステムを構築している。顧客の投資プランについて、担当者（プライベートバンカー）とその上司および商品担当者とで、顧客にとって何が最適であるか何度も繰り返してチェックす

るという仕組みやカルチャーを作ることが非常に重要となる。同じ金融グループ内の複数の業態に属するプライベートバンカーが同一顧客にアプローチする際には、同じ仕組みの商品に偏ることがないように、各業態のリレーションシップ・マネジメントを統合できるような仕組み作りが必要である。顧客から情報開示を容認するレターを提出してもらった上で、各業態と個人情報を共有し顧客にあった商品推奨のためのすり合わせを十分に行うことが有効である。

2　利益相反の排除からの逸脱【基準2に抵触】

利益相反の排除から逸脱した例として、金融機関において受益者である顧客の利益最大化を考えるよりも、自行グループの商品の販売を優先してしまうケースがある。

対応策としては、担当者の行為規制遵守を徹底するとともに、利益相反関係が不可避である場合には事前に顧客へ情報開示して同意をもらうことなどが考えられる。なお、信託銀行の場合は、信託法により、受託者には利益相反行為の制限および競合行為の制限[5]が課せられている。

3　無資格者による助言【基準7に抵触】

無資格者によるアドバイスが業法違反となる例としては、ⅰ）顧客の複雑な家族・財産上の問題解決をプライベートバンカーがひとりで担おうとして、税務相談、紛争解決相談などで具体的なアドバイスをするケース、ⅱ）成功パターンを顧客全般に当てはめようとしたが、変更後の税制の知識を持たずにアドバイスをしてしまい、投資提案の抜本的変更を求められたケースなどがある。

プライベートバンカーは、顧客の問題点を顕在化させるプロではあるものの、その問題点の解決は第三者に委ねる方が望ましいことも少なくない。特に、税務や法務に関する問題解決をプライベートバンカー自らが担ってしまうと、税理士法や弁護士法との抵触の恐れも生じ得ることとなる（本章第2節参照）。専門家とのチームアプローチにより役割を分担し、プライベートバンカーはカウンセリングやコーチングなどの顧客の課題を顕在化させるスキルの向上を優先すべきである。

---

[5]　信託の受託者は忠実義務（競業避止義務、利益相反行為禁止義務など）を負う。

4　個人情報の漏出【基準 4 に抵触】

　最後に、顧客の**個人情報保護**から逸脱した事例としては、ⅰ）プライベートバンカーの頻繁な交代や競合他社への転職により、優良顧客の個人情報が他社に流出するケース、ⅱ）成功事例の応用を指示されたプライベートバンカーが作成したプレゼン資料に、明らかに特定顧客と分かるファミリー情報が記載されていたケース、などがある。いずれも基準 4 に抵触するほか、個人情報の漏洩に該当し、個人情報保護法違反となる。対応策としては、チャイニーズ・ウォールの徹底、他部門とは異なる人事評価体系の導入、PB業務の専門職化、行為指針についての教育、プレゼン資料の事前レビューの徹底などが考えられる。

例題 1 - 3 - 3

　プライベートバンキング（PB）職業行為基準に関する記述のうち、適切なものに○、不適切なものに×を付けその理由を説明しなさい。

① プライベートバンカーは、PB業務の持つ重要な社会的役割にかんがみ、誠実に職務を励行し、互いにプライベートバンカーの社会的信用および地位の向上に努めなければならない。

② プライベートバンカーは、常にPB業務に関する理論と実務の研鑽に精進し、その責務にふさわしい専門知識を習得し、維持しなければならない。

③ プライベートバンカーは、業務を行う場合には、当該業務の依頼者である顧客に関し知り得た秘密を他に漏らしてはならない。

④ プライベートバンカーが顧客のために業務を行うときは、顧客の財務状況、ニーズ、投資対象およびポートフォリオ全体の基本的特徴など関連する要素を十分に考慮して、投資情報の提供、投資推奨または投資管理の適合性と妥当性を検討し、顧客の投資目的に最も適合する投資が行われるよう常に配慮しなければならない。

⑤ プライベートバンカーは顧客である個人やその家族の信頼に応えて、顧客の利益のために、専門的能力をフルに発揮して、最大限の努力をしなければならない。

⑥ プライベートバンカーは、その分野の専門的知識・情報量で顧客に対し圧倒的に優位にあるため、その優位性に乗じて、自己の利益を図る

というようなことは、顧客の同意が有る場合を除いて、許されること
ではない。

解答・解説

① ○　問題文の通り。

② ×　基準3－2

　　　プライベートバンカーは、常にPB業務に関する理論と実務の研
鑽に精進するにとどまらず、その責務にふさわしい専門能力を維
持し、これを向上させなければならないため、誤り

③ ○　問題文の通り。

④ ○　問題文の通り。

⑤ ○　問題文の通り。

⑥ ×　基準1－3

　　　プライベートバンカーは、その分野の専門的知識・情報量で顧客
に対して圧倒的に優位にあることから、その優位性に乗じて、自
己の利益を図るというようなことは、顧客の同意の有無にかかわ
らず、決して許されることではないため、誤り

第4節　PB資格保有者に対する懲戒

　PB資格保有者は、その業務を遂行する上で顧客の信任が必要不可欠である。また、PB資格は協会が認める資格であり、この価値を維持するための重要な要素の1つが職業倫理の遵守である。こうした2つの意味合いにおいて、法令違反はもちろん、前述の職業行為基準に違背した場合には、「**懲戒**」という処分が取られることになる。

　一方、PB資格保有者の権利や地位に変更を加えるためには相応の手続保障が求められる。このため、懲戒処分は、協会の理事会が定める「PB資格保有者の職業倫理の遵守について」に基づいた手続を経て発動される。

　協会の定める懲戒の概要は以下のとおりである。

【1】　PB資格保有者への懲戒

　PB資格保有者が次の1～4に該当したときは、「PB職業倫理等審査委員会[注1]」の判断により懲戒処分を受ける。

1　PB業務等に関し法令に違反しあるいは刑罰に処せられまたは行政処分を受けたとき。

2　本会[注2]が定める「PB職業行為基準」に違反したとき。

3　本会またはPB資格保有者としての信用と名誉を傷つける行為をしたとき。

4　その他懲戒に処する事由があると本会が認めるとき。

　　(注1)　「PB職業倫理等審査委員会」は「プライベートバンカー資格保有者の職業倫理の遵守について」に基づき学識経験者ならびに本会役員等で構成される。
　　(注2)　本会とは、公益社団法人日本証券アナリスト協会を指す。

【2】　懲戒の方法

　懲戒は、以下のいずれかまたは複数の方法により行われる。

1　口頭または文書による注意。

2　PB資格保有者が本会から与えられている権利ないし優遇措置の停止（例えば、本会主催のPB関連セミナーおよび講演会への出席などが対象）。

3　PB資格登録の抹消。

【3】　懲戒の公示

　PB資格登録の抹消が決議されたときは、本会の会長が当事者に対し書面により通知の上、ウェブサイト上に氏名および理由等が公示される。

本章のまとめ

●PB業務のもつ特性を踏まえると、プライベートバンカーは、顧客の信頼に応えて、顧客の利益のために、専門的能力をフルに発揮して、最大限の努力をしなければならず、優位性に乗じて自己の利益を図ることは許されない。

●職業行為基準の構成は①法令上の基準または義務をより具体化または強化した基準と、②これらに限られない信任義務（Fiduciary Duty）に基づく基準に分かれている。

●PB業務の内容は多様であり、プライベートバンカーとしての業務を進めるにあたっては、金融商品取引法、信託業法等をはじめとする各種業法に加え、税務や法務等の専門士業の業務内容に関連するアドバイスをすることにより税理士法、弁護士法その他の各種士業法に抵触する可能性がある。

●税理士法の観点からはプライベートバンカーが「税務相談」を行ってはならず、弁護士法の観点からは報酬を得る目的で「法律事件」について「法律事務」を取り扱ってはならない。

●PB職業行為基準の具体的な内容は、利益相反の排除、専門家としての能力の維持・向上、顧客の秘密保持、投資の適合性等を含めた7つから構成されており、プライベートバンカーの顧客からの信任と社会的信用を確保することをその趣旨としている。

第2編

資産の運用
（第1章・第2章）

第1章　財産状況の把握

第1節　保有財産の現状把握

> ### 学習ポイント
>
> ●将来の相続税概算額をもとに、相続税負担を織り込んだファミリーとしてのバランスシート（家計貸借対照表）を作成・点検する必要性を理解する。
> ●顧客が企業オーナーの場合には、経営状況にも照らして、投資余力があり、リスクテイクできるかを確認することの意味を理解する。
> ●企業オーナー等主要な顧客が共通して抱える基本的な課題を、資産の運用、資産の承継管理、事業の承継の各観点から理解する。

【1】　ファミリーバランスシートの作成

1　ファミリーバランスシートの作成意義

　企業は貸借対照表（バランスシート）、損益計算書、キャッシュフロー計算書の作成を行い、財政状態、経営成績を把握する。同様に、個人においてもバランスシートの作成が重要である。

　ファミリーのバランスシートを作成することにより、キャッシュフロー表だけからでは把握することができない財務上の問題点を把握しやすくなる。また、資金計画の策定においては、ファミリーの総資産を把握することがファースト・ステップとなる。

2　ファミリーバランスシートの作成の仕方

　ファミリーバランスシートは、ファミリーが保有している資産および負債を棚卸し、それらを時価で評価して作成する。その際、隠れた負債である未払相続税額を忘れてはならない。そして、資産から負債を控除して純資産を計算すると、貸借がバランスする。

　なお、正確な未払い相続税額を算出するため、株式および投資信託については直近の終値で評価し、自社株については、財産評価基本通達に定める方法に

従って評価し、決算書や類似業種比準株価が更新されるたびに評価替えをする必要がある。また、宅地に係る路線価については、年1回の改定ごとに、評価額を更新する必要がある。

　このように金融資産、不動産、自社株を適時時価評価し、ファミリーバランスシートを「見える化」することにより、相続税納税後の純資産額を最大化するための対策および納税資金不足を補填・解消するための対策を具体的に検討することが可能になる。

図表2-1-1　ファミリーバランスシートの例　（単位：万円）

【資産】		【負債】	
現預金	8,415	借入金	4,500
株式	2,655	一次相続税	9,172
債券	825	二次相続税	7,647
投資信託	1,325	（負債合計）	21,319
生命保険	1,320		
不動産	21,780	【純資産】	46,816
自社株	31,815		
資産合計	68,135	負債・純資産合計	68,135

3　ファミリーバランスシートの分析、問題点の把握、改善提案

　ファミリーバランスシートの分析、問題点の把握においては、以下のような点に留意し、問題点を把握し、当該問題点を改善するための提案を行う。

・リスク許容度の範囲内で資産の分散が図られ、必要な流動性が確保されているか。

・相続における遺産分割が容易になる資産構成であるか（そうでないならば、換価分割、代償分割[1]などの対策を考慮しているか）。

・負債が無理なく返済可能であり、過大になっていないか。

---

[1]　換価分割とは、相続財産を売却するなどして現金に換え、その現金を相続人同士で分割する方法。また、代償分割とは、ある特定の相続人に被相続人の財産を相続させ、その代わりに、財産を相続した相続人が他の相続人に金銭等を支払う方法。

【2】　ファミリービジネスの経営状況を加味した顧客提案

1　顧客のタイプ別の属性とリスク許容度

　プライベートバンカーの顧客の多くは、中小企業経営者、不動産オーナーであり、IPO（Initial Public Offering、新規株式公開）を果たしたオーナーを含めると、その多くは自らのコアビジネスを持っており、その結果として、財を成した人々がほとんどである。

　また、そのファミリーのコアアセットの多くは、自社株、不動産から構成され、金融ポートフォリオの比重は、総資産の3分の1程度である。図表2−1−2は、2019年の相続税の課税対象となった各資産を合算して貸借対照表の形式にしたものである。相続税を支払う家計を、ここでは資産家とすると、総資産の中で金融資産の占める割合は49.7％[2]である。（現預金、上場株式・公社債・投信、生命保険金、退職慰労金の合計）

図表2−1−2　2019年度国税庁相続税統計に基づく合算家計貸借対照表

		相続税納付額	10.8％
現預金	33.6％	葬式費用・債務	8.9％
上場株式・公社債・投信	10.9％		
不動産	40.2％		
自社株	3.7％	純資産	80.3％
生命保険	4.1％		
退職慰労金	1.1％		
その他資産	6.4％		

　図表2−1−3は、投資家として3タイプに分けてみた中小企業経営者のリスク許容度を表わしている。投資家Aは、事業が順調で多額の役員報酬を受け取っている。事業が順調なうちに、資産運用においても積極的にリスクを取りたいというタイプ。一方、投資家Bは、自社の事業から発生するリスクが非常に高いため、金融ポートフォリオは、無リスク金融商品で運用したいというタイプ。投資家Cは市況に左右される紙パルプ業を営んでおり、金融ポートフォリオは

---

[2]　相続税の納付や遺産分割の準備として現預金比率が平常より高くなっているものと推察される。

紙パルプ業と負の相関関係を持つ業種や資産クラスで運用したいというタイプ。中小企業経営者に対する**ウェルスマネジメント**[3]においては、顧客のリスク許容度は、現在その顧客が負担している本業のビジネスリスクを考慮する必要がある。また、本業の景気と運用対象となる金融商品の値動きとの関連性にも注意が欠かせない（例えば、新興国ビジネスに携わる顧客に新興国ファンドを勧めてよいかなど）。

図表2-1-3　3つのタイプの中小企業経営者のリスク許容度

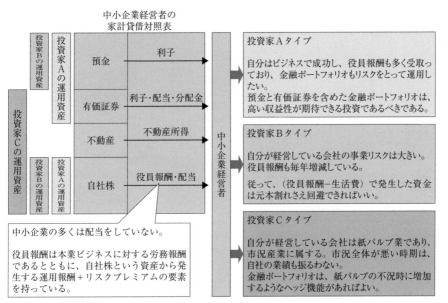

図表2-1-4は、金融機関の投信窓販担当者が考えるリスク許容度と、優秀なプライベートバンカーが考えるリスク許容度の違いをモデル化したものである。

3　ウェルスマネジメントとは、顧客およびそのファミリーが求めるミッション、目標を実現するため、顧客およびそのファミリーが保有する資産の運用、承継・管理に関する計画を立案し、実行することをいう。

図表2-1-4　リスク許容度の違い

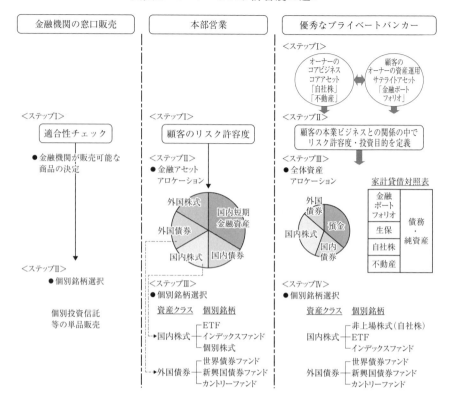

2　顧客タイプ別の属性とニーズ

　それぞれの顧客は、異なる資産構成を持ち、異なる収支状況にある。その結果、家計貸借対照表、家計キャッシュフロー分析表は大きく異なる。また、事業形態や組織も大きく異なり、ウェルスマネジメントの戦略も異なってくる。

　顧客タイプ別に属性とニーズをまとめると、図表2-1-5のとおりである。

図表2-1-5　顧客タイプ別の属性とニーズ

	中小企業オーナー	上場会社オーナー株主	不動産オーナー	プロフェッショナル（医師・弁護士・会計士等）	代々の資産家
ニーズ	事業成長、事業承継、財産承継戦略のバランスある立案と実行	a) 所有と経営の継続的維持か、b) 所有の維持（財産承継）の選択	物件の収益性の維持 家族内での所有の分散と相続税課税価格の軽減	士業承継 現状所得の維持 退職後障害時の保障 資産形成戦略	資産管理会社の活用により、課税価格をいかに軽減するか
資産構成上の特徴	総資産の中で自社株比率が高く、法人社屋の底地が個人保有土地であることが多い。金融資産比率が低い。	総資産中の上場株式および公開時売り出しに応じる金融資産の比重が高い。既に資産管理会社を保有する場合もある。	総資産の中で不動産の比重が圧倒的に高い。金融資産比率が低い。	比較的金融資産の比率が高い。	資産管理会社により、株式および不動産を保有。
支配する企業のFCF（フリーキャッシュフロー）の把握と活用方法	FCF＝EBITDA－借入金返済額－税金 FCFの2分の1は企業成長のための内部留保であり、残り2分の1は法人契約の生命保険の原資	本人のFCF ＝上場会社役員報酬＋資産管理会社役員報酬＋配当－税金 その他は資産管理会社のFCF	FCF ＝不動産所得＋減価償却費－借入金返済額－税金	FCF ＝事業所得＋減価償却費－借入金返済額－税金	FCF ＝個人所得＋減価償却費－借入金返済額－税金
EXIT戦略	後継者が存在すれば、同族内事業承継。存在しなければ、MBOまたはM&A。	資産管理会社株式を同族保有しながら相続税の納付は個人保有上場株式の売却で対応する。	不動産管理会社主または個人所有不動産を戦略的に峻別。	後継者がなければ廃業、または第三者への営業譲渡の可能性あり。法人化での持分譲渡の対策あり。	課税価格を圧縮しながら相続税納税のための金融資産を保有する。
その他		資産管理会社は、上場会社株式の3分の1超の株式保有により受取配当金は全額不算入。個人持ち株比率は3％未満にし、その他は資産管理会社で保有。資産管理会社は相続税法上の株式保有特定会社から外す。	買換交換という税務上のメリットを個人・法人で最大限に活用。	医業法人の場合、法人化して医師資格でない後継者も理事として参加し、理事報酬の収受は可能。	相続税法上の土地保有特定会社および株式保有特定会社から外れるよう対策をとる。

4　2023年10月1日以後に支払いを受けるべき配当については、「個人およびその同族会社」の持ち株比率が3％以上の場合、その個人株主の受ける配当等は総合課税の対象となる。

⑴　中小企業オーナー

　わが国の中小企業オーナーは、法人が銀行から借入をする際、オーナー自ら
が自宅不動産を担保に入れ、連帯保証を入れるケースが多かった。そのため、
事業資産と個人資産の区分がつかず混在している。企業経営者は、事業成長を
常に目標とし、企業価値を増大させる努力をするが、そのためには以下の3つ
が企業価値を増大させるドライバーとなる。

　EBITDAを利用した企業価値＝EBITDA×k＋(現預金－借入金)

　・EBITDAの増加

　・EBITDA乗数（ｋ）の増加

　・ネットデットの圧縮

　EBITDA（Earnings Before Interest, Taxes, Depreciation and
Amortization）とは、支払利息、法人税、減価償却費控除前利益をいい、当然、
営業利益を増大させる努力は企業価値を高める。EBITDA乗数（ｋ）は、証
券市場の株価の上昇のほか、当該会社の将来の成長可能性期待が上昇すれば上
昇する。

　一方、企業価値の増大は、自社株の相続税評価額の増加となり、後継者への
承継を難しくする。したがって、自らが所有する会社を成長させながら、2世
代、3世代にわたり支配し続けるためには、事業成長戦略を確立するのと同様
の努力が、事業承継や、財産承継戦略の確立にも必要となる。すなわち、企業
価値を増大させながら、創業家がオーナーであり続けるためには、事業成長戦
略を常に持つと同時に相続税の納税のための現金を常に用意する必要がある。

　または、オーナー経営者は、40代といった早い時期において、次世代の後継
者を見定め、自社株式を継続して贈与することにより、相続時の一時の高額納
税を回避する戦略が必要となる。わが国において、数世代にわたってプライベー
トカンパニーを所有し、経営し、更には成長を維持するためには、資産管理会
社の設立も必要となるかもしれない。

⑵　上場会社オーナー株主

　上場会社のオーナー所有株式の時価総額が100億円を超えるような状況にな
り、同族の所有と経営の維持を実現するとすれば、上場株式を保有する資産管
理会社の設立が不可避となる。この会社の設立の目的は、①**資産管理会社**を介
した上場株式の保有、②相続税評価額の軽減、③資産管理会社の受取配当金の
益金不算入（ただし株式保有割合により異なる）、④同族への役員報酬の支払
による所得の分散などである。

相続税評価上は、当該資産管理会社が、株式保有特定会社[5]に該当しなければ、類似業種比準価額[6]を適用できる場合がある。相続税評価額の計算においては、通常、純資産価額[7]より類似業種比準価額を適用する方が、相続税評価額が低く計算されるので、資産管理会社の運営コストを考慮したとしても有力な資産管理手段といえる。

(3)　不動産オーナー

不動産オーナーに対するウェルスマネジメントは、わが国の所得税、法人税に係る法令、通達を理解し、税務上の恩恵を最大限に活用することに集約される。特に、買換・交換・収用等の特例や、借地権に係わる取扱いを活用するとともに、不動産保有会社を最大限に利用することが重要である。

ただ、税務上の課税価格の圧縮を目的とした対策を活用したために、不動産投資に係る収益率を下げ、全体の資産に係る収益率を著しく低下させるのであれば意味がない。ウェルスマネジメントの目指す全体最適戦略の立案と実行という視点に立って全体スキームを構築することが重要である。

(4)　プロフェッショナル（医師、弁護士、会計士等）

医師などキャッシュフローリッチなプロフェッショナルに対してウェルスマネジメントを実行する場合、**可処分投資額**がどの程度かを把握することが重要である。

可処分投資額＝総収入－必要経費－所得税・住民税＋減価償却費
　　　　　　　－借入金元本返済額－生活費（教育費含む）

可処分投資額は上記のように定義されるが、30代、40代の開業医の場合は、課税所得も大きいが、開業に係る医療機器、建物付属設備等の投資のために調達した借入金の返済も多額である。

また、子供の医学部の入学金、学費等の支出も多額であることが多い。医師については、医業と財産の承継のために医療法人を設立することにより、事業所得を医療法人の役員の給与所得に変換し、同族への所得の分散が可能である。

---

[5]　会社の各資産を、財産評価基本通達に従って評価を行い、総資産価額を算出し、総資産価額に対する株式等の価額の合計額の割合が50％以上となる場合には、株式等保有特定会社となり、原則、純資産価額で評価する。

[6]　類似業種比準価額は、業種の似ている他の会社を参考にして評価した株式の価額。

[7]　純資産価額は、その会社の純資産を参考にして評価した株式の価額。
（脚注5〜7については第4編第2章「事業の承継（親族内）」を参照）

なお、**基金拠出型医療法人**[8]の設立により、相続財産評価上、利益剰余金が出資の評価に影響を与えず有利となる場合がある。

⑸　代々の資産家

洋の東西を問わず、資産家が3世代資産家であり続けることは非常に難しい。わが国の場合は、代々の資産家とは地方で広大な不動産を保有するとともに複数のプライベートカンパニーを経営するオーナー一族がその例である。ただわが国は、更に最高累進税率55％という、世界に類を見ない相続税負担が大きい国であり、3世代にわたって資産家であり続けることは他国以上に難しいと言える。

図表2-1-6は、3世代相続が発生し、相続税課税を負担すると、どれだけ資産が残るかを試算したものである。

同図表を検証すると、相続財産額が20億円以下であれば20年という時間をかけた子、孫に対する**暦年贈与**が大きく機能する。暦年贈与対策を実行しない場合、あるいは贈与税の基礎控除110万円までの贈与を実行した場合でも、3世代相続後の財産額はそれぞれ38.5％、51％となるが、子供2人、孫4人に1,000万円ずつ贈与すると税引き後の財産額は72.5％となる。

一方、相続財産額が50億円以上の場合、子供2人、孫4人に1,000万円ずつ贈与すると税引き後の財産額は54.6％となり、暦年贈与の効果は小さくなっていく。そのため超資産家になると、暦年贈与以外の対策が必要となる。その対策のひとつが、資産管理会社、資産保有会社による資産の間接保有対策である。不動産や株式を保有する資産保有会社の活用により相続税の課税上の財産額を軽減し、多額の相続税の納税を軽減する対策は不可欠と言える。

ただ、資産額が50億円を超えるような場合、国内税務対策だけでは限界があり、香港、シンガポール等相続税・贈与税がない国への親子一緒の移住が必要であるかもしれない。ただし、海外に移住し親子とも10年超海外に住んでいたとしても、国内資産については相続税の課税対象となり、重い税負担が世界中どこに行ってもついてまわることになる。なお、暦年贈与については、今後の税制改正の影響を受ける可能性があるので、注意が必要である。

---

[8]　基金拠出型医療法人については厚生労働省ウェブサイト「医療法人の基礎知識」を参照。

図表2-1-6　3世代相続が発生したら

（前提条件）
・各相続時について法定相続割合で遺産分割するものとして計算
・子、孫の相続時については配偶者の税額軽減があるものとして計算
・贈与するケースについては、すべて受贈者が18歳以上であると仮定して贈与金額を算出
税引後財産額＝父の財産額÷残存率（％）

財産額20億円までであれば暦年贈与が機能する

(1) 贈与しないケース

父の財産額	相続税累計（3代）	税引後財産	残存率
1億円	395万円	9,605万円 （1,200万円）	96.0%
3億円	6,441万円	2億3,559万円 （2,944万円）	78.5%
5億円	1億6,330万円	3億3,670万円 （4,208万円）	67.3%
10億円	4億8,477万円	5億1,523万円 （6,440万円）	51.5%
20億円	12億2,958万円	7億7,042万円 （9,630万円）	38.5%
50億円	36億9,918万円	13億 82万円 （1億6,260万円）	26.0%
100億円	80億3,445万円	19億6,555万円 （2億4,569万円）	19.6%
500億円	439億7,270万円	60億2,730万円 （7億5,341万円）	12.0%

(2) 常に子供に2人、孫4人に20年間贈与するケース

一人当たりの年間贈与額および税引後財産額

父の財産額	100万円	200万円	500万円	1,000万円	2,000万円
1億円	1億円 （1,250万円） 100.0%				
3億円	2億8,280万円 （3,535万円） 94.2%	2億8,752万円 （3,594万円） 95.8%			
5億円	4億2,645万円 （5,330万円） 85.2%	4億4,729万円 （5,591万円） 89.4%			
10億円	6億8,176万円 （8,522万円） 68.1%	7億4,829万円 （9,353万円） 74.8%	8億3,320万円 （1億 415万円） 83.3%		
20億円	10億2,076万円 （1億2,759万円） 51.0%	11億5,257万円 （1億4,407万円） 57.6%	13億5,588万円 （1億6,948万円） 67.7%	14億5,162万円 （1億8,145万円） 72.5%	
50億円	16億3,338万円 （2億 417万円） 32.6%	19億 44万円 （2億3,755万円） 38.0%	23億8,190万円 （2億9,773万円） 47.6%	27億3,102万円 （3億4,137万円） 54.6%	28億 399万円 （3億5,049万円） 56.0%
100億円	23億648万円 （2億9,331万円） 23.4%	26億9,613万円 （3億3,701万円） 26.9%	35億2,350万円 （4億4,043万円） 35.2%	41億6,419万円 （5億2,252万円） 41.6%	46億6,081万円 （5億8,260万円） 46.6%
500億円	64億7,187万円 （8億 898万円） 12.9%	68億9,482万円 （8億6,185万円） 13.7%	80億8,438万円 （10億1,054万円） 16.1%	99億 867万円 （12億3,858万円） 19.8%	128億 818万円 （16億 102万円） 25.6%

下段の（　）内の金額は上段の税引後財産額について曾孫（8人と仮定）一人当たりの税引後財産額を計算したもの。%は残存率。相続発生後、資金の流入はなく流出は相続税のみとして計算。

第2節　キャッシュフローの把握

学習ポイント

- ●ライフイベントをヒアリングし、顧客の夢や目標を把握する必要性を理解する。
- ●顧客ファミリーの就業等のプランや年金受給予定等を踏まえた、ライフイベント表の作成方法を理解する。
- ●キャッシュフローの算定にあたっては、社会保険、税金を加味し、収入をネットベース（手取額）で把握すべきことを理解する。

【1】　ライフイベント表

1　ライフイベント表とは

　ライフイベント表は、結婚、出産、教育、住宅購入、退職等の顧客の家計に関して将来的に発生するイベントおよび必要資金を時系列で表にしたものである。ライフイベント表を作成することにより、いつどの様な資金がいくら必要かを明確にすることができる。以下、ライフイベント表の作成例を示す。

図表2-1-7　ライフイベント表

経過年数	西暦	太郎 （本人）	花子 （配偶者）	一郎 （長男）	ライフ イベント	かかるお金
現在	2023	45歳	40歳	10歳		
1年後	2024	46	41	11	住宅購入	頭金2,000万円、ローン6,000万円
2年後	2025	47	42	12		
3年後	2026	48	43	13	一郎中学入学	入学金100万円、授業料100万円
4年後	2027	49	44	14		授業料100万円
5年後	2028	50	45	15		授業料100万円
6年後	2029	51	46	16	一郎高校入学	入学金100万円、授業料100万円
7年後	2030	52	47	17		授業料100万円
8年後	2031	53	48	18		授業料100万円、予備校100万円
9年後	2032	54	49	19	一郎大学入学	入学金200万円、授業料200万円
10年後	2033	55	50	20		授業料200万円

2　主なライフイベントと一般的な必要資金

特に金額の大きくなりがちな教育費と住宅取得費について検討する。

⑴　学習費

以下の図表2-1-8は、幼稚園から高等学校までは、文部科学省 2018年度「子供の学習費調査」の「学習費総額」、大学は、独立行政法人日本学生支援機構 2018年度「学生生活調査」の「学費」を基に作成した。

図表2-1-8　学習費

区分	計算根拠	公立	私立
幼稚園	学習費総額×3年	67万円	158万円
小学校	学習費総額×6年	193万円	959万円
中学校	学習費総額×3年	147万円	422万円
高等学校	学習費総額×3年	137万円	291万円
大学	学費×4年	267万円	550万円
合計		811万円	2,380万円

「学習費総額」は、授業料、通学費の他、習い事や塾・家庭教師等の学校外活動費を含み、「学費」は、授業料、課外活動費であり、親元を離れて生活する場合の住居光熱費、食費等の「生活費」を含まない。「学生生活調査」の大学生の「生活費」は、年間約70万円であった。

なお、その後幼稚園等利用料、高等学校授業料の無償化が始まっている。

Column 2-1-1

海外留学の必要費用

富裕層においては、子女の海外留学を考えている方がいるであろう。日本人留学生が多い地域の学費の目安は以下のとおりであった。

留学先国・地域	大学（学部）の目安（年間）授業料	大学院（学部）の目安（年間）授業料
アメリカ	USD26,820〜USD37,600	USD8,950〜USD44,910
カナダ	CAD14,000〜CAD36,000	CAD8,000〜CAD30,000
オーストラリア	AUD20,000〜AUD45,000	AUD18,000〜AUD50,000
ニュージーランド	NZD22,000〜NZD34,000	NZD6,500〜NZD37,000
イギリス	GBP11,000〜GBP40,000	GBP4,900〜GBP30,000

（出所）　独立行政法人日本学生支援機構「わたしがつくる海外留学2021年」より抜粋

(2)　住宅取得費

　2019年度中に住み替え・建て替えを行った世帯を対象に国土交通省が行った調査によると、住宅の購入資金とその原資の平均値は次のとおりであった。注文住宅の調査地域は全国、それ以外の調査地域は三大都市圏である。地価は地域による差が大きいので、地域差を考慮することが必要である。

図表2-1-9　住宅取得費

住宅の種類	購入資金	借入金	自己資金
注文住宅（土地付き）	4,606万円	3,409万円	1,197万円
注文住宅（建て替え）	3,055万円	1,340万円	1,715万円
分譲戸建住宅	3,826万円	2,855万円	971万円
分譲マンション	4,639万円	3,050万円	1,589万円
中古戸建住宅	2,894万円	1,754万円	1,140万円
中古マンション	2,262万円	1,286万円	976万円

（出所）　国土交通省 2021年3月「2020年度住宅市場動向調査報告書」より作成

　また、住宅を購入した人の住宅ローンを有する割合、年間返済額、世帯年収に占める返済負担率の平均値は、次のとおりであった。

図表2-1-10　住宅ローンを有する割合、年間返済額等

住宅の種類	住宅ローンを有する割合（注）	年間返済額	世帯年収に占める返済負担率
注文住宅	76.1%	124.7万円	17.9%
分譲戸建住宅	67.7%	123.5万円	18.6%
分譲マンション	62.6%	139.1万円	17.4%
中古戸建住宅	49.3%	112.0万円	15.9%
中古マンション	50.4%	92.4万円	14.9%

（出所）　国土交通省 2021年3月「2020年度住宅市場動向調査報告書」より作成
（注）　住宅ローンを有する割合には、無回答者を含んでいない。無回答者の割合は、注文住宅6.9%、分譲戸建住宅21.0%、分譲マンション20.8%、中古戸建住宅24.2%、中古マンション25.4%。

【2】　キャッシュフロー分析（現役時代）

1　総合的なキャッシュフロー表

　ライフイベント表ができたら、各年齢における収入と支出を見積もり、キャッシュフロー表を作成する。キャッシュフローの項目とその見積りは、給与所得者の場合、次のとおりである（法人ではない個人事業所得者の場合には、事業

のお金を個人事業主自身のために使用する「事業主貸」を主たる収入とする)。

(1)　収入項目の見積り

①　給与収入

　給与収入については、給与支給額から、所得税および住民税、社会保険料を控除した手取額で見積る。顧客の勤務先のモデル賃金などの情報が入手できればいいが、わからない場合には、厚生労働省が公表している「賃金構造基本統計調査」を参考にすることができる。同調査においては、「性、年齢階級別賃金」、「学歴、性、年齢階級別賃金」、「企業規模、性、年齢階級別賃金」、「主な産業、性、年齢階級別賃金」、「役職、性別賃金」、「都道府県別賃金」など様々な切り口で統計が用意されている。

　中小企業オーナーの報酬水準のデータとしては、株式会社日本実業出版社編著の『「役員報酬・賞与・退職金」中小企業の支給相場』、一般社団法人労務行政研究所編著の『賃金・人事データ総覧』などが参考になる。

　もっとも、プライベートバンカーの顧客は、オーナー経営者およびその一族である場合が多いので、統計調査を利用するよりも、確定申告書などのデータを元にヒアリングすることが有効であろう。

②　運用収入

　運用収入については、既存の資産の運用に加え、将来の余剰資金の運用による収入の合計を税引き後ベースで見積る。大手総合情報サービス会社などが公表している運用資産のアセットクラス別の利回りを参考に期待収益率を見積り、運用収入を見積る。

③　その他の収入

　給与所得や運用収入以外の収入がある場合、当該収入を税引き後ベースで見積る。例えば、投資不動産から家賃収入を得ている場合、家賃収入から管理経費などを差し引いてキャッシュフローの純額で見積る。

④　臨時的な収入

　保有不動産を売却するなどの臨時的な収入が見込まれる場合、税引き後ベースで見積る。

　住宅の取得時等に父母や祖父母から生前贈与を受けるような場合には、贈与による収入を税引き後ベースで見積る。なお、直系尊属から住宅取得等資金の贈与を受けた場合の非課税枠の活用なども考慮する。

Column 2-1-2

家計所得に占める財産所得の割合

　以下は、金融庁が作成した「2015年事務年度金融レポート」に記載された家計所得に占める勤労所得と財産所得の割合の推移を日米で比較したものである。

　米国では、税制優遇（IRA等）などの政策対応により、バランスのとれたポートフォリオが実現し、金融資産が大きく増加した結果、勤労所得と財産所得の比は3：1になったことが報告されている。一方、日本では、勤労所得と財産所得の比は8：1であり、政策的な後押しにより、家計における資産形成を促す必要性が報告されている。

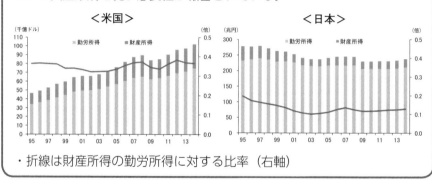

・折線は財産所得の勤労所得に対する比率（右軸）

(2)　支出項目の見積り

　家計の消費支出は、所得水準、メンバーの構成、住居地域、持ち家か賃貸かなどによって、大きく異なっていると思われる。支出項目の見積りは、顧客にヒアリングして把握することになる。

①　生活費

　生活費としては、住居費、教育費、保険料等を除く通常の生活費を見積もる。自動車の購入費でローンやリースを使わないで一時に支払う場合には、その他の支出として生活費から除外する方がわかりやすい。

②　住宅費

　住宅費としては、家賃、管理費、住宅ローンの返済額、固定資産税等を見積もる。現在の費用だけではなく、ライフイベント表に記載した住み替えに必要な支出などを見積もる。

③　教育費

　教育費としては、授業料、塾などの補習教育、習い事の費用が該当する。現在の費用だけでなく、ライフイベント表に記載した進学やイベントに必要な支出を見積もる。

④　保険料等

　生命保険料、損害保険料は、住居費、生活費に含めて考えることもできるが、貯蓄の要素があり、任意に増減させることが容易なので、別項目で扱う。

⑤　その他の支出

　ライフイベント表で見積もった結婚、出産などの支出、自動車の購入費を見積る。生活費には含めていないゴルフ、旅行などのレジャー費用は、この項目に追加する。また、投資不動産の購入、子、孫への贈与の計画がある場合には、ここに含める。

Column 2-1-3

家計の消費支出の平均

　総務省の「家計調査報告」に基づき、消費支出とその内訳を例示する。二人以上の世帯の2021年の消費支出の月平均は以下のとおりであった。

（単位：円）

費目	金額	この統計を見る上での留意点（筆者加筆）
食料	79,401	通常の食料品の他、酒、外食を含む
住居	18,338	地代家賃、設備修繕・維持等（住宅ローン返済を含まない）
光熱・水道	21,531	電気代、ガス代、上下水道料
家具・家事用品	12,101	家庭用耐久財、家事雑貨、家事サービス等
被服および履物	9,063	衣類、履物、クリーニング等
保健医療	14,314	医薬品、健康食品、医療用品・器具、病院代
交通・通信	39,778	交通費、自動車購入費・関係諸費、通信費等
教育	11,905	授業料、補習教育等
教養娯楽	25,252	教養娯楽用品、書籍の他、旅行、月謝等
その他	47,342	理容美容、たばこ、交際費、仕送り、不明
合計	279,024	

（出所）　総務省　2022年2月8日「家計調査報告」より作成

　上記はあくまでも、平均値にすぎない。家計の消費支出は、所得水準、

> メンバーの構成、住居地域、持ち家か賃貸かなどによって、大きく異なっていると思われる。特にプライベートバンカーの顧客においては、その傾向が顕著であろう。支出項目の見積りは、顧客にヒアリングして把握することになる。

(3)　キャッシュフロー表の作成

　収入および支出の各項目の見積りを行ったうえで、将来の数年間のキャッシュフロー表を作成してみよう。

〔設例〕

　図表2-1-11は、会社の役員をしている太郎さん一家の今後10年間のキャッシュフロー表であり、以下を前提としている[9]。

・役員報酬：年間1,200万円（税金・社会保険料控除後、昇給は考えない）
・その他の収入：年間120万円（ワンルームマンション賃料の手取）
・運用収入：期待運用収益率1％
・現在の金融資産残高：2,000万円
・生活費（住居費除く）：年間300万円
・住居費：年間450万円

　現在、賃貸住宅に住んでいるが、来年、住宅を購入するつもりである。

　購入する物件の予算は8,000万円、うち2,000万円を頭金で支払い、残りを住宅ローンとする。住宅取得時の諸費用として300万円用意している。また、住宅購入に当たって、自分の親から1,000万円の贈与を受けるつもりである。なおこの贈与には、直系尊属から住宅取得資金の贈与を受けた場合の贈与税の非課税措置が適用され、贈与税はかからない。ローンの返済額は、賃貸の時と比べて住居費の負担が増えないような水準を設定する。

・教育費：小学生のとき年間50万円（補習教育）
　　　　　中学入学以降はライフイベント表（図表2-1-7）のとおり
　　　　　中学入学金100万円、授業料100万円
　　　　　高校入学金100万円、授業料100万円
　　　　　高校3年生のときに、予備校100万円
　　　　　大学入学金200万円、授業料200万円
・保険料：年間100万円（万が一に備えて、生命保険に加入している）

---

[9]　役員報酬額等は従事する業種、企業によってかなり幅があり、ここでは、キャッシュフローをイメージしやすい数値例とした。中小企業オーナーの平均年収を1,800～2,000万円と想定し、その手取り額を1,200万円と仮定した。

図表2-1-11　キャッシュフロー表の作成例

（単位：万円）

経過年数	現在	1年後	2年後	3年後	4年後	5年後	6年後	7年後	8年後	9年後	10年後
西暦	2023	2024	2025	2026	2027	2028	2029	2030	2031	2032	2033
給与収入	1,200	1,200	1,200	1,200	1,200	1,200	1,200	1,200	1,200	1,200	1,200
運用収入		20	11	16	18	21	25	27	31	34	35
その他の収入	120	120	120	120	120	120	120	120	120	120	120
臨時的な収入	0	1,000	0	0	0	0	0	0	0	0	0
収入合計	1,320	2,340	1,331	1,336	1,338	1,341	1,345	1,347	1,351	1,354	1,355
生活費	300	300	300	300	300	300	300	300	300	300	300
住宅費	450	450	450	450	450	450	450	450	450	450	450
教育費	50	50	50	250	150	150	250	150	250	400	200
保険料	100	100	100	100	100	100	100	100	100	100	100
その他の支出											
臨時的な支出	900	2,300	0	0	0	0	0	0	0	0	0
支出合計	900	3,200	900	1,100	1,000	1,000	1,100	1,000	1,100	1,250	1,050
収支	420	-860	431	236	338	341	245	347	251	104	305
貯蓄残高	2,000	1,140	1,571	1,807	2,145	2,486	2,731	3,078	3,329	3,433	3,738

2　キャッシュフロー表の分析、問題点の把握、改善提案

　年間収支がプラスの場合、資金余剰が生じ、金融資産残高が増加し、年間収支がマイナスの場合、資金不足が生じるため、金融資産残高が減少する。

⑴　キャッシュフローが単年度のみマイナスの場合

　臨時的な支出により、キャッシュフローが単年度のみマイナスになる場合があるが、その年以降、プラスが継続していくのであれば、問題はないと考えられ、マイナスの年に備えてローンを組む等の改善提案が考えられる。

　設例では、住宅購入時の頭金の支出があり、その年のキャッシュフローがマイナスとなっていたが、その年以降プラスが継続しているので問題はない。

⑵　キャッシュフローが恒常的・断続的にマイナスの場合

　キャッシュフローのマイナスが累積し、貯蓄残高がマイナスに転じる等の財政状態に問題が生じる可能性があるため、収入の増加や支出の見直し等の迅速な対応が求められる。

　特に退職後において恒常的にキャッシュフローがマイナスとなり、生存中に必要生活資金が枯渇する場合には、次項のリタイアメントプランニングを参考に見直しが必要となる。

⑶　貯蓄残高がマイナスの場合

　借入金が膨らみ、借入余力を超えると、家計の破綻につながる可能性があるため、資産の売却による借入金の削減、収入の増加や支出の見直し等の迅速な対応が求められる。

【3】　キャッシュフロー分析（リタイアメントプランニング）

1　老後資金を計算するための要素

　人生100年時代、老後資金として2,000万円必要だと話題になったが、老後の生活費は人それぞれであり、また、老後の働き方も一様ではないため、それぞれのライフデザインに応じて、老後の必要資金を試算することが必要である。そのためには、年金収入、退職金の受取額、退職後の支出額、寄付・遺贈などについて情報収集を行う必要がある。

　一般にプライベートバンカーの顧客は、キャッシュリッチであり、ライフプランとは無縁と思われがちである。しかし、退職時に多額の役員退職金を受け取り一時的に預金が増えても、役員報酬等の定期収入が激減する一方で、現役時代と同様の消費水準は下げることができず、貯蓄残高が急速に減ってしまい、ライフプランの見直しを迫られるケースも見受けられるので注意したい。

M&Aなどにより株式譲渡による多額の臨時収入を得て、消費が一変した一方で、役員報酬等定期的な収入が激減した場合なども同様である。

　また、「次世代にまとまった資金を残したい」、「相続税の納税資金を準備したい」といったニーズもある。顧客にそのようなニーズがあれば、それらを含めた貯蓄残高の分析が必要となり、場合によっては、ライフプランの見直しが必要となるかもしれない。

　顧客のキャッシュフローの状況や顧客の意向を把握したうえでリタイアメントプランを立案することが、プライベートバンカーに求められる。

2　年金収入

⑴　年金制度の概要

　一般に老後に必要な資金を支えるのは、公的年金、退職金や企業年金、貯蓄、資産運用に加え、定年後の就労などの自助努力といわれている。

　日本の年金制度は、図表2-1-12に示すとおりである。国内に住むすべての人が加入する国民年金をベースとし、会社員や公務員が加入する厚生年金保険を2階部分とする公的年金制度が存在し、その上に、確定給付企業年金や確定拠出年金などの私的年金が3階部分として存在する。

　また、国民年金の加入者は、次のように分類できる。

被保険者の種類	要件
第1号被保険者	日本国内に居住する20歳以上60歳未満の者で、第2号被保険者、第3号被保険者以外の者
第2号被保険者	厚生年金保険適用事業所に勤めている者
第3号被保険者	日本国内に居住する第2号被保険者の被扶養義務者で、20歳以上60歳未満の者

　顧客が、どのような年金制度に加入し、どれだけ年金が受け取れるかは、リタイアメントプランを考える際に重要な要素になる。なかでも、公的年金は、一生涯受取れ、遺族年金もあるので、老後の生活を支える基盤になる。

図表 2 - 1 -12　年金制度の仕組み

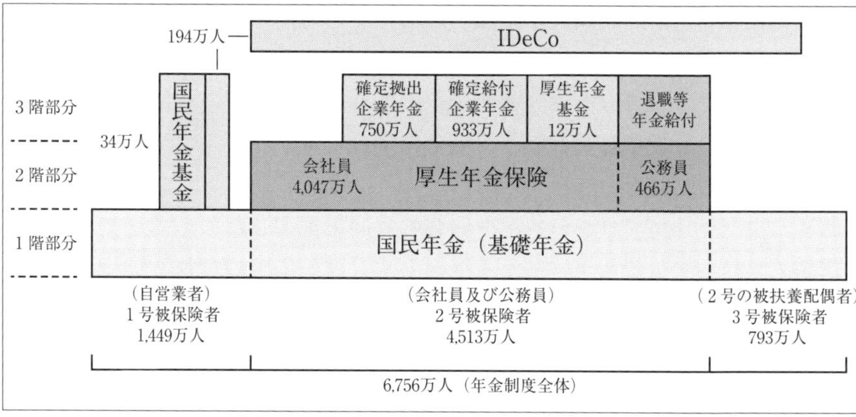

	194万人 —				IDeCo			
3 階部分		国民年金基金		確定拠出企業年金 750万人	確定給付企業年金 933万人	厚生年金基金 12万人	退職等年金給付	
2 階部分	34万人			会社員 4,047万人	厚生年金保険		公務員 466万人	
1 階部分					国民年金（基礎年金）			

（自営業者）
1 号被保険者
1,449万人

（会社員及び公務員）
2 号被保険者
4,513万人

（2 号の被扶養配偶者）
3 号被保険者
793万人

6,756万人（年金制度全体）

（出所）　厚生労働省「年金制度のポイント2022年度版」p. 6 より作成

(2)　公的年金

　老後資金としての公的年金は、老齢基礎年金と老齢厚生年金である。老齢基礎年金は加入期間で、老齢厚生年金は加入期間および保険料の計算基礎となった報酬額で、給付額が決まる。

　過去の加入記録をたどって計算することは煩雑なため、日本年金機構から、年金の加入者に対して、毎年、誕生月に送られてくる「ねんきん定期便」を参考にするのが便利である。特に50歳以上の加入者については、現在加入している年金制度に、60歳まで同じ条件で加入し続けたものと仮定して計算した老齢年金の見込額が記載されている。

Column 2-1-4

働きながら年金をもらうと、年金が減らされる

　老齢厚生年金の受給権を取得した者が厚生年金保険の被保険者として働く場合、収入が一定額を超えるときに老齢厚生年金が減額調整される。中小企業の経営者が65歳以上になっても、現役で役員報酬をもらっている場合、年金の受給を申請しても、この規定に抵触してしまい、年金額が減額ないし全面支給停止になることがある。満額の年金を受領するためには、計画的に事業承継を行い、いつまでも高額の報酬を受領し続けないことが必要となる。

　65歳以上で年金の基本月額と収入の総報酬月額相当額の合計額が47万円を超える場合在職老齢年金の支給停止額は、以下のように計算される

$$支給停止額（月額）＝（総報酬月額相当額＋年金基本月額－47万円）× \frac{1}{2}$$

Column 2-1-5

老齢年金の繰上げ・繰下げ受給

　現在、公的年金の受給開始時期は、原則として個人が60歳から75歳の間で自由に選ぶことができる。65歳より早く受給（繰上げ受給）した場合には、年金月額は 1 ヶ月繰り上げるごとにより0.4％減額（最大60ヵ月24％減額）となる。老齢基礎年金と老齢厚生年金は、原則、同時に繰り上げ請求しなければならず、減額率は一生変わらない。一方、65歳より後に受給を開始（繰下げ受給）した場合には、年金月額は 1 ヶ月繰下げるごとに0.7％増額（最大120ヵ月84％増額）となる。老齢基礎年金と老齢厚生年金を別々に繰り下げ請求することができ、増額率は一生変わらない。ただし、65歳以降に在職老齢年金により支給停止される額は増額の対象にならない。

　2020年の改正（2022年 4 月施行）により、繰下げ時期の上限が従来の70歳から75歳に引き上げられた。

⑶　**私的年金**

　公的年金に対して、企業が運営する年金や個人が自ら準備する年金を私的年金という。企業が運営する年金には、確定給付企業年金、厚生年金基金、企業型確定拠出年金がある。また、自ら年金制度を維持できない中小企業向けに、中小企業退職金共済（中退共）、中小事業主掛金納付制度（iDeCo+）などの制度がある。個人自らが準備する年金には、個人年金保険、財形年金、国民年金基金、個人型確定拠出年金（iDeCo）がある。

　これらの私的年金については、どのような制度に加入しているか、年金の受取は、有期なのか終身なのか、一時金で受け取ることも選択できるのか、を把握しておくことが重要である。

⑷　**年金手取り額**

　年金からは、税金・社会保険料が徴収されるので、リタイアメントプランの策定に当たっては、これらを考慮して手取り額を把握しておくことが望ましい。年金の他に収入がない前提で、年金収入220万円で手取りは90％程度、年金収入300万円で85％程度が目安となる。

3　退職金の受取額

⑴　**退職金の受取額**

　図表2-1-13は、厚生労働省の「就労条件総合調査」の勤続35年以上かつ45歳以上の定年退職者の平均退職給付額の推移である。退職給付額とは、退職一時金と退職年金の年金現価額である。定年退職者の退職給付額は、平均で1,700万円〜2,000万円程度となっており、ピーク時から約3〜4割程度減少しているが、退職金が老後生活を支える重要な資金であることに変わりはない。リタイアメントプランの策定に当たっては、あらかじめ、どのような退職金制度があるのか、その受取額はいくらかを把握しておくことが必要である。

図表 2-1-13　平均退職金給付額の推移

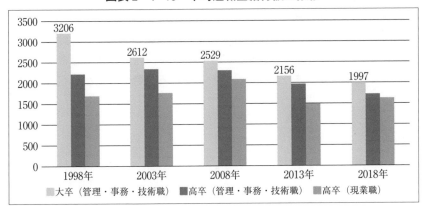

（出所）　厚生労働省「就労条件総合調査」より作成

役員退職金の適正額

　オーナー社長の退職金については、裁量でその支給額を増減させることが可能なことから、課税当局から「不相当に高額」と認定されると、支給した会社において、損金算入できなくなることがある。

　「不相当に高額」とされるのは、①退職の直前に報酬を極端に増額したか、②功績倍率が極端に大きいかのいずれかである。

　「不相当に高額」と指摘されないためには、役員が業務に従事した期間、退職の事情、業種規模が類似する会社の退職金の支給状況を勘案した役員退職金規程を整備し、事業承継の時期を見据え、役員報酬額を計画的に設定していくことが必要と思われる。

功績倍率法

役員退職金の適正額＝最終報酬月額×勤続年数×功績倍率[注]

（注）　功績倍率は、役員の地位に応じ、社長3.0、専務2.4、常務2.2、平取締役1.8、監査役1.6とされている。（1981年11月18日東京高裁判決）

⑵　退職金にかかる所得税、住民税

①　退職所得の計算方法

　退職所得とは、退職により勤務先から受ける退職手当などの所得をいい、社会保険制度などにより退職に起因して支給される一時金、適格退職年金契約に基づいて生命保険会社または信託会社から受ける退職一時金なども退職所得になる。

$$退職所得 = (源泉徴収前の収入金額^{(※1)} - 退職所得控除) \times \frac{1}{2}^{(※2)}$$

（※1）　確定給付企業年金規約に基づいて支給される退職一時金などで、従業員自身が負担した保険料または掛金がある場合には、その支給額から従業員が負担した保険料または掛金の金額を差し引いた残額を退職所得の収入金額とする。
（※2）　役員等勤続年数が5年以下である人が、その役員等勤続年数に対応して支払を受ける退職金については、上記計算式の1/2計算の適用はない。

②　退職所得控除額の計算方法^(※)

勤続年数	退職所得控除額
20年以下	40万円×勤続年数（80万円に満たない場合には、80万円）
20年超	800万円 + 70万円×（勤続年数 − 20年）

（※）　障害者になったことが直接の原因で退職した場合の退職所得控除は、上記の方法により計算した額に、100万円を加えた金額となる。

③　税額の計算方法

a　所得税

　退職所得は、原則として他の所得と分離して所得税額を計算する。

　退職金等の支払の際に「退職所得の受給に関する申告書」を提出している場合、退職金等の支払者が所得税額および復興特別所得税額を計算し、その退職手当等の支払の際、退職所得の金額に応じた所得税等の額が源泉徴収されるため、原則として確定申告は必要ない。

　一方、「退職所得の受給に関する申告書」を提出していない場合、退職金等の支払金額の20.42％の所得税額および復興特別所得税額が源泉徴収されているので、受給者本人が確定申告を行い、所得税額および復興特別所得税額の精算をする必要がある。

b　住民税

　所得税と同様に退職所得を計算し、住民税率10％を乗じた額が税額となる。

4　退職後の支出額

　老後の生活費は、世間的には、いくらぐらい必要と考えられているのであろうか。

(1)　最低日常生活費

　生命保険文化センターの意識調査によると、夫婦2人で老後生活を送る上で必要と考える最低日常生活費は、月額で平均22.1万円となっている。

図表2−1−14　最低日常生活費

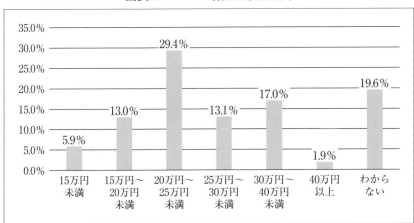

（出所）　生命保険文化センター「2019年度　生活保障に関する調査」

(2)　ゆとりある老後生活費

　また、ゆとりある老後生活を送るための費用として、最低日常生活費以外に必要と考える金額は平均14万円となっている。その結果、「最低日常生活費」と「ゆとりのための上乗せ額」を合計した「ゆとりある老後生活費」は平均で36.1万円となっている。

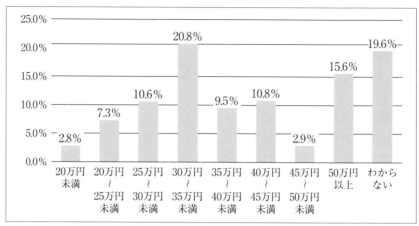

図表 2 - 1 -15　ゆとりある老後生活費

（出所）　生命保険文化センター「2019年度　生活保障に関する調査」

図表 2 - 1 -16　ゆとりある上乗せ額の使途

ゆとりある上乗せ額の使途	割合
旅行やレジャー	60.7%
趣味や教養	51.1%
日常生活費の充実	49.6%
身内とのつきあい	48.8%
耐久消費財の買い替え	30.0%
子供や孫への資金援助	22.4%
隣人や友人とのつきあい	15.5%
とりあえず貯蓄	3.7%
その他	0.4%
わからない	0.4%

（出所）　生命保険文化センター「2019年度　生活保障に関する調査」

　プライベートバンカーの顧客は、更に豊かな「ゆとりある老後生活費」を考えている可能性が高い。生命保険文化センターの調査においては、ゆとりある上乗せ額の使途に「子供や孫への資金援助」とされている方が22.4％となっているが、相続税の負担を気にする顧客においては、更に比率が上がるのではないであろうか。顧客の意向を汲み取って資金計画に織り込んでいく必要がある。

Column 2-1-7

介護費用はどれぐらい必要？

　ライフプランを立てる上で、気になるのが介護費用である。病気になること、介護が必要になることを計画することは難しい。生命保険文化センターが行った「2021年度生命保険に関する全国実態調査」によると以下の実態が明らかになった。

・過去 3 年間に家族や親族の介護経験がある人の割合：15.2％

・介護を始めてからの期間（介護中は経過期間）：平均 5 年 1 ヶ月

　介護期間の分布は、「4 〜10年未満」が31.5％と最も多く、次いで「10年以上」が14.5％

・介護を行った場所：「在宅」56.8％、「施設」41.7％

・住宅改造や介護用ベッドなど一時な介護費用：平均74万円

・毎月の介護費用の自己負担額：平均8.3万円

　介護の場所別にみると、「在宅」4.8万円、「施設」12.2万円

　以上より、平均の介護費用は、約580万円と見積もることができる。

　（8.3万円×61ヶ月＋74万円＝580.3万円）

　これはあくまでも平均の目安であり、介護期間が長期化する場合や、高額な施設を利用する場合には、介護費用の必要額は高額になるであろう。プライベートバンカーが顧客とする富裕層においては、不測の事態に備えた資金をさらに保有しておきたいものである。

5　寄付・遺贈

　そもそも相続人がいない場合、あるいは、相続人がいたとしても、第三者にも財産を渡したい場合には、遺贈が利用される。遺贈とは、遺した財産を遺言書によって、社会貢献団体など相続人以外に渡すことをいう。日本財団が全国の60歳〜79歳男女2,000人に対して実施した調査によると、遺贈に対して図表 2 - 1 -17および図表 2 - 1 -18の結果が得られた。27.8％が遺贈を認知しており、また、20.5％が遺贈に関心をもっているとの結果であった。

図表 2 - 1 -17

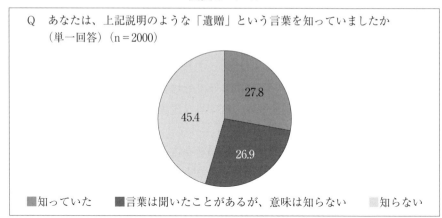

Q　あなたは、上記説明のような「遺贈」という言葉を知っていましたか
　　（単一回答）（n = 2000）

- 27.8
- 45.4
- 26.9

■知っていた　　■言葉は聞いたことがあるが、意味は知らない　　■知らない

（出所）　日本財団「遺言・遺贈に関する意識・実態把握調査」2021年1月

図表 2 - 1 -18

Q　あなたは「遺贈」をしてみたいと思いますか
　　（単一回答）（n = 2000）

2.5
0.6　10.2　7.3　6.5　73.0

■遺贈のことはすでに遺言書に書いている
■まだ決めていないが、遺贈してみたい　　　　　　　　　遺贈関心　20.5%
■財産があれば遺贈したい
■遺贈に興味・関心は持っている
■遺贈は知らなかったが、社会貢献のために何らかの寄付はしたいと思っている
□遺贈や寄付には興味がない

（出所）　日本財団「遺言・遺贈に関する意識・実態把握調査」2021年1月

　プライベートバンカーが顧客とする富裕層は、社会において成功した方であり、寄付や遺贈により関心があると推定できる。顧客に寄付や遺贈に関心があるかをヒアリングし、ニーズがあれば、それをリタイアメントプランに織り込むことを検討しても良いであろう。

6　老後の計算期間と貯蓄残高、運用スタンス

(1)　老後の計算期間

　日本人は年々長寿化している。リタイアメントプランは、いつまで計算すれ

ばいいのであろうか。

　厚生労働省の「簡易生命表（2020年）」によると、平均寿命は男81.2歳、女87.7歳である。平均寿命とは、0歳の人の平均余命なので、現在60歳の人の平均余命は男24.2年、女29.5年なので、男は平均して84.2歳まで、女は89.5歳まで生きると予想される。早死の家系でない限り、この水準までは計算期間と考えておく必要がある。

　また、金融審議会市場ワーキンググループ報告書には、60歳の人のうち各年齢まで生存する人の割合が記載されている。現在60歳の人の4人に1人が95歳まで生きると推計されている。長生きの家系と思われる人は、長生きする可能性を考慮して、95歳まで計算期間と考えておく必要がある。

図表2-1-19　60歳の人のうち各年齢まで生存する人の割合[※]

	2015年推計	1995年推計
80歳	78.1%	67.7%
85歳	64.9%	50.0%
90歳	46.4%	30.6%
95歳	25.3%	14.1%
100歳	8.8%	—

（※）　割合は、推計時点の60歳の人口と推計による将来人口との比較。
　　　1995年推計では100歳のみの将来人口は公表されていない。
（出所）　金融庁　金融審議会 市場ワーキング・グループ報告書「高齢社会における資産形成・管理」

⑵　貯蓄残高

　貯蓄残高は、現在の貯蓄残高に、毎年の収入と支出を加減して計算する。これを計算期間の終了まで繰り返す。

　毎年の収入が支出を上回っている、あるいは貯蓄残高が十分で、毎年の収支のマイナスにより貯蓄を取崩しても老後の計算期間で資金が枯渇しないならば問題はない。しかしながら、そうならない場合も多く見受けられる。そのような場合には、以下の対策が考えられる。

　・退職までに貯蓄を増やす。
　・老後生活費を見直す。
　・働く期間を見直す。
　・公的年金の受給を繰下げる。
　・運用スタンスを見直す。

⑶　運用スタンス

　貯蓄残高は、老後資金として使われるまでは、運用して増やすことができる。資金使途は、以下のように分類される。

① 　病気、事故等の万が一に備えるための資金
② 　最低限の生活資金、住宅リフォーム、高齢者向け施設の費用、子供の結婚や住宅購入の援助資金、相続税の納税資金等
③ 　海外旅行、趣味等のイベント支出、次世代に残したい資金等の余裕資金

　①については流動性を重視、②については安全性を重視、③については収益性を重視する運用スタンスを取ることが考えられる。このように人生の課題や目標、ニーズに基づく資金使途に応じて運用することを**ゴールベースアプローチ**と呼ぶことがある。

Column 2-1-8

取崩しながらの運用

　貯蓄を取崩しながら運用する計算は、少し複雑である。
　設例を使って説明しよう。

〔設例〕

　3,000万円を年3％で複利運用しながら20年間、毎年120万円ずつ取崩した場合、20年後に残っている金額はいくらになるか検討する。

（年3％の各種係数）

年数	終価係数	年金現価係数
5年	1.1593	4.5797
10年	1.3439	8.5302
15年	1.5580	11.9379
20年	1.8061	14.8775
25年	2.0938	17.4131

　今後20年間3％で運用しながら、毎年120万円を取崩していくために必要となる額を年金現価係数で求め、それを当初元本3,000万円から差し引き、残った元本を20年間運用した場合の将来金額を終価係数で計算する。

　（3,000万円－120万円×14.8775）×1.8061＝2,193万円

　終価係数：現在の元本を一定期間、一定利率で複利運用した場合の将来金

　　　　　額を計算する際に使用する係数
年金現価係数：毎年一定金額を一定期間取り崩していく場合、現在、いく
　　　　　　　らの元本で複利運用を開始すればよいか計算する際に使用
　　　　　　　する係数

7　キャッシュフロー表（リタイアメントプラン）の作成

　設例に従って、キャッシュフロー表を作成してみよう。

〔設例〕

　図表2-1-20は、俊夫さん一家の老後のキャッシュフロー表であり、以下を前提としている。

　なお、この設例は、リタイアメントプランの理解を深めるために人生100年時代において資産寿命を延ばす例として作成した。顧客の提案においても、先ず基本的なキャッシュフロー表の作成方法をおさえた上で、その顧客に特有の支出項目等についてヒアリングし、個別の事情に応じたキャッシュフロー表を作成することが重要である。

　・退職一時金：2,000万円（勤続年数45年）
　・年金収入：年間194万円（老齢基礎年金と老齢厚生年金合計の手取額）
　・運用収入：期待運用収益率0.8%
　・現在の金融資産残高：3,000万円
　・生活費と住居費：年間400万円

図表2-1-20の分析

　毎年、支出合計が収入合計を上回っており、不足を貯蓄の取崩しで賄っている。その結果、80歳終了時点において資金が枯渇するということがわかる。男性の2人に1人が90歳まで生きる時代であって、80歳で貯蓄が枯渇するのは心もとない。

問題

　図表2-1-20に以下の対策を組み合わせて、90歳時点で資金が枯渇しないリタイアメントプランを作成してみよう。

　・65歳で退職後、手取り309万円程度で70歳になるまで働く。
　・年金の受給開始を5歳繰り下げ、手取額を278万円とする。
　・運用収入は税引き後で平均0.8%のまま。
　・年金生活の生活費を見直し、70歳からは、生活費と住居費で合計360万円とする。

　（結果として図表2-1-21のようになる）

図表 2 - 1 -20　キャッシュフロー表の作成例

（単位：万円）

年齢	退職	65歳	66歳	67歳	68歳	69歳	76歳	77歳	78歳	79歳	80歳
西暦	2023	2024	2025	2026	2027	2028	2035	2036	2037	2038	2039
年金収入		194	194	194	194	194	194	194	194	194	194
運用収入		24	23	21	20	18	7	6	4	3	1
臨時的な収入	2,000	0	0	0	0	0	0	0	0	0	0
収入合計	2,000	218	217	215	214	212	201	200	198	197	195
生活費		250	250	250	250	250	250	250	250	250	250
住宅費		150	150	150	150	150	150	150	150	150	150
その他の支出											
臨時的な支出	0	0	0	0	0	0	0	0	0	0	0
支出合計	0	400	400	400	400	400	400	400	400	400	400
収支	2,000	△182	△183	△185	△186	△188	△199	△200	△202	△203	△205
貯蓄残高	3,000	2,818	2,635	2,450	2,264	2,076	717	517	315	112	△93

図表2-1-21　キャッシュフロー表の作成例

（単位：万円）

年齢	退職	65歳	66歳	67歳	68歳	69歳	70歳	71歳	〜	88歳	89歳	90歳
西暦	2023	2024	2025	2026	2027	2028	2029	2030	〜	2047	2048	2049
給与収入		309	309	309	309	309			〜			
年金収入							278	278	〜	278	278	278
運用収入		24	23	23	22	22	21	21	〜	12	11	11
臨時的な収入	2,000								〜			
収入合計	2,000	333	332	332	331	331	299	299	〜	290	289	289
生活費		250	250	250	250	250	210	210	〜	210	210	210
住宅費		150	150	150	150	150	150	150	〜	150	150	150
その他の支出									〜			
臨時的な支出	0	0	0	0	0	0	0	0	〜	0	0	0
支出合計	0	400	400	400	400	400	360	360	〜	360	360	360
収支	2,000	△67	△68	△68	△69	△69	△61	△61	〜	△70	△71	△71
貯蓄残高	3,000	2,933	2,865	2,797	2,729	2,660	2,599	2,538	〜	1,419	1,348	1,277

（解説）

・70歳まで働くことにより、手取額で1,545万円の給与収入が加わった。毎年の収支差額はマイナスで不足を貯蓄の取崩しで賄っているが、取崩額は小さくなっている。

・70歳から増加した年金の手取額を受取ることになるが、年金生活の生活費の見直しにより、収支差額のマイナスは小さくなっている。

・その結果、90歳時点において貯蓄額は1,277万円であり、90歳で貯蓄が枯渇することはない。

・なお、90歳時点の貯蓄額の一部は、介護費用に充てることもできるし、もし、介護が必要なければ、100歳時点でも資金が枯渇することはないであろう。

第3節　リスクマネジメント

学習ポイント

● 個人のリスクと必要保障額の算定方法を理解する。

● 法人の必要保障額の算定方法を把握し、会社規模、財務状況等に応じた
　的確なアドバイスの基本を把握する。

【1】　個人のリスクと必要保障額

1　個人のリスクと必要保障額の算定

　リスクマネジメントとは、リスクを網羅的に把握してその大きさを評価し、重要と思われるリスクに対して、リスクが顕在化しないように予防措置等を講じてリスクをコントロールしたり、実際にリスクが顕在化した場合の経済的ダメージを軽減したりすることをいう。この節では、後者の一種である保険の利用について説明する。

　リスクを特定し洗い出された各種の「リスクの大きさ」は、その「発生したときの影響の大きさ」と「発生確率」を基準に評価することができる。当然、リスクが大きく、発生確率の高い事象は対策の優先順位が高くなる。

　リスクが顕在化した時に備え、必要となる保障額については、①リスクの大きさを把握し、②自己資金で対応できる範囲や、社会保険等の公的な給付制度の内容を確認し、③②で対応が難しい部分について保険等を活用し対応することになる。保険を付することで、リスクを保険会社に移転することができるが、保険料がかかり、すべて保険でカバーする必要もない。一部については、リスクを受容する（自己資金で引き受ける等）ことも選択肢となる。また、社会保険等の公的な給付についても検討する必要がある。

個人のリスク	必要保障額の考え方（例）
人的リスク	収入－費用 収入　遺族年金、死亡退職金、金融資産、配偶者の収入など 費用 ●現状の年間生活費×70％×子供が独立するまでの年数 ●現状の年間生活費×50％×子供独立後の配偶者の平均余命 ●教育費用、結婚費用、住居費用、葬儀費用、相続費用（相続税、相続手続）などの生活費以外の費用
物的リスク	火災保険 ●再調達価額（同程度の建物を建て直す費用） 地震保険 ●火災保険の契約金額の30～50％の範囲内。 ●建物は5,000万円、家財は1,000万円が上限。
損害賠償リスク	自動車保険 ●損害賠償額は高額化しており、契約金額は無制限が望ましい。 個人賠償責任保険 ●過去の高額賠償事例では1億円が目安になると考えられる。
費用・損失リスク	所得補償保険の例（就業不能保険も考えられる） ●1～2年の短期と60歳や65歳までなどの長期がある。 ●所得の50～70％程度が上限。

2　個人のリスクと社会保険

(1)　遺族給付

　遺族年金は、国民年金または厚生年金保険の被保険者または被保険者であった者が亡くなったときに、その者によって生計を維持されていた遺族が受けることができる年金である。

　遺族年金には、「遺族基礎年金」、「遺族厚生年金」があり、亡くなられた方の年金の加入状況などによって、いずれかまたは両方の年金が支給される。

　遺族年金を受け取るには、亡くなられた方の年金の納付状況・遺族年金や受け取る方の年齢・優先順位などの条件が設けられている。詳細は、日本年金機構のウェブサイトで確認することができる。

(2)　障害給付

　障害年金は、病気やけがによって生活や仕事などが制限されるようになった場合に、現役世代の方も含めて受け取ることができる年金である。

　障害年金には「障害基礎年金」「障害厚生年金」があり、病気やけがで初めて医師の診療を受けたときに国民年金に加入していた場合は「障害基礎年金」、厚生年金に加入していた場合は「障害厚生年金」が請求できる。

　なお、障害厚生年金に該当する状態よりも軽い障害が残ったときは、障害手当金（一時金）を受け取ることができる制度がある。

　また、障害年金を受け取るには、年金の納付状況などの条件が設けられている。詳細は、前記の日本年金機構のウェブサイトで確認することができる。

(3)　公的医療保険

①　医療保険（健康保険、国民健康保険）の概要

　図表2−1−22は、医療保険制度体系の概要を示したものである。

　医療保険制度の体系は医療保険、高齢者医療制度の2つに大きく分類される。医療保険は民間会社の勤労者が加入する健康保険、船員が加入する船員保険、公務員等が加入する共済組合、自営業者等が加入する国民健康保険からなる。

　高齢者医療制度（後期高齢者医療制度）は75歳以上の方と65歳以上75歳未満で一定の障害のある方を対象とした医療制度であり、都道府県単位ですべての市区町村が加入している広域連合会が運営を行っている。

図表2−1−22　医療保険制度の体系

	制度	被保険者
医療保険	健康保険	民間会社の勤労者
	船員保険	船員
	共済組合	公務員、私学教職員
	国民健康保険	自営業者等
高齢者医療	後期高齢者医療制度	75歳以上の方等

（出所）　全国健康保険協会ウェブサイト

②　療養の給付

　療養の給付とは、病気やケガをしたとき、保険医療機関に健康保険証を提示すれば、必要な医療を受けることができる現物給付をいう。図表2−1−23は、医療保険制度と自己負担割合を示している。

図表 2 - 1 -23 療養の給付と自己負担割合

制度	年齢	自己負担割合
医療保険 （国民健康保険、 協会けんぽ等）	小学校入学前	2 割
	小学校入学後〜70歳の誕生月	3 割
	70歳の誕生月の翌月〜74歳	2 割 （現役並み所得者は 3 割）
後期高齢者医療制度	75歳〜	1 割 （一定以上の所得者は 2 割、 現役並み所得者は 3 割）

なお、後期高齢者でも2022年10月から課税所得金額が一定以上の場合は、自己負担の割合が 2 割に引き上げられた。

③ 高額療養費

ある月に支払った医療費の自己負担額が高額になった場合、自己負担限度額（年齢、所得によって異なる）を超えた金額を申請することにより、後で支給される制度である。なお、限度額適用認定証を事前に取得し、高額療養費支払い時に提示すれば、自己負担限度額を支払うだけで済む。

④ 傷病手当金

ケガや病気で休業中に被保険者や家族の生活を保障するための手当金で、被保険者がケガや病気で休業をし、会社から十分な報酬が受けられない場合に支給される。3 日間の待機期間の後、4 日目から通算 1 年 6 ヶ月まで支給される。

$$傷病手当金の日額 = （標準報酬月額の過去12ヶ月平均 \div 30日） \times \frac{2}{3}$$

⑷ 公的介護保険

市区町村が運営し、40歳以上が加入対象になり、介護サービスが必要になった際に要介護度に応じた介護サービスが提供される。

図表 2 - 1 -24 公的介護保険の概要

	第 1 号被保険者	第 2 号被保険者
対象者	65歳以上	40歳から64歳の医療保険加入者
保険料	所得に応じた保険料。	加入している医療保険で規定された保険料。
サービス	要介護（要支援）認定を受け、要介護度に応じたサービス。	特定疾病（がん末期、関節リウマチ等の16種類）が原因で介護が必要になった方が要介護（要支援）認定を受け、要介護度に応じたサービス。

3　個人のリスクと保険の役割

(1)　保険の役割

　保険には、保障機能と貯蓄機能がある。保障機能とは、死亡、病気、ケガ、事故等の不測の事態が生じた際に、保険金や給付金を受け取ることができる機能を言い、貯蓄機能とは、満期や中途解約時に満期保険金や解約返戻金を受け取ることができる機能をいう。

　保険は、生命保険、損害保険、第三分野保険の3種類に分類することができる。

(2)　生命保険

　人の生死に関して保険金が支払われる保険をいい、図表2-1-25のような種類がある。

図表2-1-25　生命保険の種類

種類	内容
定期保険	保険期間内に被保険者が死亡した場合等に保険金が支払われるもので、満期保険金はない（掛捨て）。
養老保険	保険期間内に被保険者が亡くなると死亡保険金が払われ、死亡事故なく満期を迎えると満期保険金が支払われる、その死亡保険金と満期保険金が同額である生命保険。
終身保険	生涯にわたり死亡保障が付された生命保険。
逓増定期保険	保険期間中に保険金額が5倍までの範囲で増加する定期保険のうち、その保険期間満了の時の被保険者の年齢が45歳を超えるものをいう。
長期平準定期保険	保険期間満了時の被保険者の年齢が70歳を超え、かつ、保険加入時の被保険者の年齢に保険期間の2倍の数を加えた数が105を超える定期保険。
無解約返戻金型定期保険	保険期間を通じて解約返戻金がない定期保険で、解約返戻金がないため、保険料は解約返戻金がある定期保険よりも割安になる。

(3)　損害保険

　偶然の事故による損害に対して保険金が支払われる保険をいい、一般的な火災保険、地震保険、自動車保険のほか、図表2-1-26のような種類がある。

　中小企業のオーナー経営者は、事業のリスクを個人で負担することになることが多いので、ここでは個人のリスクに含めて記載している。

127

図表 2-1-26　経営者向けの損害保険の種類

種類	内容
会社経営賠償責任保険 （D&O保険）	会社役員としての業務の遂行に起因して、損害賠償請求がなされることによって会社役員が被る経済的損害を補償する保険。
個人情報漏えい保険	個人情報が漏えいし、法律上の損害賠償責任を負担することによって被る被害と、謝罪広告やお詫び状作成費用等の事故対応のために支出した費用損害を補償する保険。
生産物賠償責任保険 （PL保険）	第三者に引き渡した物や製品、業務の結果に起因して賠償責任を負担した場合の損害を、身体障害または財物損壊が生じることを条件としてカバーする賠償責任保険。
取引信用保険	取引先企業の倒産・法的整理や遅延等による貸倒れ損害に対して保険金が支払われる売掛債権保全のための保険。
団体長期障害所得 補償保険（GLTD）	団体保険の一種で、病気やケガにより長期間に渡って就業が不能になったときの所得を補償する企業の福利厚生制度。
労災上乗せ保険	従業員またはその遺族への上乗せ補償を保険会社が肩代わりするとともに、その補償の額を超えて企業が法律上の賠償責任を負わされることとなった場合に保険金が支払われる保険。
IT賠償責任保険	IT事業者（被保険者）の過失によって、ユーザーから損害賠償請求されるリスクからIT事業者を守る保険。
外航貨物海上保険	海上・航空輸送中に遭遇する火災、爆発、船舶の座礁・乗揚・沈没または転覆、盗難、破損等の偶然な事故によって生じた損害を補償する保険。

⑷　第三分野保険

　生命保険会社または損害保険会社のどちらでも商品販売が可能な保険であり、図表 2-1-27のような種類がある。

図表 2-1-27　第三分野保険の種類

種類	内容
医療保険	医療機関の受診により発生した医療費について、その一部または全部を保険者が給付する仕組みの保険である。
がん保険	民間医療保険のうち、原則としてがんのみを対象として保障を行うもの。

【2】　法人のリスクと必要保障額

1　法人のリスクと必要保障額の算定

　会社のオーナー経営者である場合、法人としては事業保障リスクと相続リスクを負っている。事業保障リスクは図表 2-1-28の通り、会社規模の拡大と共

に増加し、優秀な後継者不在の場合は現経営者の引退年齢後も増加し続ける。

図表 2 - 1 -28　事業保障リスク

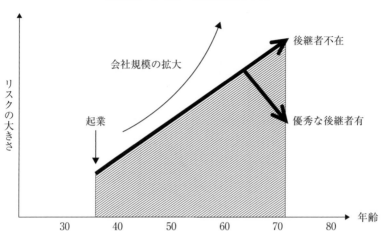

相続リスクは図表 2 - 1 -29の通り、会社規模の拡大、個人財産の拡大、年齢と共にリスクが増加する。

図表 2 - 1 -29　相続リスク

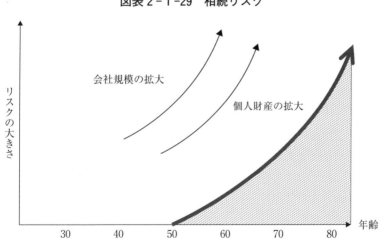

図表 2 - 1 -30の通り、「総リスク＝事業保障リスク＋相続リスク」となり、①顧客がどのステージにいるか、②総リスクを個人契約、法人契約の生命保険

でいかに配分するかが重要になる。相続リスクは個人契約の生命保険で保障し、事業保障リスクは法人契約の生命保険で保障することが考えられるが、相続リスクも合わせて法人契約の生命保険で保障することも考えられる。

図表2-1-30　総リスク

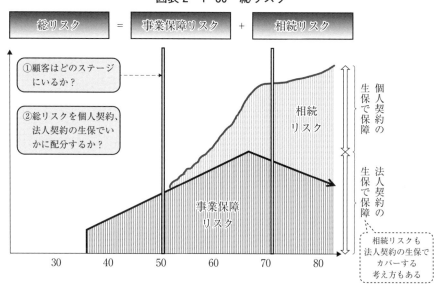

⑴　**事業保障リスク**

①　**経営者死亡時の信用リスク、営業力低下に伴う資金繰り悪化リスク**

　代表取締役が死亡しても、事後の経営は何ヶ月間かの事業資金が確保できれば経営は何とか維持継続できる場合で、その後の事業継続資金が枯渇するリスク。

　ただし、この前提としては、現代表者が死亡しても後継者がすでに存在するかその候補が存在することである。それを生命保険でカバーする場合、どの程度の割合まで代表者の死亡保険金でカバーするかが問題となる。すなわち、将来の事業継続資金の発生に対し、留保している預貯金等の資産も通常は存在すると考えられるためである。一方、必要なリスク額全額を生保で準備することはコスト的に非効率になる。

②　**事業清算リスク**

　適切な後継者が存在せず、現在の事業は自分限りと経営者が考えているような場合、急に経営者が死亡すると、借入金がなくとも、仕入債務、従業員の給

与、退職金、未払税金・社会保険料等などの支払いに充てるための資金が必要になる。内部留保資金が十分に存在すれば問題ないが、そうでない場合、円滑に事業清算ができなくなるリスクがある。事業を清算する手続は別としても、清算資金が不足するというリスクを遺族に残したくないため、保険の加入など適切な対策の検討が必要となる。

(2) 相続リスク

① 事業承継・相続税納税リスク

中小企業のオーナー経営者が死亡した場合、子息または同族に当該企業の維持成長を委譲することができる適任者が存在したとしても、自社株式を相続するための納税資金に苦慮するケースも多く見受けられる。この場合、自社株式の納税猶予の規定を活用し、自社株式相続に関わる相続税、贈与税の納税猶予を選択することが考えられる（事前の手続きが必要。詳細は第4編第2章「事業の承継（親族内）」を参照）。

あるいは、例えば、自社株式を相続した後継者が承継した自社株式を法人に売却し、その資金で相続税の納付を行うこともできる。その際、相続が発生してから3年10ヶ月以内にその株式を発行会社に譲渡した場合には、譲渡差額はみなし配当所得として総合課税の対象とはならず、20％申告分離の譲渡所得となる特例がある。

また、不動産等の流動性の低い資産で運用している場合、相続発生時に、流動性の欠如から相続税納税が困難になるリスクがある。

事業承継・相続税納税リスクへの対応方法として、流動性の高い金融資産を準備しておくことが考えられるが、資金的にすべてを金融資産で準備することが困難であることも考えられる。そのような場合、保険を有効活用することが考えられる（法人で加入する場合は、一部損金算入等による税メリットを享受することができる）。

② 役員死亡退職金、弔慰金を支払うリスク

経営者の死は、家庭においては大黒柱の喪失であり、残された家族が安心して生活を送るための資金に、即、不足をきたすことになる。また、経営者の死は、自社株式の評価を通じて相続税の納付を発生させる。そのため、役員死亡退職金、弔慰金は、経営者の過去の役員としての就業に対する功労であるとともに、受け取った家族から見たときは、上記の生活費の支払いや、相続税の納税原資となる。

131

2　法人のリスクと保険の役割

　企業経営者を取り巻くリスクは、前述の２つに大別される。それぞれのリスクがいつまでに顕在化するかにより、そのリスク量、期間に合わせた生命保険の加入が望ましく、そのリスクが発生する可能性のある期間を超えて生命保険に加入することは、他に目的がなければ会社の資金を無駄に費消していることになる。なお、ここで考えられる「他の目的」とは、資金積立てと課税の繰延べである。

　これら２つのリスクを軽減する保険としては終身保険、定期保険、更に多様な定期保険、例えば、100歳満了の長期定期保険、更に逓増定期保険、また保障期間中の解約返戻金の多少により低解約返戻金タイプの定期保険が考えられる。

　図表２−１−31は、法人の２つのリスクに対して、適切と考えられる生命保険を整理したものである。

図表２−１−31　　リスクに対して適切と考えられる生命保険

法人リスク		保障額	保障期間	保険種類
(1) 事業保障 リスク	①事業継続のための資金確保（後継者の存在）	事業の拡大に伴い保障額逓増。後継者の成長とともに逓減。	代表取締役社長退任まで	定期保険 逓増定期
	②事業清算のための資金確保	定額	会社清算まで	定期保険 100歳定期
(2) 相続リスク	①事業承継資金・相続対策資金の確保	定額または逓増	相続発生まで	終身保険 100歳定期
	②死亡退職金・弔慰金の支払資金確保	役員在任期間の増大とともに逓増。	役員退職まで	逓増定期 100歳定期

(1)　事業保障リスク

①　事業継続のための資金確保

　事業継続のための資金確保は、営業資金を何ヶ月分確保するかという問題であるため、一般的には事業の拡大とともに必要額は増加するが、後継者の成長とともに代表取締役の影響力が小さくなるため、必要保障額は減少する。したがって、代表取締役の退社（例えば、70歳）または後継者へのガバナンスの委譲時期までを保障期間とする定期保険または逓増定期保険が適当であるといえる。定期保険を選択するか逓増定期保険を選択するかは、前者は保険料の一定割合が損金扱いとなる点を重視するか、後者は解約返戻金を勇退退職金の支払

原資に充当できる点を重視するかによって選択すべきことになる。

② **事業清算のための資金確保**

事業清算のための資金確保は、後継者が存在せず、現在の事業は自分限りと考えられるため、例えば、100歳満了定期保険のような保障期間が長期のものが適している。

⑵ **相続リスク**

① **事業承継資金・相続対策資金の確保**

事業承継資金・相続対策資金の確保については、後継者が相続した自社株式を会社で買い取るための資金は生命保険金を原資にするため、100歳満了の定期保険または終身保険がフィットする。

② **死亡退職金・弔慰金の支払資金確保**

死亡退職金・弔慰金の支払資金確保については、支払額は役員退職金の計算方法が最終報酬倍率方式の場合、役員在任期間とともにその額は増加していくため、役員退職予定年齢、例えば、70歳までを保障期間とする逓増定期保険が適していると考えられる。ただし、70歳時に生存退職金を収受することも大いに考えられるため、100歳満了の定期保険を70歳時に解約し、その解約返戻金を生存退職金の支払原資の一部として支払うプランも考えられる。

Column 2-1-9

保険契約に係る支払調書

被相続人の生命保険契約に関する権利（契約者＝被相続人と被保険者が異なる場合等）は、相続人が相続する際、死亡保険金等が支払われないため、相続税申告において、漏れることがあった。

そこで、2018年1月から、①死亡した保険契約者およびそれを引継いだ新保険契約者等の氏名・住所、②死亡した保険契約者等の払込保険料等を記載した支払調書を生命保険会社が税務署に提出しなければならなくなった。

相続税申告においては、生命保険契約に関する権利に限らず、相続財産に漏れが生じないよう、留意する必要がある。

Column 2-1-10

定期保険等の保険料に相当多額の前払部分の保険料が含まれる場合の取扱い

　解約返戻率の高い商品の保険料を損金算入することによる行き過ぎた法人の節税（経営者保険等）を制限するため、2019年10月8日から下記のように改正された法人税基本通達が適用されている。節税一辺倒ではなく、保険本来の保障機能等に立ち返った顧客への提案が望まれる。

最高解約返戻率	資産計上期間	資産計上額	取崩期間
～50％	原則として、期間の経過に応じて損金の額に算入する。		
50％超～70％	保険期間の開始の日から、当該保険期間の100分の40相当期間を経過する日まで	当期分支払保険料の額に100分の40を乗じて計算した金額^{（※）}	保険期間の100分の75相当期間経過後から、保険期間の終了の日まで
70％超～85％		当期分支払保険料の額に100分の60を乗じて計算した金額	
85％超～	原則として、保険期間の開始の日から、最高解約返戻率となる期間の終了の日まで	当期分支払保険料の額に最高解約返戻率の100分の70（10年目までは100分の90）を乗じて計算した金額	原則として、解約返戻金相当が最も高い金額となる期間経過後から、保険期間の終了の日まで

（※）　被保険者一人あたりの年換算保険料相当額が30万円以下となる契約は、全額損金算入が可能。

例題 2-1-1

　正しいものに○、誤っているものに×を付けその理由を説明しなさい。
① 後期高齢者医療制度は、原則として、75歳以上が対象になり、自己負担割合は2割（現役並み所得者は3割）である。
② 法人の事業承継資金・相続対策資金の確保については、後継者が相続した自社株式を会社で買い取るための資金は生命保険金を原資にするため、100歳満了の定期保険または終身保険がフィットする。

① 　×　後期高齢者医療制度の自己負担割合は1割（一定以上の所得者は
　　　　2割、現役並み所得者は3割）である。
② 　○　問題文の通り。

本章のまとめ

●顧客財産の状況を把握するために、顧客の貸借対照表、ライフイベント表、
　キャッシュフロー表（収入は手取り額ベース）を作成する。特に、顧客の
　貸借対照表を作成する際には、相続税の概算額を把握し、将来債務として
　とらえることが重要となる。

●顧客が企業オーナーの場合には、事業の種類により顧客の属性を分類でき、
　その属性により、顧客のリスク許容度やニーズが異なることに留意して提
　案することが必要である。

●ライフイベント表、キャッシュフロー表の作成などを通じ、顧客やそのファ
　ミリーが生涯において達成したい目標を明確にし、顧客の全体最適の観点
　から対策を提案することが必要である。

●リスクの種類別に個人のリスクと必要保障額の算定方法を理解し、適切と
　考えられる生命保険の加入を提案することが必要である。

●会社のオーナー経営者である場合、事業継続資金の確保、事業清算資金の
　確保、事業承継・相続税対策、死亡退職金・弔慰金支払資金の確保といっ
　た法人の負っているリスクの種類に応じて、適切と考えられる生命保険・
　損害保険の加入を提案することが必要である。

第2章　金融資産の運用

第1節　資産運用の実際

学習ポイント

●顧客の投資経験、金融資産運用ニーズ（期待利回り、投資期間、投資対象、投資予定額）、リスク許容度を把握するなど、状況に応じた的確なアドバイスの基本を理解する。

【1】　総合提案書における資産運用

　プライベートバンカーは、顧客とその一族に対し、税務面や法務面は無論、家族のつながりや一体性を強化し全体最適な総合提案書を作成することが求められている。総合提案書は、ファミリーミッションと現状分析、相続・事業承継と資産運用における提案、モニタリングという3つの部で構成されている。本章では、総合提案書における資産運用のうち、金融資産に焦点を当てて解説する。ただし、プライベートバンカーは、顧客の金融資産だけでなく実物資産である不動産等についても把握しておく必要がある（第2分冊第2編第3章「不動産の運用」を参照）。

　以下、資産運用との関係において実際に顧客とのかかわりの中で押さえておきたいポイントについて解説する。

　更に、事業に目を向ければ家族だけでなく、後継者、更には雇用者を含めた人的資産をどのように活用すればよいか、事業や商品の成長サイクルを考慮すれば新規開発や撤退すべき事業や商品があるかもしれない。財的資産、人的資産のいずれもキャッシュフローに影響するという観点から配慮すべきである。資産運用ではこれらの要因がキャッシュフローの制約となる。以上のようなポイントを幅広く踏まえたうえで、顧客に対し総合提案を行う。

　ファミリーミッションを達成して余生は個人的な趣味や社会貢献に身を投じることがゴールである場合がある。その実現のための時期、必要なキャッシュフローを含めた広い意味でのリスク許容度を基本ポートフォリオに反映させる必要がある。更に、ゴールも変化することで数年後には基本ポートフォリオの

変更として、新たに顧客との合意を得るプロセスも必要となろう。プライベートバンカーは、顧客、家族、一族の人生にかかわる職業である。

　総合提案書は、顧客とのコミュニケーションの結果をまとめたものであり、顧客との合意事項である。したがって、提案の段階と合意を得た段階での総合提案書は、明確に判別できるようにしなければならない。本来、運用はリスクをともなうものであり、損失が生じた場合は、顧客からの訴訟リスクもある。したがって、どのようにアドバイスし、その結果、顧客と何を合意したか、プロセス管理が大切である。特に、プライベートバンカーが金融商品取引法など法令に基づく許認可を受けているかどうか、つまり、法的な制約の中でどこまで踏み込んだアドバイスを行えるかの検討も必要となる。状況に応じて投資助言業者や投資一任業者を紹介したりすることも考慮する必要がある。この場合でも紹介責任があると考え、総合提案書に記載されている目標設定や資産配分方針どおりの運用が行われているかいないかを第三者の目でモニタリングすることを忘れてはならない。

図表 2-2-1　金融資産運用における総合提案書[※]の役割

目標の設定	顧客の投資期間、リスク許容度、投資経験などを踏まえ、明確で定義可能な期待収益率の設定、期待収益率とリスク（標準偏差）の分析、投資のガイドラインの設定を行う。
資産配分方針の決定	分散投資を実現し、顧客のファイナンシャルゴール、リスク許容度に即した資産配分を実現するための資産配分方針を決定するとともに、投資適合性診断結果に基づき、投資対象とする資産クラス、投資対象から除外する資産クラスを確定する。
運用管理手続きの確立	運用する資産クラス、金融商品の選択、インデックス対比での運用成績の評価等の運用管理手続きを確立する。
コミュニケーション手続きの確立	運用に関わるすべての関係者間で、運用のプロセスとファイナンシャルゴールに関するコミュニケーションを行うための手続きを確立する。

（※）　上記のように、投資目標、資産配分、運用管理、顧客とのコミュニケーション等に関する顧客との合意事項をまとめた提案書は、「投資政策書」と呼ばれる。
（出所）　公益社団法人日本証券アナリスト協会

【2】　顧客のファイナンシャルゴール

　リスク許容度や各資産の期待リターン、標準偏差、相関係数さえ決まれば、理論的には最適なアセット・アロケーションは決定できる。ただし、プライベートバンカーは単なる運用の専門家にとどまらない。リスクの高いポートフォリオを選択すれば、下振れリスクも大きくなる。実際に下振れして必要なキャッ

シュフローが確保できない場合には顧客の信頼を失うことになる。これはリスク許容度を考慮した基本ポートフォリオではないし、本来の分散投資の意義を見失った運用であろう。最適なポートフォリオの算出は対象資産が増加すればそれだけ複雑となる。リターンの実績値としてどの期間を取るかによって、予測リターンも異なってくる。ましてや、予測数値である期待リターン、標準偏差や相関係数の正確な推定は難しい。

　長期の運用可能資金が、資産の半分以上見込める場合の最適なポートフォリオとして、専門家が作成したもので、公表されているデータとして**年金積立金管理運用独立行政法人**（GPIF；Government Pension Investment Fund）[1]の基本ポートフォリオがある。各アセットクラスの中身が異なるので単純に適用はできないが、参考となるだろう。

　実務においては、むしろ相続税や事業の状況を踏まえた顧客のライフプランニングから算出された必要キャッシュフローを最優先して目標値を設定し、最適ポートフォリオと無リスク資産との割合をどのようにすべきかを顧客と相談の上に慎重に決定していくプロセスが重要といえる。基本ポートフォリオの決定プロセスの中でどのようにリスク許容度を反映させるか、つまり、顧客の**ファイナンシャルゴール**を達成するための運用であることを忘れてはならない。この考え方は、最近投信業界で普及してきているゴールベースアプローチと呼ぶコンセプトと本質的に全く同じである。

　顧客のリスク許容度に関しては、運用対象期間、保有資産の流動性、負債依存度、収入・支出の見積り、保険、運用に対する考え方、期待収益率と予想リスク等に重点をおき情報収集する。運用対象期間については、顧客の運用資産を、①必要生活資金、②5年間程度の中期運用可能資金、③10年程度の長期運用可能資金、に分類し、②と③の期間別のリスク許容度（許容金額）を確認することも有効である。なぜなら、リスク資産には、適している投資期間があることによる。例えば、株式は、Siegel（2014、巻末の参考文献参照）やCampbell（2001、同）の分析にあるように、平均回帰性があり、短期的には株価の変動があっても、長期的には平均値に近づいていく。つまり、短期的には評価損益が大きく変動するが、長期に運用すれば、高いリターンが得られる、という傾向がある。リスク許容度を投資期間別に把握すれば、投資期間ごとのリスク資

---

[1]　厚生労働大臣から寄託された年金積立金の管理および運用を行うとともに、その収益を年金特別会計に納付することにより、厚生年金保険事業および国民年金事業の運営の安定に資することを目的に設立された。

産の保有限度およびポートフォリオのリスク許容度が計算できる。

　このように考えれば、顧客のキャッシュフローの把握が、期間ごと資産ごとのリスク許容額の理解のために重要となる。プライベートバンカーは家族のライフプランにとどまらずファミリーミッション・ステートメント（FMS）[2]を考慮した運用をする必要がある。ファミリーミッションの中で大きくキャッシュフローに影響するのが事業承継である。自社株の買取りや相続、事業承継、それにともなう経営者の退職金、そして、結果としての事業資金の減少対策などはファミリー企業の事業運営にも関わることである点にも留意する必要がある。

図表2-2-2　ファミリーガバナンスの基本構造

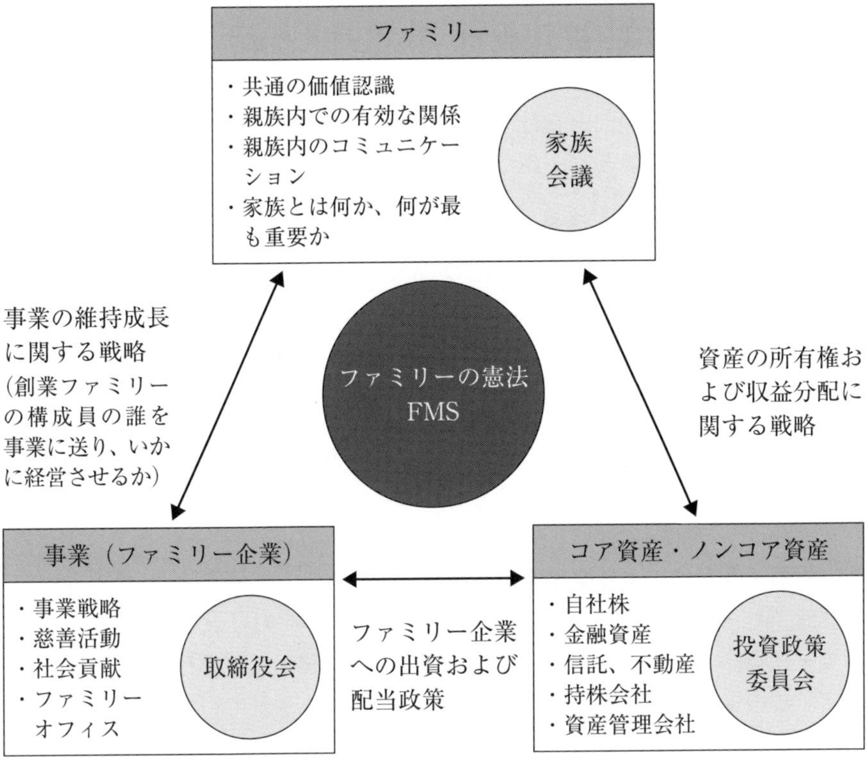

（出所）　公益社団法人日本証券アナリスト協会

---

[2]　ファミリーミッション・ステートメント（FMS）とは、特定の個人や夫婦、ファミリー、またはその同族企業の「行動方針」で、価値観、目標を記述したもの。

【3】　顧客への運用アドバイス

　運用アドバイスを顧客がどこまでプライベートバンカーに期待しているのか、その立ち位置をはっきりとさせなければならない。運用での立ち位置とはプライベートバンカーと顧客それぞれが行う役割のことである。顧客がプライベートバンカーに資産運用のすべてを一任するのか、それとも、プライベートバンカーのアドバイスだけに限定するのか、そのタイミングはいつにするか、モニタリングはどうするかである。

1　投資助言契約により業務を行う場合

　投資信託での運用を嫌い自らが相場観をもって運用してきた顧客が、個別銘柄の選択や売り買いのタイミングのアドバイスを望む場合、プライベートバンカーは金融商品取引法に基づく投資助言業者として登録し、**投資助言契約**を締結することになる。プライベートバンカーが助言業者の場合、最終的には顧客の判断で顧客が実際の取引を行うことが必要となる。投資一任契約での運用と異なり信託契約を必要としないため、運用コストは小さくなる。

図表2-2-3　投資助言契約

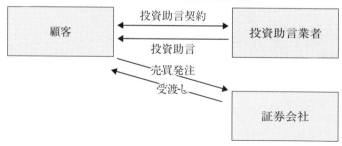

2　投資一任契約により業務を行う場合

　プライベートバンカーやその組織が投資一任業者[3]の登録を受けていれば、**投資一任契約**（投資顧問契約）を締結して一任で運用判断を行うことが可能となる。この場合、顧客資産の管理を行うことは禁止されているので、信託銀行と顧客が信託契約を締結し、顧客、信託銀行、運用者の三者が契約を締結するようにしなければならない。なお、信託報酬等のコストがかかるために相応の

---

[3]　2007年9月30日に施行された金融商品取引法の下で、投資顧問業は、投資運用業、投資助言・代理業と法律上の呼称、位置づけが変わり、業務分野の拡大・多様化が進んでいる。日本投資顧問業協会のウェブサイトを参照。

資産規模が必要となる。一方で運用者（投資一任業者）と資産の管理者（信託銀行）を別々にすることで記帳の正当性を担保し、費消事故を防止することができる。また、信託銀行は自己の資産と顧客の資産を分別管理しているので信託銀行が破産しても、分別管理された顧客の資産は破産財産と区別される[4]。

図表 2 - 2 - 4　　投資一任契約

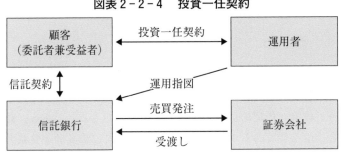

3　投資信託により業務を行う場合

　投資信託とは、不特定多数の投資家から資金を集め、その資金をプールして、運用の専門家が株式や債券、外貨建て資産、不動産などで運用し、その運用成果に応じて収益を分配する金融商品をいう。投資信託の種類には、主に有価証券を組み入れて運用する証券投資信託のほかに、不動産を中心に運用する不動産投資信託やさまざまな投資信託に投資するファンド・オブ・ファンズなどがある。顧客自身が直接不動産で分散投資を行うには大きな金額を必要とするが、投資信託では容易に分散投資が図れる。

　投資信託は、運用次第で預貯金以上のリターンを得ることができるが、一方で元本割れするリスクもある。そのため、投資にあたっては自己責任の原則が重要になる。

---

[4] 1997年から2001年の一連の保険会社の破産により企業年金を委託していた基金が契約していた資金を取り戻せなかったことで分別管理の必要性が高まった。その後、生命保険会社はソルベンシーマージン比率（保険会社が、「通常の予測を超えたリスク」に対して、どの程度「自己資本」、「準備金」などの支払余力を有するかを示す健全性の指標。金融庁ウェブサイト参照）を公表し資産の健全性を高めるとともに、生命保険保護機構を設立して信頼の確保に努めている。

図表2-2-5　投資信託

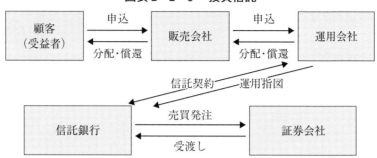

投資信託と投資一任契約が異なる点は、信託契約の委託者が投資信託は運用会社であり、投資一任契約は資金提供する顧客であることである。顧客は投資信託の場合、受益者であるが、投資一任契約であれば委託者兼受益者である。このため、投資信託の顧客は取次を行う販売会社を通じて申込みを行い、投資信託を購入し、受益者として分配金や償還金の交付を受ける。つまり、運用会社の運用方針に基づく運用商品を購入する。

一方、投資一任契約では委託者でもあるので、一年の運用の結果の収益を受ける（払出し）のか再投資する（元加）のかを選択できる。更に、運用方法や運用対象資産、運用制限などを運用ガイドラインで規定することもできる。また、運用を委託した運用者（投資一任業者）の変更も比較的容易である。つまり、投資信託は既存の商品ラインナップの中から適した商品を選択し購入するのに対して、投資一任契約はいわばオーダーメイドの商品である。投資信託が小口の資金から申込が可能な商品であるのに対して、投資一任契約は数十億円単位[5]でなければ運用者（投資一任業者）が申込を受け付けない場合があるため注意が必要である。

両者の中間的な位置づけとして、セミオーダーメイド商品といえるのが、募集対象の投資家を限定した私募投信（募集形態が私募[6]の投資信託）である。

---

[5]　受託資産によって異なる。株式などは数億円から受託は可能であるが債券投資であれば50億円以上など運用会社によって異なる。日本投資顧問業協会ウェブサイトの投資運用会社の要覧を参照されたい。

[6]　金融商品取引法では適格機関投資家私募、特定機関投資家私募、少人数私募が規定されている。金融庁への届け出事務が軽減されるなどメリットがある。私募は新しく有価証券を発行する際に、不特定多数を対象に募集することを前提にしている公募と対になる言葉である。

次の表は投資信託の純資産残高であるが私募投信の残高が大きく増加していることがわかる。

図表 2 - 2 - 6　投資信託の純資産総額の推移

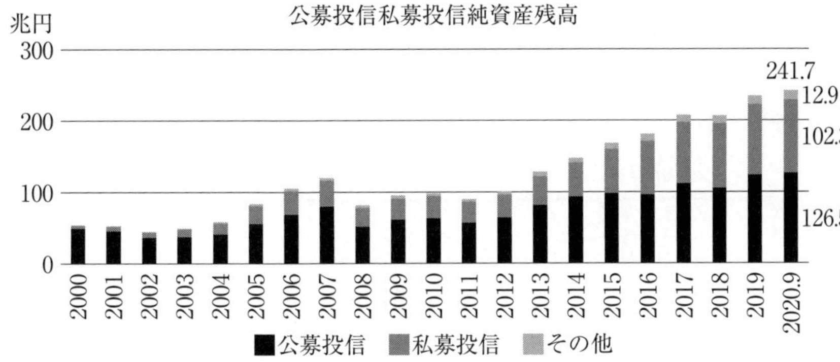

公募投信私募投信純資産残高

兆円

（出所）　投資信託協会「投資信託の主要統計」

4　プライベートバンカーの役割

　資産運用でのプライベートバンカーの役割は、顧客であるファミリーがミッションをクリアするために行おうとしている運用がリスク許容度から考えて適切かどうか、具体的には顧客が将来必要とするキャッシュフローの準備が適切に行なわれているかどうかを冷静にアドバイスすることである。プライベートバンカー自身や所属する組織の法的な立場（ライセンス取得状況）に応じて顧客へのサービスは制約される。この制約の中で顧客との合意を得て最大限のサービスに努めなければならない。

　運用面ではアセット・アロケーション効果が銘柄選択効果よりも圧倒的に大きくパフォーマンスに影響する。そこで、銘柄選択は専門家に任せてアセット・アロケーション効果のアドバイスに注力したい場合は、複数の投資信託を組合わせ、基本ポートフォリオを実現する方法がある[7]。

---

[7]　理論的には分離定理に基づいた基本ポートフォリオと無リスク資産との組合わせである。その無リスク資産への配分は顧客の将来キャッシュフローを考慮し、基本ポートフォリオは効率的フロンティア上にある接点ポートフォリオとなる（本章第 2 節【2】2 参照）。しかし、そもそも市場は効率的なのかどうか、ましてや、期待リターンや相関係数は将来の予測値である。したがって、経年変化をフォローし予測精度をあげる努力が必要となる。

例題 2 − 2 − 1

　長男に事業を完全に承継した70歳の創業者の現在の金融資産として、預金が 5 億円あるとする。総合提案書を作成する中で、金融資産のなかで海外・国内の株式投資にいくら程度投資することが可能か検討したい。予想キャッシュフロー分析をするに当たって、顧客からヒアリングしなければならない項目、自分が分析しておかなければいけないと思われる項目例を、思いつくだけ列挙しなさい。

解答・解説

解答（例）
（毎年の収支関係（税引き後ベース））
　不動産収入、年金収入、企業からの顧問料、内外預金債券からの想定金利、内外株式の想定パフォーマンス（配当全額再投資の前提で可）、毎年の夫婦の支出金額等
（臨時支出）
　財団等への寄付金の金額・想定時期、暦年贈与金額、孫への教育資金贈与金額・想定時期等
（相続関係）
　一次相続時相続税支払額、二次相続時相続税支払額、相続時期はいつでも可能性ありと想定。一次相続時の妻に残さなければならない余裕金。
（10年目の余裕資金計算）
　とりあえず株式パフォーマンスを期待しない前提で、20～30年間の予想キャッシュフロー表を作成し、10年目の余裕資金を計算。
（株式投資可能資産の決定）
　10年目の余裕資金を株式投資可能資金とする。

第 2 節　ポートフォリオ理論

学習ポイント

- ●リスクと期待利回りの関係性（ハイリスク・ハイリターンとローリスク・ローリターン）を理解する。
- ●リスクについて正規分布、分散、標準偏差等の概念を用いて理解する。また、ファット・テール（正規分布と異なり、かけ離れた事象の発生頻度が高まる状況）等の概念を理解し、正規分布での想定以上に価格の大幅な変動が起こり得ることを知る。
- ●効率的フロンティア、分離定理、CAPM（資本資産価格モデル）の概念等を知る。
- ●ポートフォリオのリスク低減効果を、相関係数等の概念を用いて理解する。
- ●銘柄分散による固有リスクの低減効果について理解する。
- ●シャープレシオ等の指標の意味を理解する。
- ●アセット・アロケーション（資産配分）決定のプロセスを理解する。
- ●アセットミックス（基本ポートフォリオ）について理解する。
- ●分散投資効果を発揮するうえでの国際分散投資の重要性を理解する。
- ●コア・サテライト運用（リスクを抑制した安定運用と適度にリスクテイクした積極運用に分けて運用する）の概要を知る。
- ●リバランス（資産の再配分）の意義と方法を理解する。

【1】証券投資のリスクとリターン

1　リスクとリターンの基本概念

　将来価値である銀行預金の元本と利息は銀行が倒産しない限り、確実に得られるので不確実性はない。しかし、株式、債券、不動産など世の中にある資産の多くは、その将来価値が不確実である。一般的に不確実性のある資産の将来価値を計算する場合には確率変数の概念を取り入れる必要がある。確率変数とは、発生する可能性のあるすべての値にその値が発生する確率が与えられている変数のことである。例えば、株価や債券価格のリターン（収益率）は通常、確率変数として表現される。

　リターンとは、資産運用（投資）において将来得られる可能性のある収益を

投資金額で割って求められる。将来の収益の源泉としては、大きく分けて、利息や配当などの「インカムゲイン」と、売却益や差金決済益[8]などの「キャピタルゲイン」（損失の場合はキャピタルロス）の2つがある。投資においては、この両方を合わせた「トータルリターン」を考えることが重要になる。利回りはトータルリターンを投資金額で割ることによって求められる。

　ここで若干脇道にそれるが、確率変数について補足的に説明する。確率変数の特徴は、全体を期待値と標準偏差という2つの数値によって把握できることである。確率変数の中心の値を期待値（平均値ともいう）、また、発生する可能性のある値が中心の値である期待値からどれだけ散らばっているかの程度を示す値が標準偏差と呼ばれている。

　リターンは確率変数であるので、その期待値は期待リターンという。期待リターンは、ある証券またはポートフォリオに投資した時のリターンの平均を意味する。期待リターンは資産に投資する際の意思決定に使われる重要な情報である。例えば、投資家がある資産に投資した結果その運用から将来得られると期待する平均的なリターンは期待リターンであり、要求リターンとも呼ばれている。同時に、期待リターンは資産の現在価値を理論的に考える際にも重要な役割を果たす。証券の価格は、将来得られるキャッシュフローの**割引現在価値**[9]であり、将来得られるキャッシュフローを確率変数と考えると、現在価値は期待値（平均値）を元に求められる。

　リスクとは、資産運用（投資）において、将来のリターン（収益率）に不確実性（変動性）があることをいう。一般に投資の世界におけるリスクは、結果が不確実であることを意味し、損失と利益の両方の可能性を含む。また、その結果（損益）の変動幅が小さければ「リスクが低い」、一方で変動幅が大きければ「リスクが高い」という。したがって、日常使用されるリスクという用語とは異なる。利益の幅が大きい場合も「リスクが高い」と表現されることに注意しよう[10]。通常ローリスクでハイリターンの投資商品は存在せず「絶対確実ですごく儲かる」といった投資話は存在しない。

---

[8]　差金決済損益とは現物の受け渡しを行わないで、反対売買によって生じた差額のみの受け渡しをする取引で生じる損益。

[9]　割引率を使用して将来価値を現在の価値に引き直したもの。

[10]　期待リターンを下回る場合はダウンサイド・リスク、上回る場合はアップサイド・リスクという。

　一般に投資の世界では、合理的な経済人のリスク回避型の効用[11]に基づく行動により、ある情報のもとでは、リスクが大きい投資に対しては、投資家の要求リターン（期待リターン）は大きくなる。効率的な市場では、新しい情報に基づき、価格が瞬時に修正される。従って、大きなリターンを期待すれば、リスクが大きい証券に長期投資せざるを得ないことになり、逆にリスクを小さくしたければ、リターンもその分小さくなるという「トレードオフ」の関係が成り立っている。これにより、基本的な運用商品の種類は、ハイリスク・ハイリターン型、ミドルリスク・ミドルリターン型、ローリスク・ローリターン型の3つのタイプに分けられることになる。

2　分散投資の基本概念

　分散投資とは、運用手法の一つで、価格変動リスクを低減するために、投資資金を複数の投資対象に分散して運用することをいう。これには、資産分散や銘柄分散、業種分散、地域分散、通貨分散などがあり、また投資する時期をずらす時間分散という考え方もある。一方で、分散投資と対照的な投資手法に集中投資がある。これは一つ（少数）の投資対象や、ある特定の時期に、一度に投資することをいう。

　資産運用において、投資資金を複数の投資対象に分散させると、仮に投資対象の一つが値下がりしても他の投資対象でカバーできる可能性が高いため、**ポートフォリオ**[12]全体の値動きを安定させる（リスクを低減する）効果が期待できる。このように投資対象のリターンが同じ方向に振れるわけではないことからポートフォリオを組むとリスクを減らすことができる。リターンが同じ方向に振れやすいかどうかは、相関係数（後述）と呼ばれる相関の程度で決まる。リターンをより安定させるという意味で、分散投資は中長期の投資スタイルに向いているといわれる。

---

[11]　財・サービスを消費した時に得られる満足度を効用という。

[12]　ポートフォリオ（Portfolio）とは、英語で「紙ばさみ」や「折りかばん」といった意味で、海外では有価証券を紙ばさみに挟んで保管することが多かったことから、資産構成や有価証券一覧などをポートフォリオと呼ぶようになった。金融用語としてのポートフォリオとは、運用資産の構成（組合わせ）のことを意味する。

「全部の卵を一つのカゴにいれるな」

一つに
投資した場合

複数に
投資した場合

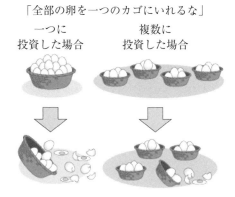

3　ポートフォリオのリスク

　証券投資におけるリスクとしては、信用リスクや市場リスクがある。市場リスクとは、リターンのばらつき度合いであり、リターンの平均からの乖離の大きさのことである。これを測る尺度としては、一般に**分散**や**標準偏差**が用いられる。平均からの散らばり具合（偏差）が大きければ大きいほどリスクが大きいと定義する。しかし、以下説明するように、偏差を合計してみるとゼロとなり、リスクが大きいものも小さいものもその差が生じない。

　以下のように、リターンの平均は同じだが、ばらつき度合いに差がある 2 つのポートフォリオ A と B を考えてみる。

図表 2 - 2 - 7　ポートフォリオ A、B のそれぞれのリターンと平均（％）

	①	②	③	④	⑤	平均
ポートフォリオ A	3	1	－ 1	5	2	2
ポートフォリオ B	－ 10	9	15	－ 8	4	2

　ここで偏差（平均からの乖離）を単純に合計してみればゼロとなり、リスクが大きいものも小さいものもその差が生じない。
A の偏差の合計：
$$(3-2)+(1-2)+(-1-2)+(5-2)+(2-2)=0$$
B の偏差の合計：
$$(-10-2)+(9-2)+(15-2)+(-8-2)+(4-2)=0$$
　そこで 2 乗することで偏差の符号をなくし、それらを合計することで分散を

求める。分散の平方根をとることで2乗した数値をもとに戻せば標準偏差が得られる。標準偏差はリターンの単位と同じパーセント（％）で表される。

　　Aの分散　$(1^2+(-1)^2+(-3)^2+3^2+0^2)\div5=4$

　　Bの分散　$\{(-12)^2+7^2+13^2+(-10)^2+2^2\}\div5=93.2$

　　Aの標準偏差　$\sqrt{4}=2$

　　Bの標準偏差　$\sqrt{93.2}=9.65$

　つまり、リスクの概念はリターンとその平均からの乖離で測られ、標準偏差を用いればリターンと同じ単位であるパーセント（％）で表記可能となる。

$$分散=\frac{1}{n}\Sigma(個々のリターン-期待リターン)^2$$

　（nはデータの総数、Σ（シグマ）は総和を表す）

標準偏差$=\sqrt{分散}$

　また、将来のリターン[13]のばらつき度合いが**正規分布**に従うという考え方[14]を前提にすると、将来発生するリターンの範囲を確率的に把握することができる。この場合の将来のリターンは、次のようになる。

・約68％の確率で、期待リターン±1標準偏差の範囲に収まる

・約95％の確率で、期待リターン±2標準偏差の範囲に収まる

・約99.7％の確率で、期待リターン±3標準偏差の範囲に収まる

　例えば、平均リターンが3％でリスクが2％であるとき、期待リターンは、

・3％±1×2％であるから1％と5％の範囲に約68％の確率で収まる

・3％±2×2％であるから−1％から7％の範囲に約95％の確率で収まる

・3％±3×2％であるから−3％から9％の範囲に約99.7％の確率で収まる

---

[13] 実績リターンと期待リターン、実績リスクと期待リスクの違いに注意を要する。過去の実績数値の計測から将来の予測である期待リターンを予測することが多い。その場合、過去の経済環境と将来の経済環境は必ずしも同一ではないので、いくつかのシナリオを考えるのが妥当である。つまり、将来の予測数値の場合は生起確率（ある事象が発生すると予想される確率）を乗じることで期待リターンや期待リスクが計算可能となる。

[14] 正規分布に従うためにはそれなりのデータ数が必要となる。ある証券のリターンの実績データをどのくらい集めれば正規分布に近似したヒストグラム（対象のデータを区間ごとに区切り、各区間の数値のばらつきを表現したグラフ）となるかを体験するとよい。このことから将来発生する収益性の範囲を確率的に把握するには短期のデータではなく長期のデータが適することがわかる。

　このように計算が簡単にできて説明しやすい。ただし、大切な前提がある。それは標本数が多いほど、ばらつき度合いは正規分布に従うということである。株価などのリターンのデータ数、すなわち、標本数がそれなりに多くなければ正規分布に近似しない。標本数を多くするには、ある程度の期間が必要であることから、短期の標本でこの確率分布を説明することはできないことに注意が必要である。

図表2-2-8　正規分布によるリターンのばらつき

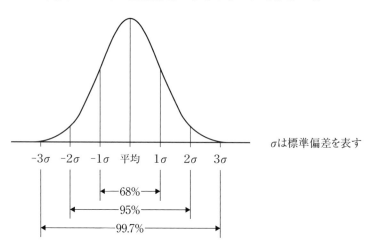

　σは標準偏差を表す

4　ファット・テール・リスク

　金融商品の値動きの分析をする場合、金融商品価格のある期間の一定刻み間隔のリターン（騰落率）の大きさの頻度分布は、平均リターンを軸にした左右対象の正規分布に従うと仮定することが一般的に行われる。これに対し、現実の市場は、リーマンショックのように起きる可能性が極めて小さいにもかかわらず、起きたときの損害が巨大である現象が起こる。このように、大きなマイナスリターンのリターン頻度分布の裾野が現実には厚くなる現象のことを「ファット・テール」と呼ぶ（図表2-2-9の左右両端の分布に注目されたい）。

図表２−２−９　日経225指数20年間の月次リターンの度数分布の例
（2000年１月〜2020年12月）

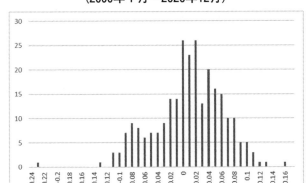

（出所）　日経平均プロフィルのデータより筆者作成

　この用語は、2008年のリーマンショック以降急速に注目を集め、使用されるようになった。その理由は、リーマンショック自体が確率的には極めて稀な事象であったのに、現実問題として、実際に起こってしまったからである。こうした状況を眺めてファット・テールの問題をいかに考えるかが重要視されるようになった。企業がいかに健全なマネジメントをして企業価値を維持・向上させていたとしても、たった一度のファット・テールに直面したことで、これまでに築いてきた企業価値が一瞬で失われ、利益が「吹き飛んでしまう」危険性がある。

　ちなみに、テール・リスクはブラック・スワンと呼ばれることもある。これはナシーム・ニコラス・タレブの著書『THE BLACK SWAN』の中に、オーストラリア大陸で黒い白鳥が発見されたことにより、白鳥は白いものだというそれまでの常識が覆されてしまったことに由来する。そこから、事前にはほとんど想定されておらず、一度起きてしまうと大きな衝撃をもたらすような事象のことを、ブラック・スワンと呼ぶようになった。

5　ポートフォリオ効果のリターンとリスク

　ここで、期待リターンが異なる２つの証券ＡとＢ、および証券ＡとＢを７：３の比率で持つポートフォリオについて考えてみる。

状況（生起確率）	証券Aの予想リターン	証券Bの予想リターン	7：3のポートフォリオの予想リターン
好況（0.3）	15%	▲5%	9%
普通（0.5）	8%	4%	6.8%
不況（0.2）	▲10%	10%	▲4%

⑴　ポートフォリオ・リターン

この場合、

証券Aの期待リターン：$15\% \times 0.3 + 8\% \times 0.5 - 10\% \times 0.2 = 6.5\%$

証券Bの期待リターン：$-5\% \times 0.3 + 4\% \times 0.5 + 10\% \times 0.2 = 2.5\%$

7：3のポートフォリオの期待リターン：$6.5\% \times 0.7 + 2.5\% \times 0.3 = 5.3\%$

あるいは、$9\% \times 0.3 + 6.8\% \times 0.5 - 4\% \times 0.2 = 5.3\%$

⑵　ポートフォリオ・リスク

証券Aの標準偏差：

$$\sqrt{(15\% - 6.5\%)^2 \times 0.3 + (8\% - 6.5\%)^2 \times 0.5 + (-10\% - 6.5\%)^2 \times 0.2}$$
$$= 8.79\%$$

証券Bの標準偏差：

$$\sqrt{(-5\% - 2.5\%)^2 \times 0.3 + (4\% - 2.5\%)^2 \times 0.5 + (10\% - 2.5\%)^2 \times 0.2}$$
$$= 5.41\%$$

証券Aの標準偏差と証券Bの標準偏差の加重平均：

$8.79\% \times 0.7 + 5.41\% \times 0.3 = 7.78\% \cdots ①$

7：3のポートフォリオの標準偏差：

$$\sqrt{(9\% - 5.3\%)^2 \times 0.3 + (6.8\% - 5.3\%)^2 \times 0.5 + (-4\% - 5.3\%)^2 \times 0.2}$$
$$= 4.75\% \cdots ②$$

となる。

①＞②のように、ポートフォリオのリスクは、各証券のリスクの加重平均値以下となる。このようなリスクの低減効果を**ポートフォリオ効果**という。

⑶　共分散

2資産間の相互関係を測るための確率的なリスク概念としては、**共分散**がある。これは、2つの確率変数の平均からの差の積の期待値であり、2つの確率変数の間のリターンの関連性を示す。

先ほどの例ではポートフォリオの期待リターンは加重平均で計算可能であった。しかしリスクは加重平均で計算できない。2つの証券の値動き、つまり、

共分散を考慮する必要がある。

　共分散は、（証券Aのリターン－証券Aの期待リターン）と（証券Bのリターン－証券Bの期待リターン）を掛け合わせたものをデータの数（n）で割って求められる。従って、（証券Aのリターン－証券Aの期待リターン）をXとして、（証券Bのリターン－証券Bの期待リターン）をYとすると、XとYの符号によって、共分散はプラスにもマイナスにもなる。

　共分散は、XとYの符号がプラスとマイナスのように異なれば（逆方向の値動きをすれば）マイナスとなる。逆にXとYの符号が同じであれば（同方向の値動きをすれば）プラスとなる。リスクの低減効果であるポートフォリオ効果が大きいのは、共分散がマイナスの場合である。2つの証券の値動きの違いからポートフォリオ効果が生まれる。

⑷　相関係数

　相関係数は、共分散を2つの確率変数の標準偏差で除することによって共分散を標準化して関係の強さだけを表すようにしたものである。相関係数は－1～＋1までの数値の範囲内で表すことができる。

共分散 $= \dfrac{1}{n}\Sigma$｛（証券Aのリターン－証券Aの期待リターン）×

（証券Bのリターン－証券Bの期待リターン）｝

相関係数 $= \dfrac{証券Aと証券Bの共分数}{証券Aの標準偏差×証券Bの標準偏差}$

　期待リターンが同じ2つの証券Aと証券Bについて考えてみる。この2つの証券の価格変動には、以下の3つのケースが考えられる。

〈ケース1〉	証券Aが値上がりするときは、証券Bも値上がりする
〈ケース2〉	証券Aが値上がりするときは、証券Bは値下がりする
〈ケース3〉	証券Aが値上がりしても、証券Bの価格は変わらない

　この証券Aと証券Bの関係を相関関係と呼ぶ。
〈ケース1〉は証券Aと証券Bは順相関で相関係数はプラス（0＜r＜＋1）、
〈ケース2〉は逆相関で相関係数はマイナス（－1＜r＜0）、
〈ケース3〉は無相関で相関係数は0（ゼロ）となる。
　証券Aと証券Bに同時に投資した場合、〈ケース1〉では価格は同方向に動

くので、値上がりする局面では全体が大きく上昇するが、値下がりする局面で
は全体が大きく下落する。一方、〈ケース2〉では価格が逆方向に動くので、
値上がりと値下がりが打ち消され、全体としてリスクは小さくなる。〈ケース3〉
ではその中間の値動きとなる。

⑸　**リスク指標としての最大ドローダウン**

　ドローダウンとは、ある投資の成績を評価するときに使われる尺度の一つで、
直前のピークからどの程度投資価値が減少しているかをパーセンテージで表す。
最大ドローダウンとは、例えば、投資信託商品運用で、ある一定の期間の中で
最高のピーク時点からスタートし、最低の底値までの最大のマイナスリターン、
つまり「過去最も損した時のマイナスリターン」を、最大ドローダウンという。

　統計的なリスクは理解するのに難しい面もあるが、最大ドローダウンは簡単
に理解できる概念であることから、運用会社の商品設計や商品説明でもリスク
の概念として利用されるようになっている。例えば、数値解析を利用して、複
数の証券投資を組合わせて「過去10年の実績で、最大ドローダウンが5％にな
るようなポートフォリオ運用」にするためのアロケーション比率を計算するこ
ともできる。なお、底値から直前のピークを回復するまでの期間を**リカバリー
期間**と呼ぶ。

【2】　現代ポートフォリオ理論（Modern Portfolio Theory）

　現代ポートフォリオ理論は、ハリー・マルコビッツ（Harry Markowitz）の
1952年の論文 "Portfolio Selection" を出発点として発展してきた。マルコビッ
ツは、投資家がポートフォリオを構築する際にはリターンだけでなくリスクに
も注意を払うべきであると考え、分散投資の重要性を指摘した。更に、マルコ
ビッツの弟子であったウィリアム・シャープ（William Sharpe）は、資本資産
評価モデル（Capital Asset Pricing Model、略称CAPM（キャップエム））と
いう形でマルコビッツのポートフォリオに関する理論を一般的な市場理論へと
発展させた。マルコビッツとシャープは、投資理論への貢献を認められて1990
年にノーベル経済学賞を共同受賞した。

1　無差別曲線と投資家の選好類型

　現代ポートフォリオ理論は運用資産への最適な投資比率を決める理論で、す
べての投資家は合理的で**リスク回避**的であるということが前提とされている。
つまり、期待リターンが同じであれば、できるだけ期待リターンと実現リター

ンの乖離、すなわちリスク（標準偏差）が小さい方が良いと考える。金融商品の組合せは無数にあるが、そうした組合わせ、つまりポートフォリオの良し悪しは、期待リターンが等しいならリスクの小さい方、リスクが同じなら期待リターンの大きい方が、良いと判断される。

　なお、投資家にとって同程度に望ましい期待リターンとリスクを持つ（**効用が等しい**）組合せの集合を表す曲線を**無差別曲線**という。

リスク回避型投資家	同じリターンならリスクの小さい方を、同じリスクならリターンの大きい方を選好する（現代ポートフォリオ理論の前提）。
リスク中立型投資家	リスクの大小には無関心で、リターンの大きい方を選好する。
リスク愛好型投資家	同じリターンならリスクの大きい方を選好する。

図表2-2-10　投資家の無差別曲線

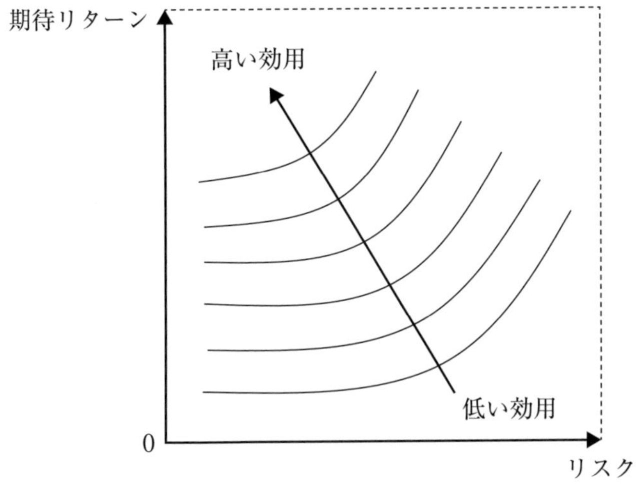

　図表2-2-10はリスク回避型投資家の無差別曲線で、横軸がリスク、縦軸が期待リターンである。リスクは標準偏差である。リスクの度合いの変化に応じて同じ効用を得られる期待リターンを結んだ線は、効用に対して無差別であることを示す。リスク回避型投資家の無差別曲線は直線ではなく曲線（横軸の右の方に行くほど傾きが大きくなる）となる。その理由としてリスクが小さい時よりもリスクが大きい時のほうがより多くの期待リターンを望むからである。

　顧客に対してリスク回避型かどうかを確認することは重要である。もし、リスク愛好型であればリスクが大きいほうを選考することになるのでポートフォ

リオ効果などを説明しても話がかみ合わない。期待リターンが同じでも少しでも大きなチャンスがあるリスクが大きいものを好む傾向にあるからである。

2　ポートフォリオ効果と効率的フロンティア

　多数のリスク資産について、あらゆる組合わせのポートフォリオを作って、リスク（標準偏差）を横軸、期待リターンを縦軸にとって各ポートフォリオをプロットしたとする。投資家は同じリスクであれば、より高いリターンを期待できるポートフォリオを好む。つまり、許容できるリスクに対して、最大の期待リターンが得られるポートフォリオを保有することになる。このポートフォリオが描く曲線が図表2-2-11の**効率的フロンティア**であり、その曲線上の一群のポートフォリオを効率的ポートフォリオという。

　2つの証券を組合わせてポートフォリオを形成すると、2つの証券の期待リターンはそれぞれの期待リターンの加重平均値となるが、リスク（標準偏差）は2つの証券の加重平均値よりも小さくなる（**リスク低減効果**）。つまり、証券Aと証券Bの組合わせはリスク低減効果により証券Aと証券Bを結ぶ直線からリスクゼロまであり、そして、その途中では弓を描くことになる。このリスク低減効果の大きさは相関係数によって数値化できる。相関係数が1のとき、証券Aと証券Bを結んだ直線となる。相関係数が-1のとき、証券AとC、Cと証券Bを結んだ直線となる。その間は弓を描くのである。この考え方を利用し、複数の証券をポートフォリオに組み込んだ場合に得られるリスクと期待リターンの分布のうち、リスク回避型投資家が望むポートフォリオの組合わせで

図表2-2-11　2証券のポートフォリオ効果と効率的フロンティア

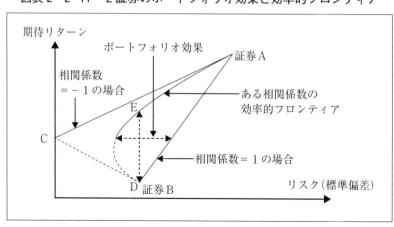

効率的なのはこの効率的フロンティア上にある組合わせであり、**効率的ポートフォリオ**という。なぜなら、この弓にはD点とE点があるが、どちらも同じリスクなのに期待リターンはE点の方が大きい。同一リスクのときには期待リターンが大きいほうを望むのはリスク回避的投資家であるからだ。したがって点線上にあるポートフォリオは選択されない。

　多くの投資家は余剰資金（待機資金）を所有している。そこで、預貯金のように、リスクのない**無リスク資産**（**安全資産**）が存在する場合を考えてみる[15]。図表2-2-12の縦軸のrfがその利子率だとすると、無リスク資産とリスク資産を組合わせた場合の効率的フロンティアは、無リスク資産から効率的フロンティアへ引いた接線になり、この接点を**接点ポートフォリオ**と呼ぶ。つまり、リスクを全く取れない投資家は、すべての資産を無リスク資産で保有し、リスクを取れる投資家は、σm（σはシグマと読む）のリスクを許容して期待リターンE（rm）を求めることになる。

図表2-2-12　効率的フロンティアと接点ポートフォリオ

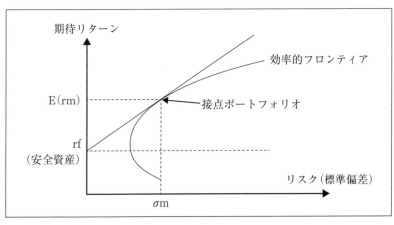

3　分離定理

投資対象に安全資産が含まれる場合のリスク回避的投資家の投資プロセスを

---

[15] 国債は価格変動リスクがある金融商品である。多くの解説書には国債をリスクフリーとする表記がある。信用リスクのない新規国債を購入し償還まで保有すればリスクフリーである。しかし、ここでは、ポートフォリオ構築で国債は変動価格商品として取り扱われているので、あえてここでは預貯金を無リスク資産とし、無リスク資産は預金保険機構の対象金融商品の集合であるとしている。

考えてみると、以下のようになる。

　　・リスク資産から最も効率的なポートフォリオを決定する。

　　・このリスク資産の効率的ポートフォリオと安全資産への投資比率を決定する。

　リスク資産における効率的なポートフォリオは接点ポートフォリオだけであるので、リスク資産の構成比率は、投資家の選好にかかわらず一意的に決まる。つまり、投資家の効用や選好はリスク資産の構成比率とは無関係であり、投資家はリスク資産と安全資産への投資比率に関してのみ選好に応じて決定する。これをトービン（James Tobin、1981年ノーベル経済学賞受賞）の**分離定理**という。

4　資本資産評価モデル（CAPM）

　これまで個々の最適ポートフォリオを考えてきたが、これを市場全体に拡張して考えたものを資本資産評価モデル（CAPM）という。

　CAPMは、市場にあるすべての証券のリスクと期待リターンが公表されることによって、すべての投資家が、各証券の将来価格について同一の予想をすることができる（市場の需給が完全に均衡している）状況において、リスク資産の期待リターンと価格がどう形成されるのかを理論化したものである。

　無リスク資産（安全資産）を含むポートフォリオにおける効率的フロンティアは、無リスク資産からリスク資産の効率的フロンティアに向かって引かれた接線であり、この接点におけるリスク資産のポートフォリオは、接点ポートフォリオと呼ばれた。ここで、リスク資産を証券市場に存在するすべての証券から構成されるものとすると、無リスク資産からリスク資産に向かって引かれた接線は、**資本市場線**（CML：Capital Market Line）と呼ばれ、接点は**市場ポートフォリオ**と呼ばれる。

　すべての投資家がポートフォリオ理論に従って行動し、また証券市場における価格形成が正しくなされているとすると、市場ポートフォリオにおけるリスク資産の構成比率は、証券市場に存在するすべての証券を時価総額の比率で含んだもの（インデックスファンド）となる。

図表2-2-13 CML（資本市場線）と市場ポートフォリオ

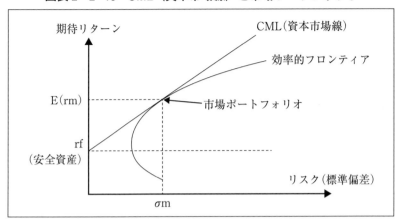

　CAPMは以下の式で表されるが、これは、個々の資産のリスクプレミアムが市場全体のリスクプレミアム（市場ポートフォリオのリターンから無リスク資産のリターンを差し引いたもの）をβ倍したものであることを意味している。すなわち、**β（ベータ）**は個別資産の市場ポートフォリオに対する反応の大きさ（感応度）を表す。

CAPM（資本資産評価モデル）

　CAPMによって計算された個別資産の期待リターン＝
　　　無リスク資産のリターン＋（市場ポートフォリオのリターン－
　　　無リスク資産のリターン）× β

$$\beta = \frac{（市場ポートフォリオと個別資産の共分散）}{（市場ポートフォリオの分散）}$$

　この式はポートフォリオや個別の株式の期待リターンを推計するのにも役立つ。例えば、β値がわかれば個別株式の期待リターンが容易に計算できるからだ。このβ値を利用することによって、株主資本の期待リターンが分かり、株主が要求するリターンを計算することが可能となる。株主が要求するリターンとは株主資本の**資本コスト**に他ならない。ここで得られた株主資本の資本コストと負債の資本コストを加重平均することで、経営者が達成しなければならない総資産収益率（ROA）の目標値が設定できる[16]。このようにCAPMは証券投

---

[16] **加重平均資本コスト**（WACC、詳細は第4編第1章第2節「企業価値評価」を参照）はM&Aでの企業価値の算出のための割引率で利用されたり、設備投資等の意思決定の判断基準に活用されたりしている重要な概念である。

資のリスクの大きさを測る尺度としての β の概念を生み出し、「β 革命」と言われるほど革新的であった。

図表2-2-14　資本コストの概念図

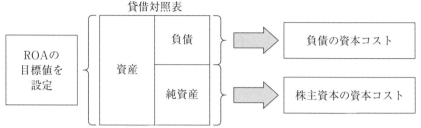

5　市場リスクと固有リスク

　ここでCAPMに使われている β の意味について考えるために、マーケット・モデルを利用することにする。CAPMはマーケット・モデルを前提にするものではないが、ここでは説明の便宜のためにマーケット・モデルを使う。

　マーケット・モデルは、確率変数である株式のリターンを2つの要因、すなわち**市場リスク（システマティック・リスク）**と**固有リスク**（非市場要因、アンシステマティック・リスク）とに分解して説明するモデルである。マーケット・モデルは次のような式で表される。β_i は株式（i）の市場ポートフォリオのリターンに対する感応度である。なお、理論的には、β_i は、将来の感応度を意味するのであって、過去の実績の感応度を意味しているのではない。

> 株式（i）の期待リターン＝定数＋ β_i ×市場ポートフォリオのリターン
> ＋株式（i）の固有リスク

　ここで、市場ポートフォリオのリターンと株式（i）の固有リスクは確率変数であり、固有リスクの期待値はゼロ、市場ポートフォリオのリスクと固有リスクの相関係数もゼロである。株式（i）のリターンに影響を与えるリスク要因のうち、市場リスクである（β_i ×市場ポートフォリオのリターン）は、景気見通し、為替相場や金利などすべての企業に対し将来共通に影響を与える要因を要約したもので、これらの要因は市場ポートフォリオのリターンに影響を与える。一方、固有リスクの要因は、その企業に固有の要因であり、例をあげると、予想もしないヒット商品が生まれたとか、工場が火災で焼けたとか、能力の高い経営者が事故に遭ったなどである。

　多くの証券に投資をする場合、そのポートフォリオのリターンの２つの源泉
である市場リスクと固有リスクのうち固有リスク要因からの影響は極めて小さ
いものになる。それは、分散投資の結果、個々の証券に対する投資比率が小さ
くなり影響も小さくなることに加えて、各証券の固有リスク要因が互いに相殺
する効果もあるからである。しかし βi がゼロでない限り市場リスクが消える
ことはない。このことから、「分散投資はリスクを減らすが、減らすことがで
きるリスクは、固有リスクだけであって、市場リスクは消すことができない」
という結論になる。

図表２-２-15　**市場リスクと固有リスク**

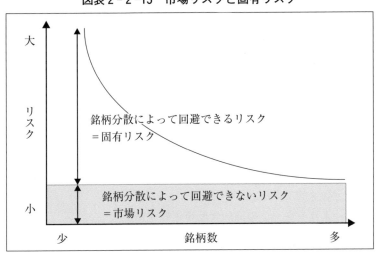

　市場リスクを測る指標である β についてみると、β が１であれば、市場平均
と同じ値動きをすることを示し、１より大きければ市場平均より値動きが大き
く、逆に１より小さければ市場平均より値動きが小さいことを示す。例えば、
株式市場において、ある銘柄の β が1.5ということは、市場全体が10％上昇す
るとその銘柄は15％上昇し、逆に市場全体が10％下落するとその銘柄は15％下
落することを意味する。

$\beta > 1$	市場全体が上昇（下落）すると、それを超える割合で上昇（下落）する
$\beta < 1$	市場全体が上昇（下落）すると、それを下回る割合で上昇（下落）する

6　CAPMに対する批判

CAPMは、以下のような仮定の上に成り立っている。

・投資家は、無リスク資産の利子率で自由に貸借ができる。

・税金も取引コストも存在しない。

・すべての投資家の投資期間が同じである。

・すべての投資家が資産のリターン・リスク・相関係数について同一の期待を持っている。

これらの仮定は、現実には満たされていないという批判がある。更に、その後、実証研究によるさまざまな批判が生じた。後述するアノマリー（非効率性）の存在や期待リターンを β という一つのファクターで説明していることへの批判[17]などである。CAPMは前提条件付きの理論であることに留意しなければならない。

このような批判をふまえて実務家の間ではさまざまな投資哲学に基づいた研究が続いている。その一つにステファン・ロス（Stephen Ross）が1976年に発表した裁定価格理論（Arbitrage Pricing Theory、略称APT）がある。これは証券のリターンに影響を与える要因を複数取り上げ、帰納法的にモデル化しようという試みで**マルチファクターモデル**と呼ばれている。

APTは、CAPMに比べると緩い以下の3つの仮定の上に成り立っている。

・市場は完全競争的である。

・投資家は、よりリターンの高い資産を選好する。

・リターンは、複数の価格決定ファクターによって説明できる。

CAPMの前提条件でもある市場をどのようにとらえるかについては、さまざまな考え方がある。この考え方の違いから資産運用会社の投資哲学[18]や運用手法の違いが生まれている場合が多い。

---

[17] 1992年のファーマらによる研究によれば、個別証券の収益率は時価総額とPBRの2つの変数でほぼ説明が可能であり、β は必要ないとしている。Fama, Eugene F. and Kenneth R. French（1992）を参照。

[18] 資産運用会社の投資哲学については日本投資顧問業協会のウェブサイトにある投資運用会社要覧で確認できる。

【3】　分散効果に関するポイント整理

1　銘柄分散効果

ポートフォリオのリスクは、必ず各証券のリスクの加重平均値以下となる。このようなリスクの低減効果をポートフォリオ効果という。簡単なケースでその効果を表す式を紹介する。

各資産 i の期待リターンr_iは異なるものとする。お互いの相関関係は全くない（相関係数ゼロ）とする。各資産 i のリスクσ_iは等しくσ（シグマ）と仮定する。

均等ウェイトのn個の資産からなるポートフォリオの期待リターンr_pは、単純に各資産の期待リターンr_iの平均値になる。

$$r_p = \frac{1}{n} \sum_{i=1}^{n} r_i$$

一方、ポートフォリオのリスクの記号をσ_pとすると、ポートフォリオのリスクは、n資産への分散投資効果として$1/\sqrt{n}$の分だけ小さくなる。

$$\sigma_p = \frac{\sigma}{\sqrt{n}} \text{[19]}$$

2　リスクの時間分散効果

積立投資として毎月あるいは毎年一定金額を積み立てる株式投資は、投資タイミングの分散により、パフォーマンスのリスクが小さくなる。また、自動的に、安いときに多くの株数を購入し、高いときに少ない株数を購入することになるので、株式相場の平均回帰現象により、毎回同じ株数を購入するよりも、パフォーマンスが高くなる。これらは、投資時期の分散によるリスクの**時間分散効果**と呼ばれる。リスクの時間分散効果をまとめると次のようになる。

第1の時間分散効果としては、長期間運用することによるリスクの低下がある。あるリスク資産の毎期のリターンにおいて、各期間の間で、独立で相関がなく、リスクが同じ一定値の水準（σとする）とすれば、T期間運用すれば、1期間単位当たりのリスクがTの平方根により小さくなっていく（$\sigma/\sqrt{T}$）ことが知られている。従って、プラスのトレンドを持つ投資であれば、長期的にはパフォーマンスがプラスになる確率が上昇する。

---

[19]　ポートフォリオのリスクは$\sigma^2{}_p = \sigma^2 [\overline{\rho} + (1 - \overline{\rho})/n]$で表される（$\overline{\rho}$は相関係数の平均値）。ここでは、$\overline{\rho}$がゼロという前提なので、$\sigma^2{}_p = \sigma^2 \cdot 1/n$となり、上式を得る。

　第2の時間分散効果は、株式の長期運用インフレヘッジ効果である。株式価値はインフレに連動する傾向にあることから、長期的にインフレヘッジ効果が期待できる。米国ではインフレが定着しているので、この効果が大きい。米国では、インフレを考慮すれば、20年以上の投資においては、株式投資は、預金や債券投資よりもリスクが小さいといわれる。

　第3の時間分散効果は、長期余裕資金運用の効果であり、経済発展をベースにした株式市場の自律的回復を待つことができる資金力の効果である。いくつかの金融危機やリーマンショックでさえ、5年後の株価は回復している。この株式市場の長期的な平均回帰性については、前述のSiegel（2014）やCampbell（2001）の分析がある。

　これらの要素を総合して、投資政策の基本知識として、10年以上の長期余裕資金は、株式運用に配分することが望ましいという知見を得ることができる。

3　分散投資とポートフォリオのリスク許容度

　ポートフォリオのリスクに対し、顧客である投資家が許容できる評価損益の変動幅がある。PB業務における顧客のリスク許容度は、年齢、収入、保有資産（余裕資産）、相続に必要な資金、投資経験、運用知識、性格、家族構成など様々な要因で定性的に測られ、投資家毎に個人差がある。そのため、運用商品を選択する際には、顧客のリスク許容度と投資対象のリスク特性を踏まえた上で判断することが重要となる。顧客のフィナンシャルゴールとリスク許容度をよく理解したうえで、資産運用を考えるコンセプトは、近年ゴールベースアプローチとも呼ばれるようにもなっているが、本質は同じである。

4　金融危機時の相関係数の問題

　リーマンショックの際に、株式の価格も債券の価格も同一方向で下落した。通常の金融市場での相関関係が無相関であったり逆相関であったりしても、金融危機のような時の相関関係は順相関に変化した。つまり平常時と金融危機のような時の相関関係は異なり、金融危機のような時には銘柄分散効果がほとんど期待できないことが認識された。リーマンショックの後、最悪のケースを想定してリスク対策を考えるストレステストが利用されるようになり、その際には銘柄分散効果は期待しないのが一般的である（時間分散やアセットクラスの分散は有効）。

【4】　ポートフォリオのパフォーマンス評価

　個別証券やファンドの**パフォーマンス評価**には、さまざまな手法があるが、ここでは、その代表的な評価方法を紹介する。いずれも、リスク調整後のパフォーマンス評価の方法である。運用者がリスクをどのようにして調整してリスクに見合った成果を上げることができたかを測るための方法である。

　一つは、ポートフォリオのリターンと選択されたベンチマークのリターンの差（超過リターン）を求め、それをリスク1単位当たりに換算する評価方法である。こうした評価方法に使われる数値としては、シャープ・レシオ、トレイナー・レシオ（トレイナー測度とも呼ばれる）、インフォメーション・レシオなどがある。もう一つは、期待されるリターンと理論的に導かれる期待リターンとの差によって評価する方法である。この場合、理論としてCAPMを使用する方法は、ジェンセンのアルファ（a）と呼ばれている。

1　シャープ・レシオ

　シャープ・レシオは、米国の経済学者でCAPM（資本資産価格モデル）の創始者であるウィリアム・シャープ（William Sharpe）が考案した、投資の効率性を測る指標をいう。投資において、リスクを取って運用した結果、安全資産から得られる収益をどの程度上回ったのかを比較できるようにしたもので、通常、この数値が大きい程、リスク当たりのリターンが大きいことを意味する。

　シャープ・レシオは、単純にリターンを比較するのではなく、その裏にあるリスクとの兼ね合いで運用成果を判断しようとするものであり、ファンドの運用成績を比較する際に広く用いられる。

　具体的には、ファンドのリターンから無リスク資産のリターンを除いた超過リターン（リスクプレミアムとも呼ばれる。）を、リスク（標準偏差）で割ることで、単位リスクに対する超過リターンの大きさが示される。効率性の指標であるシャープ・レシオには、相関関係に関する情報は織り込まれていないので、類似する資産クラスやスタイルで利用される場合が一般的である。

シャープ・レシオ
＝（ファンドのリターン－無リスク資産リターン）÷ファンドの標準偏差

　例えば、同一のグループに属する「ファンドA」と「ファンドB」、そして「無リスク資産」のリターン（平均値）とリスク（標準偏差）が、次のとおりであったとする。

	リターン（平均値）	リスク（標準偏差）
ファンドA	9 %	25%
ファンドB	7 %	10%
無リスク資産	2 %	0 %

この場合、
・ファンドAのシャープ・レシオは（9 % − 2 %）÷25% = 0.28
・ファンドBのシャープ・レシオは（7 % − 2 %）÷10% = 0.50
となり、ファンドBは、ファンドAよりリターンは低いものの、シャープ・レシオからは高く評価される。

2　トレイナー・レシオ（トレイナー測度）

トレイナー・レシオとは、ファンドの超過リターンを、ファンドの市場リスクの程度を示す β 値で割ることで、単位リスク当たりのリターンを測定しようとするものである。

> トレイナー・レシオ
> ＝（ファンドのリターン − 無リスク資産リターン）÷ β

トレイナー・レシオは、ジャック・トレイナー（Jack Treynor）が、現代ポートフォリオ理論の考え方をポートフォリオのパフォーマンス評価に応用したもの。ポートフォリオのとったリスクに対し、リターンがどれだけあったかを示す。トレイナー・レシオの数値が大きいほど、そのポートフォリオは効率的に収益をあげたといえる。

3　インフォメーション・レシオ

インフォメーション・レシオとは、投資信託や年金資金などのファンドの運用成績を測るための指標の一つで、アクティブ運用の効率性を示す数値である。これは、リスクを加味した超過リターンの尺度で、ファンドのベンチマークに対する超過リターンの平均値をアクティブ・リターンの標準偏差で割って求める。アクティブ・リターンとは、ファンドのベンチマークに対する超過リターンのことで、その標準偏差はアクティブ・リスクまたはトラッキング・エラーという。

> インフォメーション・レシオ
> ＝（ファンドのリターン－ベンチマークのリターン）÷トラッキング・エラー

　一般にインフォメーション・レシオは、アクティブ・ファンドなど、リスクをとってより高いリターンを目指す運用において、実際にとったリスクに見合った超過リターンが得られたかどうかを検証する際に用いられる。具体的には、数値が大きいほど良く、「1以上が例外的に良い」「0.75が極めて良い」「0.5が良い」と評価され、通常、0.5を上回れば、標準以上の運用能力があると言われる。

4　ジェンセンのアルファ（α）

　α値とは、特定の証券に対する投資家の期待リターンと、CAPM（資本資産価格モデル）によって計算された期待リターンとの差のことを指し、市場で形成される証券価格の歪みを表す尺度として利用される。最初にα値に対して統計的検証を行ったマイケル・ジェンセン（Michael Jensen）の名を冠して**ジェンセンのアルファ（α）**と呼ばれる。つまり、α値はある証券に投資を行う場合に、ベンチマークを上回るリターン（超過リターン）を得るための源泉のうち、その銘柄固有の特性に基づく部分（固有リスク要因）である。一方、超過リターンを得るための源泉のうち、市場全体の変動に基づく部分（市場リスク要因）はβ[20]値と呼ばれている。

　この考え方は、個別証券の評価だけでなく、ファンドのポートフォリオのパフォーマンス評価にも使われる。この場合のα値は、ファンドのリターンから市場全体の動き（ベンチマーク）に連動したリターンを表すβ値を差し引いたもので、α値が高いほど、ベンチマークのリターンを上回り、それだけリターンが高かったことを意味する。つまり、α値は、ファンドの運用者の判断によって得られたリターンを表し、運用者の運用能力を図る指標とも言える。

> ジェンセンのα＝ファンドのリターン－CAPMによるリターン

> CAPMによるリターン＝無リスク資産のリターン＋（市場のリターン－
> 　　　　　　　　　　　　無リスク資産のリターン）× β

---

[20]　ここでのβは、ある銘柄の市場全体の変動に対する感応度を表す。

　例えば、先程の例で、ベンチマークが次のとおりであったとする。

	リターン（平均値）	リスク（標準偏差）
ファンドA	9％	25％
ファンドB	7％	10％
無リスク資産	2％	0％
ベンチマーク	8％	20％

　この場合、図表2-2-16のジェンセンの a におけるリスクとリターンの関係を表すグラフ上の無リスク資産のリスク・リターン（0％、2％）とベンチマークのリスク・リターン（20％、8％）を結ぶ直線は、以下の式で表される。

> リターン＝無リスク資産のリターン＋a×ベンチマークのリスク

　これを a について解くと、a＝（8％－2％）÷20％＝0.3となる。ファイナンス理論では「a」のことを「リスクの市場価格」と呼び、市場を支配しているリスクに対してリスクプレミアムを決定する重要な数値である。「リスクの市場価格」が得られれば、リスクが与えられた時のベンチマークと同等のリターンは、以下の式で表される。

　　（リターン）＝2％＋0.3×（リスク）

すなわち、

　　ファンドAのジェンセンの a は9％－（2％＋0.3×25％）＝▲0.5％

　　ファンドBのジェンセンの a は7％－（2％＋0.3×10％）＝2.0％

となり、ファンドBの方がファンドAよりもジェンセンの a の値が大きいことから、ファンドBの方が高く評価される。

図表2-2-16　ジェンセンのα

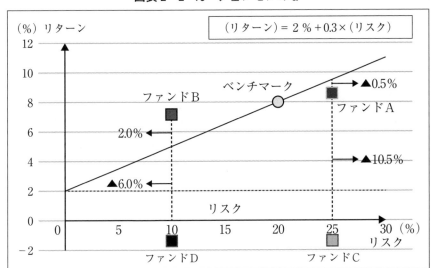

次に、ファンドのリターンが無リスク資産のリターンよりも低くなったケースについてみてみる。

	リターン（平均値）	リスク（標準偏差）
ファンドC	▲1％	25％
ファンドD	▲1％	10％
無リスク資産	2％	0％
ベンチマーク	8％	20％

この場合のシャープ・レシオをみると、

　　ファンドCのシャープ・レシオは（－1％－2％）÷25％＝▲0.12

　　ファンドDのシャープ・レシオは（－1％－2％）÷10％＝▲0.30

となり、同じリターンにもかかわらず、リスクを多くとったファンドCの値の方が大きくなり、高い評価になってしまう。ただし、リスクを多くとったにもかかわらず、リスクの少ないファンドDと、リターン（下落率）が同じであったので高く評価されていると考えることもできる。

　次に、ジェンセンのαをみると、

　　ファンドCのジェンセンのαは－1％－（2％＋0.3×25％）＝▲10.5％

　　ファンドDのジェンセンのαは－1％－（2％＋0.3×10％）＝▲　6.0％

となり、ジェンセンの α で評価すると、シャープ・レシオとは異なり、ファンドDの方が高く評価されることになる。

　このように、リスク指標の取り方で、パフォーマンス評価は異なる結果となることがあるので、注意が必要である。

5　効率的市場仮説と3フォーム

　効率的市場仮説とは、市場は情報面で常に完全に効率的であるとする仮説をいう。ここで言う情報面で効率的であるとは、金融市場における金融商品の価格がその商品の価値を決める情報を反映しているという意味である。効率的市場仮説に従えば、証券取引は常に公正な価格で取り引きされていて、投資家が証券を安く買うことも高く売ることもできないということになる。その結果、証券の選別や投資のタイミングから市場平均以上のパフォーマンスを得るのは不可能になる。これは、パッシブ運用の根拠となっている考え方である。

市場を効率的とみなすための主な仮説
・常に多数の投資家が収益の安全性を分析・評価している。 ・ニュースは予測できない。新しいニュースは常に他のニュースと独立してランダムに市場に届く。 ・証券価格は新しいニュースによって即座に調整される。 ・証券価格は常にすべての情報を反映している。

　効率的市場仮説には「ウィーク・フォーム」、「セミストロング・フォーム」、「ストロング・フォーム」という3つのフォーム（型）がある。ウィーク・フォームは、株式や債券、不動産等の価格の価格情報はすべて反映されているとするもの。セミストロング・フォームは、過去の価格情報に加えて、利用可能なすべての公開情報が瞬時に価格に反映されるとするもの。ストロング・フォームは、これらに加えて、インサイダー情報を含めたすべての公開・非公開情報が瞬時に価格に反映されるとするものである。

図表2-2-17　効率的市場仮説の3フォーム

効率性のレベル	反映される情報	事例
ウィーク・フォーム	過去の価格情報	チャート
セミストロング・フォーム	利用可能なすべての公開情報	業績予想
ストロング・フォーム	利用可能なすべての公開・非公開情報	インサイダー情報

6　行動ファイナンスとアノマリー

　現代ポートフォリオ理論などの伝統的な経済学においては、「人はみな合理的な選択をする」という基本的な考え方を前提としているが、**行動ファイナンス理論**では、「人は必ずしも合理的な選択をするとは限らない」という考え方を出発点とする。人は投資判断をする際、常に合理的な選択をしているわけではなく、そこには心理的または感情的な要素が働く。それが市場や価格形成にどのような影響を及ぼしているかを研究する学問を行動ファイナンスという。

　例えば、損が出ているときに株式をなかなか売らず、株価が回復してから売ろうと思い込んでしまうような行動である。その他にも市場では、既存の投資理論では説明のつかない価格形成や、経済合理性だけでは説明できない動きがよくある。こういった通常の法則や理論から見て例外となる、または説明できない事象のことを**アノマリー**という。

アノマリーの例

・ミーン・リバーサル（平均値回帰。上がったものはさがる、下がったものは上がる）
・低PER、低PBR効果（PERやPBRの低い株式は上がりやすい）
・節分天井、彼岸底（日本株は節分に天井をつけ、彼岸に底をつける）
・小型株効果（小型株の方が株価の上昇率が大きい）
・選挙、解散は買い（衆議院の解散、総選挙があると株価は上昇する）

【5】　アセット・アロケーション
1　アセット・アロケーションのプロセス

　アセット・アロケーションの一般的なプロセスを概観してみる。まず、投資対象となる資産クラスの種類を特定し、それぞれの資産クラスの期待リターンとリスクおよび資産クラス間の相関係数を推計する。過去の長期的なリターンのデータおよび今後の金融経済予想に関するデータをもとに、なんらかの予測手法を用いて将来推計を行う。複数の資産クラスの配分パターンはさまざまで

あるが、その中から一定のリスク水準で最も期待リターンが高いポートフォリオの集合が効率的フロンティアとなる。

　効率的フロンティアの中でどれが最適ポートフォリオかは投資家の選好による。無リスク資産を加えて分離定理から最適なポートフォリオを選択する方法もあるが、投資家の選好は、投資家の資産・負債などの財務状況や、目標リターン、必要な流動性、許容リスク水準などに左右される。顧客との話し合いの中で効率的フロンティアとリスク・リターンの関係を説明し、最適なポートフォリオを決定するのが現実的であろう。

　なお、実務で複数の証券のアロケーション最適化計算をすると、期待リターンとリスクと相関係数がわずかに変化しても大きく各資産の構成比が変化することに悩む。Chopra and Ziemba（1993）による平均分散最適化アプローチの推定誤差分析によれば、期待リターンの推定誤差は、分散の推定誤差の10倍の影響度となっている。従って、理論の世界とは別に、実務的なアセット・アロケーション計算上の各資産の構成比については、計算結果の数％の違いは、ほとんど意味はなく、5％単位で表現されていれば十分ということも知っておこう。

図表2-2-18　アセット・アロケーションのプロセス

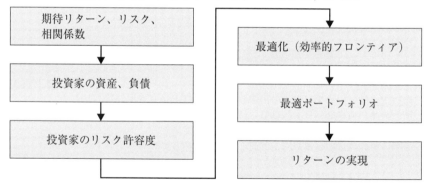

2　株式市場の期待リターン分析の基本知識
⑴　株式市場のイールドスプレッドによる割安割高分析

　株式に投資するのは、長期余裕資金であるので、投資タイミングを考えなくても良いのが基本であるが、実際には、バブルのピークで株式投資を開始したりすることは避けなくてはならない。そのためには、割安割高分析が重要である。株式市場の割安割高度を判定する一つの代表的な方法として、**イールドス**

プレッドのヒストリカル推移グラフをみる方法がある。イールドスプレッドは、あらゆるイールドの比較で利用される用語であるが、ここでは、株式市場分析のためのイールドスプレッドを次のように定義する。

TOPIX益利回り＝TOPIX純利益総額÷TOPIX株式時価総額

イールドスプレッド＝TOPIX益利回り－10年国債利回り

なお、このイールドスプレッドの定義は、理論的には（TOPIX益利回り－10年国債利回り）で、株式投資のリスクプレミアムを意味する定義であるべきである。しかし、今次確認すると、なぜか、多くの金融機関の用語集でもいつの間にか（10年国債利回り－TOPIX益利回り）でマイナスの数値として使われるようになってしまっている。ここでは本来の意味で定義する。因みに、1997年以前は、TOPIX益利回りが10年国債利回りを下回っており、異常な株式相場が確認できる。

このイールドスプレッドは、数値が大きい方ほど株式市場が割安で、数値が小さい方が株式市場の割高を示す指標である。下記に推移グラフ例を示す。これによれば、2022年3月現在の日本の株価は、やや割高圏を示している[21]。

図表2-2-19　日本株と米国株のイールドスプレッド推移グラフ

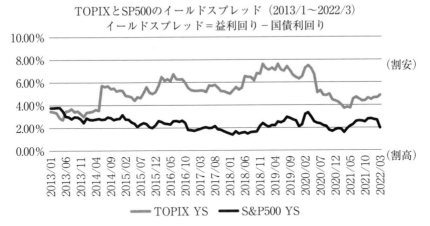

（出所）日本取引所TOPIX実績PER、財務省10年国債、multpl.com S&P500実績PER、investing.com米国10年国債より作成

---

[21] 益利回りと株価が逆の関係にある。

(2)　東証REIT指数のNAV倍率による不動産市場の割安割高分析

　株式市場の分析のために、他の有力な投資対象である、日本や世界の不動産市場がどのような状況になっているのか確認することも基本の一つである。不動産市場の割安割高状況は、REIT指数の価格推移そのものでもある程度分析できるが、代表的な不動産ファンド分析指標の一つであるNAV（ネットアセットバリュー）倍率分析を紹介する。

　　　　NAV＝不動産ファンドの市場価値－不動産ファンドの負債

　　　　NAV倍率（倍）＝投資1口価格／投資1口当たりのNAV

　REIT指数のNAV倍率は、時価でみた1株当たり純資産と株価の比率である。日本全体の不動産市場の動向は、東証REIT指数のNAV倍率分析をすれば、割安局面か割高局面かがわかる。NAV倍率が低いほど割安である。

　下の図表にある通り、過去10年平均で、NAV倍率＝1.2程度の倍率になっている。2021年12月現在NAV倍率＝1.14となっており、コロナ相場からほぼ平均的な水準に戻ったところと考えられる。

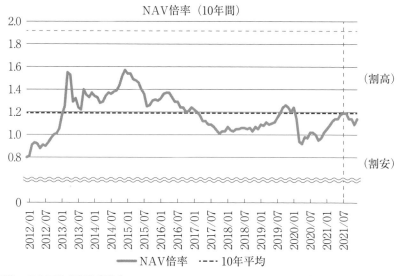

図表2－2-20　J-REITのNAV倍率10年間推移（2011/12〜2021/12）

（出所）　日本不動産証券化協会

　NAV倍率以外に、よく利用される不動産あるいはREITの割安割高分析指標として、予想分配金利回りとキャップレートがあるので定義だけ紹介する。

「予想分配金利回り＝1口当たり年換算予想分配金÷投資口価格」

「キャップレート＝年間の純収益÷不動産価格」

いずれも高い数値は割安、低い数値は割高を意味する。これらの指標のヒストリカル推移を見れば、不動産価格がヒストリカルにみて、ある程度割安か割高かを判定することができる。

3　アセット・アロケーションの情報収集

基本ポートフォリオを作成するにあたって、参考になるのが、年金積立金管理運用独立行政法人（GPIF）の運用である。設立目的は厚生年金保険事業および国民年金事業の安定に資することであり、具体的には公的年金制度の年金積立金の運用を行っている。長期的な観点からの分散投資に努めており、公的年金の運用という観点から基本ポートフォリオの考え方について公開している。基本ポートフォリオが編成されたときの状況を解説しているので、アセット・アロケーションを行う場合の事例として参考となる。ただし、GPIFは基本的に無期限の長期運用を前提としており、顧客のリスク許容度とは異なる可能性があるので、注意が必要である。

そもそも公的年金給付費は、名目賃金上昇率に連動して増加する制度設計となっている。その結果、2006年に、リスク水準を国内債券による市場運用のリスクと同程度に抑えつつ実質的な運用利回り1.1%（名目運用利回り3.2%）が確保されるように基本ポートフォリオを策定している。

図表2-2-21　GPIFの第1期中期計画における基本ポートフォリオ
（2006年度〜2009年度）

		国内債券	国内株式	外国債券	外国株式	短期資産
基本ポートフォリオ	資産構成割合	67%	11%	8%	9%	5%
	乖離許容幅	±8%	±6%	±5%	±5%	−

その後、実質的な運用利回り（積立金の運用利回りから名目賃金上昇率を差し引いたもの）である1.7%を長期的に確保することに中期目標が変更されたため、次のとおり2014年10月より基本ポートフォリオを変更した。

第2期中期計画見直し後および第3期中期計画の基本ポートフォリオ
（2014年10月～2019年度）

		国内債券	国内株式	外国債券	外国株式
基本ポートフォリオ	資産構成割合	35％	25％	15％	25％
	乖離許容幅	±10％	±9％	±4％	±8％

　その後、財政検証2020年改訂において実質的な運用利回りは1.7％が維持された。それを受け、2020年4月に新しい基本ポートフォリオが設定された。この変更の経緯とその前提条件の解説がウェブサイトに掲載されている。その内容は、運用目標（実質的な運用利回り：1.7％）を満たしつつ、最もリスクの小さいポートフォリオを選定したものである。国内の金利低下によって国内債券の利回りが低下している状況等に伴い、国内債券の割合が減少した一方、相対的に金利が高い外国債券の割合が増加している。

第4期中期計画における基本ポートフォリオ（2020年度からの5ヵ年）

		国内債券	国内株式	外国債券	外国株式
基本ポートフォリオ	資産構成割合	25％	25％	25％	25％
	乖離許容幅	±7％	±8％	±6％	±7％

　予定積立金の予想については、2014年のフォワードルッキングなリスク分析を踏まえ、図表2-2-22のような将来のキャッシュアウト（フォワードルッキング）を想定して運用している。

　まず、図表のように積立金の水準は、しばらく低下したのち、いったん上昇に転じ、概ね25年後に最も高くなった後、継続的に低下する。そのため、継続的に積立金を取り崩していく局面では流動性の確保に重点を置く必要があるなど運用の条件が異なることから、想定運用期間は積立金の水準が最も高くなり、継続的に低下が始まる前までの25年間とした。つまり、これまでのようにゴーイングコンサーンを前提とした運用ではなく、キャッシュアウトの状況が異なる期間を区別して、当面は25年間を運用期間として運用する[22]。このようにキャッシュアウトする状況を考慮すると、想定する運用期間が異なり目標数値

---

[22]　GPIFの基本ポートフォリオについては、GPIFウェブサイト＞「年金積立金の運用とは」＞「基本ポートフォリオの考え方」を参照。

も変化することになる。

　このように、公的年金資金の運用は基本ポートフォリオを作成するにあたって参考となる。ただし、公的年金資金は長期運用可能資金を50％とおいているが、顧客のキャッシュフロー分析によっては、それほど長期運用可能資金が大きくない可能性があるので、注意を要する。

図表2-2-22　財政検証による予定積立金額の推移（イメージ）

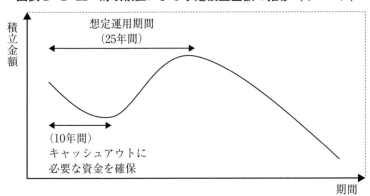

（出所）　GPIFウェブサイト「基本ポートフォリオの変更について」（2014年10月31日）

4　アセット・アロケーションの効果

　アセット・アロケーションとは、投資の基本的な考え方の一つで、運用に伴うさまざまなリスクを低減しつつ、効率的なリターンを目指すうえで、投資資金を複数の異なった資産（アセット）に配分（アロケーション）して運用することをいう。これは、異なる資産クラスは互いに相関が低いことから、組合せることで変動を打ち消しあうリスク低減効果があり、リスクを回避しつつ、より安定した高いリターンを獲得することができるとの考え方に基づく。

　また、アセット・アロケーションは、投資プロセスの中でパフォーマンスへの影響度が非常に大きく、運用資金の特性を勘案したリスク許容度を反映させる段階としても重要であることから、投資の意思決定プロセスの根幹をなす作業といえる。アセット・アロケーションを行うにあたっては、各資産のリスク・リターン、投資環境やマーケットの動向だけでなく、各資産の相関関係、運用目的や資産状況など、さまざまな条件を考慮する。個人の場合は、資産状況やリスク許容度、投資目的などによって、適切なアセット・アロケーションを個別に決定するが、金融機関のラップ口座などの投資一任契約を利用することで、

運用の専門家からアセット・アロケーションの提案を受けることもできる。また、年金運用は長期的な運用を前提としているものの、そのアセット・アロケーションの構築方法を参考にすることは顧客への提案書を作成する上で有益である。

【6】　資産クラスとアセット・ミックス

1　アセット・ミックス

　これまで最も効率的なポートフォリオは効率的フロンティア上にあること、そして、リスクフリー資産を加えることで最適なポートフォリオは接点ポートフォリオひとつに決定されることを学んだ。これまでの2つの証券で学んだことを複数の資産の組合わせに拡張して考えていこう。

　まず、リスクとリターンが類似している個別資産をひとまとめにして分類したものを資産クラスという。以下に資産クラスの分類を示した。金融資産を大別すると、安全資産とリスク資産に分類される。安全資産は、一般に元本価値が保証され価格変動リスクが小さいという特徴を持つ。一方、リスク資産は株式と債券に代表されるが、外国証券やオルタナティブ資産なども含まれる。ただし、これが唯一の分類法ではなく、より細分化することも可能であるし、個別資産をどのレベルで資産クラスとして分類するかは、目的に応じて異なってくる。総合提案書における資産運用においては顧客が達成しようとしているファイナンシャルゴールに沿ったものであるかどうかを確認する必要がある。

図表2-2-23　資産クラスの分類（例）

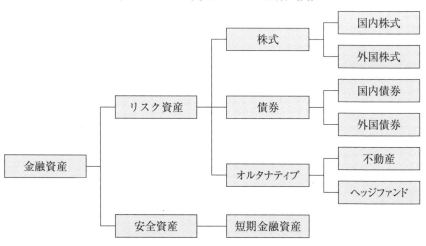

特に投資対象から除外すべき資産クラスは資産の特徴を説明しながら合意を得る必要がある[23]。

アセット・ミックスとは、アセット・アロケーションを行った結果として得られる個別資産の構成比率のことをいう。つまり、アセット・アロケーションによって、全部で100%になるように配分された各資産の種類別の組合わせ（資産構成比）のことを指す。年金資金などの運用において、中長期の投資方針を所定のリスク許容度の範囲で具体化したアセット・ミックスを政策アセット・ミックス（基本ポートフォリオ）という。投資運用成果の変動幅の約90%はアセット・アロケーションにより決定されるとの研究結果もある。特に、機関投資家などの運用においては、**政策アセット・ミックスの策定と管理**が極めて重要視されている。

この政策アセット・ミックスは時価ベースのウェイトであるので、経年変化の中で組み入れ比率が変化する。価格が上昇するアセットは全体のウェイトが大きくなることからリバランスを行う必要があるが、厳密には時価ベースのため日々ウェイトは変化する。そのため、アセットごとに政策アセット・ミックスの構成比の許容範囲（乖離範囲）を決めて顧客と合意を得ておくとよい。

更に、経済環境やリスク許容度（家族構成の変化や退職、相続等のイベント）が変化して政策アセット・ミックス（基本ポートフォリオ）を変更する場合もあるので、運用管理手続きを顧客と相談のうえ、決定しておく必要がある。顧客のファイナンシャルゴールを達成するために、顧客とどのようにコミュニケーションをとるべきかを総合提案書に記述することは顧客に安心感を与える。

2　年金積立金管理運用独立行政法人（GPIF）のアセット・ミックス

年金積立金管理運用独立行政法人（GPIF）はウェブサイトの中で「長期的な観点から安全かつ効率的な運用」を行うため、各資産を組合わせた資産構成割合を「基本ポートフォリオ」として定めている。特に、基本ポートフォリオは主要なデータ（期待リターン、リスク、相関係数など）を開示して、その構築プロセスを公表しているので参考にされたい。

---

[23] 本章第1節【1】「図表2-2-1　金融資産運用における総合提案書の役割」を参照。例えば、流動性が必要な顧客には市場が整備されていないプライベートエクイティへの投資は適さない。

図表２-２-24　GPIFが基本ポートフォリオ[24]で定める資産構成割合

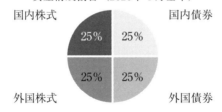

資産構成割合（2020年４月基準）

（出所）　GPIFウェブサイト「基本ポートフォリオの考え方」

図表２-２-25　リスク・相関係数の設定[※]

・リスク（標準偏差）

	国内債券	国内株式	外国債券	外国株式	賃金上昇率
標準偏差	2.6％	23.1％	11.9％	24.8％	1.6％

・相関係数

	国内債券	国内株式	外国債券	外国株式	賃金上昇率
国内債券	1.00				
国内株式	− 0.16	1.00			
外国債券	0.29	0.06	1.00		
外国株式	0.11	0.64	0.59	1.00	
賃金上昇率	0.04	0.11	-0.01	0.10	1.00

（※）　４資産とも過去20年のデータから推計。国内債券については将来のデュレーション（本章第３節【３】２参照）の長期化を考慮。

（出所）　GPIFウェブサイト「分散投資の意義③」

３　戦略的アセット・アロケーション

　アセット・アロケーションにおいては、リスクを回避しつつ、より安定した高いリターンを獲得することが目的であり、**機関投資家**（生損保、信託銀行、年金基金などの大量の資金を使って運用を行う大口投資家）などの運用の専門家は、アセット・アロケーションを戦略的に活用する。

　タクティカル・アセット・アロケーション（TAA）は、短期のアセット・アロケーション戦略のひとつで、景気変動や市場の変化によって機動的に資産配分比率を変更していく運用手法をいう。一般的なアプローチとしては、先行指

---

[24]　国内株式のウェイトについては、世界の株式市場における日本株のウェイト（約７〜８％）に比べ、GPIFの基本ポートフォリオでは高めに設定されている。

標などを統計的に比較することで市場の動向を予想し、割安な資産に集中的に配分することで高い収益を得るという方法があり、一国だけではなく、複数の国の資産を対象に行われることもある。

図表2-2-26　戦略的アセット・アロケーション

ストラテジック（戦略的）・アセット・アロケーション	中長期にわたる資産配分の基準となる政策アセット・ミックスを決定する手法
タクティカル（戦術的）・アセット・アロケーション	短期的に一定の投資ルールに基づいて資産比率を決定する手法
ダイナミック・アセット・アロケーション	資産価格の変化に合わせて、組入比率を大きく変化させる手法

Column 2-2-1

長期投資効果（長期時間分散効果）と長期複利効果

1　長期投資効果

　日本における長期運用機関の主役は、GPIFである。GPIFウェブサイトの「長期的な観点からの運用」によれば、GPIFによる年金積立金の運用は、株式や債券などの資産を長期にわたって持ち続ける「長期投資」によって、安定的な収益を得ることを目指している。長期投資による資産の価格推移のグラフは次図のようになっている。

図表2-2-27　GPIF長期投資試算

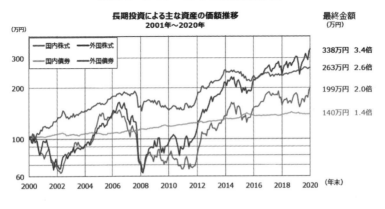

※2000年12月末に100万円を投資した場合の資産価額の推移を示しています。

　GPIFにおいて、過去に100万円を国内債券、国内株式、外国債券、外国株式の４資産に25％ずつ投資し、１年間保有したと仮定した場合の１年間毎の運用成績が公表されている。それをみると、100万円の投資元本でマイナスリターンになった年が、50回（50年間中）で15回（15年）あった。一方、同様に過去に100万円を国内債券、国内株式、外国債券、外国株式の４資産に25％ずつ投資し、毎年運用を開始して10年間保有した場合の10年間の運用成果を毎年ずらして（10年間移動平均で）みていくと、リーマンショックの2008年を含むどの10年間のリターンでさえ、100万円の投資元本がマイナスリターンになることはなかった。

　これは、資産運用におけるリスクの長期投資効果あるいは長期分散効果が確認できる例である。株式運用リスクは、長期トレンドに対する評価損益の振れ幅であるが、長期に運用していれば、大きな評価損もいずれ大きな評価益で相殺され、トレンドに回帰してくる。Siegel（2014）やCampbell（2001）の分析にあるように、株式には平均回帰性がある。イエール大学のCIOであるデイビッド・スウェンセンは、著書の中で「著名な投資家であるジェレミー・グランサムは、証券価格の平均回帰こそが金融市場におけるもっとも強力な原動力であると言っている。」と紹介している。米国の大学基金や年金は何十年も長期運用できる運用機関なので、リーマンショックにも動じないでむしろ割安になった投資機会としてとらえていた。

　このように、長期投資効果は重要な知識であるが、顧客の個人資産運用は、GPIFのように何十年も長期運用できるわけではないので、プライベートバンカーには、顧客の資産のキャッシュフロー分析の中で、長期的に資金化する必要のない運用額はいくらか、等の運用可能期間に関するリスク許容度の状況を分析していくことになる。

2　長期複利効果

　長期投資の効果は、株式投資の時間分散と平均回帰において実現するが、その場合でも、運用方式としては、二つの方式を考えることができる。その一つは、毎年のキャピタルゲインとインカムゲインの運用収益を投資家に分配して元本を維持する運用利益分配方式である。もう一つは、運用利益を分配しないで、キャピタルゲインもインカムゲインも再投資する運用

利益再投資方式である。この二つを比較すると、20年間の長期投資、あるいは30年間の長期投資においては、圧倒的な差が生じる。

　例えば、元本100円として毎年7％のリターンを生む株式投資を仮定する。
・運用利益分配方式：30年合計で、元本100円と運用利益7×30＝210円。元利金合計100＋210＝310円。
・運用利益再投資方式：20年間運用利益をすべて再運用した場合には、元本100円が20年後元本387円。30年後には、761円。

　このように、運用利益再投資方式は、運用利益分配方式に比較し、例えば、30年間では倍以上の資産価値を生み、圧倒的にパフォーマンスが高くなる。この効果を長期**複利**効果という。個人の資産運用でも、25歳で就職して60歳で退職するまで、35年間の長期運用となるので、個人年金のための長期複利効果は大きい。

3　長期複利運用の場合の利回りの影響

　複利効果が大きいことは理解できたが、その場合の利回りの影響を確認してみよう。20年間毎年100万円を積み立てたケースでは、20年後の資産価値でみると、運用利回り1％：2200万円、2％：2430万円、3％：2690万円、4％：2980万円、5％：3310万円（10万円未満四捨五入）、となっており1％の場合と5％の場合で、約1000万円の差が生ずる。長期複利運用の意義は大きい。

【7】　国際分散投資

1　外国証券投資の意義

　国内への投資に加えて、外国証券への投資を考えた場合、投資対象が格段に増える。世界全体がグローバル化しており、日本のように高齢化が進みデフレ懸念に悩む国もあれば、新興国に代表されるように、人口が増加し経済も右肩上がりに成長している国や、米国のようにインターネット関連産業の急激な進化等で景気が急回復した国もある。更に、国によって代表的な産業や業種が異なることも多く、外国証券へ投資対象を広げることにより、国内とは異なった収益源泉を見つけることが可能になる。

　国内資産だけでなく外国資産を加えて**国際分散投資**を図ることで、分散投資の効果を更に大きくし、リスク低減効果を高めることができる。国内と海外で

は、経済状態や成長率が異なり、各証券の収益率の動きも異なることから、外国証券を加えることで、平均分散アプローチの3つのパラメータである期待リターン、リスク、相関係数のうち、相関係数の小さな資産が加わり、分散効果が大きくなる。

　日本のインフレ率が、米国のインフレ率より低いことが常態化しているので、理論上は円高になりやすく、外国証券の投資元本に対して評価損が発生することが、外国証券投資を控える要因の一つになっている。しかし、株式であればインフレ率差により相対的に米国株価は上昇し、債券であればインフレ率差を反映した金利収益が大きい。外国証券投資は、全体の収益で考えることが重要である。

2　外国証券のリスク・リターン特性

　外国証券の特性を確認するために、代表的な資産クラスのリスク・リターン特性（イメージ図）を次の図表に示す。

　商品別にみると、一般に、債券よりもREIT、REITよりも株式の方がハイリスク・ハイリターンの傾向が強い。また、地域別にみると、国内証券よりも外国証券の方がハイリスク・ハイリターンであり、外国証券の中では、新興国証券の方が先進国証券よりもハイリスク・ハイリターンの傾向が強い。

図表2-2-28　外国証券の地域別リスク・リターン特性（イメージ図）

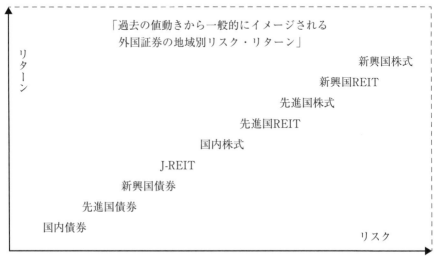

　エマージング（新興国）市場とは、経済が発展途上にある国や地域のマーケットのことをいう。中国やインド、ロシア、東南アジア、中東、中南米、東欧などの高い潜在成長力が見込まれる新興諸国が対象とされる。

　一般にエマージング市場への投資では、経済が急成長・急拡大することにより高いリターンが期待できる半面、経済や市場の仕組みが未成熟であるため、突然の政権交代や政策変更、急激なインフレ、通貨価値の暴落などのリスクもあるので、先進国市場と比較して、ハイリスク・ハイリターンであることが大きな特徴となっている。

　なお、エマージング市場の中で、特に高い成長が見込める国をグループ化して、BRICs（ブラジル、ロシア、インド、中国、南アフリカ）や、NEXT11（メキシコ、ナイジェリア、韓国、ベトナム、インドネシア、バングラデシュ、パキスタン、フィリピン、トルコ、イラン、エジプト）といった表現が使われることもある。

　新興国株式投資の指数の代表的なもののひとつとして、日経アジア指数がある。「日経アジア300指数」は、中国、香港、台湾、韓国、インドネシア、マレーシア、フィリピン、シンガポール、タイ、ベトナム、インドの計11カ国・地域の有力企業を対象に日本経済新聞社が選んだ約300社の有力上場企業群「Asia300」をベースにした浮動株時価総額型の株価指数である。世界経済の成長センターとして存在感を増すアジア企業の株価動向を総合的に把握することを目的としている。現在一般投資家も、投資信託の商品として購入することができる。

図表2-2-29　日経アジア指数10年間推移グラフ（2011/9〜2021/9）

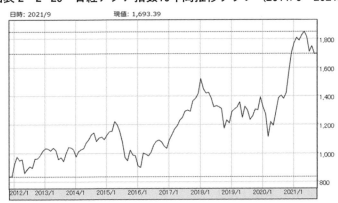

（出所）　日本経済新聞

185

3　投資機会の拡大

外国企業には、多種多様な大企業が数多く存在している。例えば、アップル（IT）、アルファベット（グーグルの親会社、IT）、マイクロソフトなどの多国籍企業があげられる。また、世界の大企業の変遷は、産業構造の変化と経済活動の勢いを端的に表している。次の図表にあるように、2007年の世界時価総額上位10社のうち、2021年の世界時価総額10位に入っているのは、マイクロソフトのみである。また、上位10社の顔ぶれも、金融、資源中心から、IT中心へと大きく変わった。

日本以外の外国企業を投資対象として考えることで、日本にはない成長エンジンを持った企業、あるいは、成長著しい企業を新たな超過収益の源泉とすることが可能となる。

図表2-2-30　世界株式時価総額ランキング（2007年 VS 2021年）

2007年	順位	2021年
エクソンモービル（米）	1	アップル（米）
GE（米）	2	マイクロソフト（米）
マイクロソフト（米）	3	サウジアラムコ（サウジアラビア）
シティグループ（米）	4	アルファベット（米）
ペトロチャイナ（中国）	5	アマゾン（米）
AT&T（米）	6	フェイスブック（米）
ロイヤルダッチシェル（英蘭）	7	テスラ（米）
バンクオブアメリカ（米）	8	バークシャーハサウェイ（米）
中国工商銀行（中国）	9	テンセント（中国）
トヨタ自動車（日本）	10	TSM（台湾）

（出所）　World Federation of Exchanges Statistics

また、2022年4月のIMFの世界経済見通しによれば、2022年実質GDP成長率の予測値としては、日本は2.4％で、残念ながら先進国平均3.3％や新興国平均3.8％に比較して劣後しており、成長率最低グループに属している。日本にもっと頑張ってほしいが、**投資機会**としては、世界各国の成長に注目することが求められる。

4　外国証券投資と為替リスク

外国証券投資において重要な点は、為替のリスクである。投資元本が為替で

評価損になる場合もあるが、金利や株価上昇の長期間の総合的な収益で判断することが重要であり、評価損で慌てる必要はない。為替の決定理論として代表的な購買力平価説（本章第 6 節「為替レートの決定理論」【1】を参照）もアセット・アプローチも当てはまる期間とそうでない期間もあり、また市場の統合と分断の議論もあり、複雑ではある。

　日米（ドル・円）の関係で考えれば、2011年10月に75円まで円高が進んだ。その後アベノミクスの金融緩和政策効果により、2022年 6 月現在135円になっている。ただし、実質実効為替レート[25]でみて現状相当な円安水準にまでになっている。現状は円安が維持されているが、実質実効為替レートの要素が今後強くなる可能性もある（第 6 節Column 2 - 2 - 5 「実質実効為替レート」参照）。

　近年米国と中国の対立も激しくなってきており、中国に関係する外国証券は、このリスクを持っていることも念頭に入れる必要がある。外国証券投資も、投資対象と投資期間により判断することが必要になる。

　なお、購買力平価説により、日本のインフレが相対的に大きくなる状況においては、外国通貨が強くなり、ヘッジなしの外国証券投資が、日本のインフレに対するヘッジになる。まだそのような気配はないが、今後そのようなことになり始める兆候が見られれば、対応を考える必要がある。

Column 2-2-2

IMFの世界経済見通し

　経済予測の情報は、大手金融機関や資産運用業者が発表しているが、世界の視点からみた一次分析データとして利用するものとして、IMFが、世界経済の中長期的な動向について、各国の経済状況を分析して発表する「世界経済見通し（World Economic Outlook、略称WEO）」がある。「世界経済見通し」は、世界全体の経済成長率のほか、アメリカやユーロ圏、日本などの先進国、中国、インド、ブラジルなど新興国それぞれの今後 2 年間のGDP成長率予測と金融問題についても分析をし、 4 月と10月に通常版、 1 月と 7 月に改訂版を発表している。

---

[25] 名目実効為替レートは、主要な貿易相手国・地域との為替レートを貿易額に応じて加重平均し、指数化したもの。実質実効為替レートとは、通貨の対外競争力が物価動向によっても変化するため、名目実効為替レートに対して、物価調整をした後の為替レート。

なお、IMFは、世界経済見通しの作成のプロセスの中で、サーベイランスと呼ばれる国ごとの経済調査のために、通常は年に一度の加盟国訪問を行う。IMF職員は加盟国に滞在している間に、政府や中央銀行の職員と経済の見通しやマクロ経済政策に関して協議を行う。加えて、マクロ経済に非常に大きな影響を与える構造改革についても議論が行われる。IMF職員は評価を完了させた後に、報告書をIMF理事会での協議に向けて提出する。その後、報告書に対する理事会の見解が加盟国の政府当局に伝達される。このプロセスを「4条協議」と呼ぶ。

（実質GDP、年間の増減率、%）	2020	予測 2021	予測 2022
世界GDP	-3.2	6.0	4.9
先進国・地域	-4.6	5.6	4.4
アメリカ	-3.5	7.0	4.9
ユーロ圏	-6.5	4.6	4.3
ドイツ	-4.8	3.6	4.1
フランス	-8.0	5.8	4.2
イタリア	-8.9	4.9	4.2
スペイン	-10.8	6.2	5.8
日本	-4.7	2.8	3.0
イギリス	-9.8	7.0	4.8
カナダ	-5.3	6.3	4.5
その他の先進国・地域	-2.0	4.9	3.6
新興市場国と発展途上国	-2.1	6.3	5.2
アジアの新興市場国と発展途上国	-0.9	7.5	6.4
中国	2.3	8.1	5.7
インド	-7.3	9.5	8.5
ASEAN原加盟国5か国	-3.4	4.3	6.3
ヨーロッパの新興市場国と発展途上国	-2.0	4.9	3.6
ロシア	-3.0	4.4	3.1

（出所）　IMF2021年7月時点

【8】　コア・サテライト投資

　コア・サテライト投資とは、保有する資産をコア（中核）部分とサテライト（衛星）部分に分けて考え運用する戦略をいう。コア部分は長期かつ安定的に運用し、サテライト部分はコア部分よりも高いリターンを求めて積極的に運用する。コア部分とサテライト部分をバランスよく保有することで、資産全体としてのリスクやコストを抑えつつ、市場平均よりも高いリターンの確保を目指す運用戦略である。

　コアとサテライトに何を選択すればよいかは、諸説ある。例えば、いくつかの運用会社では、下記のように分類している。

　・コア部分：低リスク、中長期運用、安定的な運用、分散投資されたインデッ
　　　　　　クスファンド、ETF
　・サテライト部分：高リスクでも高収益が見込めるもの、特定領域に特化し
　　　　　　　　　　たもの、短期、アクティブ運用型の商品、個別銘柄

　サテライト部分は攻めの役割と位置づけ、十分な調査により、ある程度のリ
スクをとって、ポートフォリオ全体として市場平均に勝つ可能性を追い求める
ための役割を持たせる。具体的には、アクティブ運用のファンド、ニッチ市場
の商品、プライベートエクイティ、不動産、ヘッジファンド、個別銘柄など、
さまざまな投資対象が利用される。

　GPIFは、2021年3月現在、オルタナティブ投資を年金積立金全体の0.7％行っ
ており、最大5％まで投資できるようにしているのも、コア・サテライト戦略
ということができる。

　コア・サテライト戦略のメリットとして、一般的に次のような点が挙げられ
ている。

　・コア部分により、ポートフォリオ全体のコストが抑えられる。
　・コア部分により、ポートフォリオが代表的な市場平均指数を下回るリスク
　　を低減することができると同時に、サテライトで市場平均に勝つ可能性が
　　高まる。
　・ポートフォリオの中で、どの部分のパフォーマンスがよかったか、悪かっ
　　たかが明確にわかる。
　・アクティブ運用だけでポートフォリオを組んだ場合よりも、ボラティリ
　　ティが低い。
　・サテライト部分により、特徴ある資産選択の分散が図られる。

【9】　アロケーションのリバランス戦略

　年金運用やバランスファンドは、市場の変動によって実際の資産構成割合が、
目標アセット・ミックスあるいは政策アセット・ミックスの資産比率から乖離
していく。これを放置することは、意図せざるリスクを取ることになるため、
乖離を縮小する調整が必要で、一般的に、年金運用やバランスファンドは、許
容範囲を超えた場合には調整のためリバランスを行なっている。**リバランス**は、
行った方が、リスクが小さくなり、逆張りの投資効果もある。例えば、GPIF
の基本ポートフォリオでは乖離許容幅が決められており、この許容幅に達せば、
リバランスが行なわれる。

投信のバランスファンドのリバランスをするタイミングは、ファンドによって「1ヶ月に一度」「±1％以上のずれが生じたとき」など様々なルールがある。値上がりした分のもうけを使って別の資産を追加購入する、という作業を繰り返すため、リバランスを実施しない場合に比べて資産が増えやすく、運用成績も向上する場合が多いと考えられている。また、リバランスによって資産の配分比率を一定に保つため、ベンチマークに対し、リスクが一定になるというメリットもある。

リバランスにおいては、機動的にポートフォリオを変更する必要があるので、資産の流動化のスピードが重要である。例えば、オルタナティブは、流動化までに数ヶ月から数年かかるものもあるので、ポートフォリオのリバランスの枠外で考える必要がある。個人の資産のリバランスにおいては、頻繁に売買を行えば税金等のコストが増える影響も考える必要がある。なお、近年米国の株式相場が継続的に上昇し続けていることから、Sharpe が唱える「適合的アセット・アロケーション（Adaptive Asset Allocation）」のように、単に固定比率でリバランスする方法論に対する懐疑論も一部に生まれている。

例題 2 – 2 – 2

1　下記の文章の（　）の空欄を埋めなさい。

　顧客の現在の資産を1億円と仮定し、今後のキャッシュフロー分析をした結果、5年以内に資金化が必要な資産が3000万円、5年～10年頃に資金化が必要な資産が3000万円、10年以上資金化が必要のない資産が4000万円であることが分かった。今、4種類の投資商品がある。お互いのリターンは無相関と仮定し、顧客は、ポートフォリオ・リスクを資産の10％程度に抑えたいと希望している。

　　　　　日本債券期待リターン1％・リスク0％、
　　　　　外国債券期待リターン3％・リスク10％、
　　　　　日本株期待リターン6％・リスク20％、
　　　　　外国株期待リターン9％・リスク30％、

と仮定する。ポートフォリオのリスクとリターンは、下記参考の式を利用できる（式は各資産のリターンの相関係数がゼロのケース）。アロケーションは、10％単位で考えるものとする。

　資金の運用可能期間に注目して、4 資産でアロケーションすると次のようになる。まず、10年以上の余裕資産が（　①　）万円なので、株式合計は（　②　）%配分できる。次に、5 年以内に必要になる可能性のある金額が3000万円なので、これは（　③　）に運用する。5 年から10年に必要になる資金が3000万円なので、多少のリスクを覚悟して、平均的に高いリターンの（　④　）に投資する。あとは、外国株と日本株の比率になるが、リスクを10%以下にしてポートフォリオ・リターンをより高くする組合わせは、10%単位で配分すると、外国株式30%、日本株式（　⑤　）%により、ポートフォリオ・リスク9.7%になった。

（参考）　配分比率：ω_i、期待リターン：μ_i（ミュー）、リスク：σ_i

　　　　ポートフォリオの期待リターン $= \omega_1\mu_1 + \omega_2\mu_2 + \omega_3\mu_3 + \omega_4\mu_4$

　　　　ポートフォリオのリスク $= \sqrt{\omega_1^2\sigma_1^2 + \omega_2^2\sigma_2^2 + \omega_3^2\sigma_3^2 + \omega_4^2\sigma_4^2}$

2　現在の日本の財政赤字の巨額さをみると、可能性としては、将来日本において、国債の消化力不足等、国の信用力に問題がでる可能性がある。どのような兆候に注意をすべきと考えられるか、3 つの金融経済現象を挙げなさい。

3　顧客の事業主の現在の長期余裕資金が 1 億円程度あり、あなたが、今後日本市場で金利上昇と高いインフレが始まると思いいたったときの、アセット・アロケーション戦略を考えなさい。

解答・解説

1

①　4000

②　40

③　日本債券

④　外国債券

⑤　10

　⑤は計算しなくても解答できるが（40% - 30%）、一度計算して確認することが望ましい。10%単位でしかアロケーションできないので、参考式からポートフォリオ・リスクを計算すると、2 ～ 3 回の試算で、解答が求

まる。

2　国債金利上昇につながる兆候として、下記のような点が考えられる。

- ・世界的にゼロ金利政策を終了させる動向が強まり、日銀がゼロ金利政策を終了する。
- ・財政支出が拡大を続けインフレが始まる。
- ・世界的インフレおよび資源価格上昇の影響で、日本で2％を超えるインフレが始まる。
- ・国際収支の経常収支の黒字が縮小して、民間企業部門の資金増加が低下し、民間金融機関の預貯金増加が低下して国債消化力が低下する。
- ・景気が本格的に回復せず、税収が伸びず、財政赤字が拡大する。
- ・一般会計国家予算の中で、国債費の割合が大きくなる。

3　日本の景気が低迷する中で、高いインフレを想定すると、長期的に運用できる資金のアロケーションと仮定すれば、3年間程度は、外国債券、外国株式、を中心に80％程度配分し、更に、日本の優良銘柄株式投信、日本の不動産株式、相場変動に無関係なヘッジファンド投信の組み入れを考える。3年程度経過して経済が安定してくれば、日本株式の優良銘柄のさらなる組み入れを考える。ただし、日本の景気低迷により、顧客の事業そのものが不調になる可能性があれば、余裕資金がなくなる可能性もあるので、それを考慮する必要がある。

第 3 節　債券

【1】　債券の基本的な構造と利回り

　債券の構造を典型的な債券である割引債と利付債で学ぶ。利回りもクーポンも％表示されるがまったく意味が異なる。何に対しての％なのかを理解してほしい。更にさまざまな利回りがあるが、分母分子に着目してどのような局面で使うかを想像すれば理解が深まる。

1　割引債

　割引債[26]は、発行時に額面金額より割り引いて発行される**クーポン（利息）**がゼロの債券のことで、ゼロクーポン債とも呼ばれる。割引債は、クーポンが支払われない代わりに、額面金額より低い価格で発行され、償還時に額面金額で償還されることで、発行価格と額面金額との差（償還差益）が債券投資の収益となる。

　満期が n 年、**割引率**が r 、額面が F とすると、割引債の現在価値 B は、以下の式で表される。

$$B = \frac{F}{(1 + r)^n}$$

　例えば、満期が 3 年、割引率 5 ％、額面100円の割引債の価値は次のように求められる。

$$\frac{100}{(1 + 0.05)^3} \fallingdotseq 86.38 円$$

---

[26] 国債については、日本において、かつて 3 年物（ 3 年債）と 5 年物（ 5 年債）の割引国債が発行されていたが、 3 年債は2002年11月に、 5 年債は2000年 9 月に発行が打ち切られ、現在は発行されていない。

図表2-2-31　金利と債券価格の関係グラフ

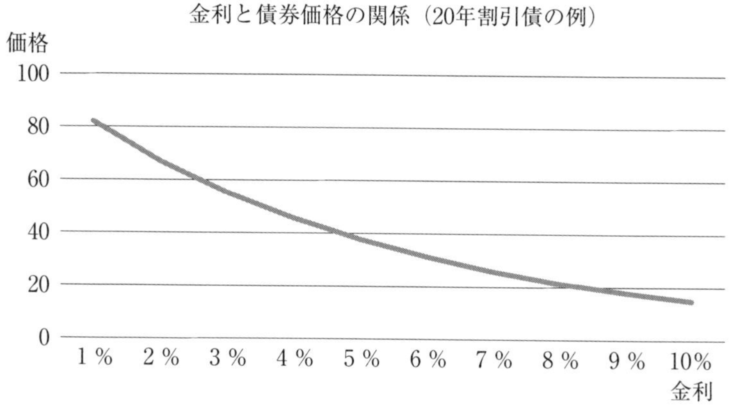

金利と債券価格の関係（20年割引債の例）

2　利付債

　利付債は、債券を利払いの有無で分類した場合に、定期的に利払いが行われるものを指し、通常、額面金額で発行・償還され、クーポンが付いている。利付債には、クーポンの利率が発行時に決定している固定利付債と利率が市場環境で変動する変動利付債がある。

　満期がn年、毎年支払われるクーポンがC、割引率がr、額面がFとすると、利付債の価値Bは、以下の式で表される。

$$B = \frac{C}{(1+r)} + \frac{C}{(1+r)^2} + \cdots + \frac{C+F}{(1+r)^n}$$

　例えば、満期が3年、クーポンが3％、割引率5％、額面100円の利付債の現在価値は次のように求められる。

$$\frac{3}{(1+0.05)} + \frac{3}{(1+0.05)^2} + \frac{103}{(1+0.05)^3}$$

$$= 2.86 + 2.72 + 88.98 \fallingdotseq 94.56円$$

　クーポンCは額面Fに対して％表示される。ここで、Bは右辺の支払いが約束された将来のキャッシュフローの現在価値である。その将来のキャッシュフローを割り引いて現在価値に直すのがrの割引率である。rはどの年も同一である。つまり、Bと右辺のキャッシュフローを等しくしているのでrは**複利**での利回りとなる。この債券、つまり、元本が3年後に償還されクーポンが年3％というキャッシュフローに対し、5％の利回りを確保できるなら購入する、そ

のときの価格は約94.56円となる。金利が5％ならば約94.56円でこの債券は購入されることを意味している。

　次に、将来の金利がもっと上がる、しかも、その形状がパラレルシフトではなく、スティープ化（本章第3節【2】2⑶参照）が起こるなら、約89.61円でこの債券は購入されることになる。

$$\frac{3}{(1+0.05)}+\frac{3}{(1+0.06)^2}+\frac{103}{(1+0.07)^3}$$
$$=2.86+2.67+84.08 \fallingdotseq 89.61円$$

3　応募者利回り

　応募者利回りは、新規発行の債券（新発債）を発行日に発行価格で購入し、償還期限（満期日）まで保有した場合の利回りのことをいう。新発債を購入した日から満期日まで保有した場合に得られるクーポンと償還差損益（額面価格－発行価格）との合計額が投資元本に対して年何％になるのかを示すもので、以下の式で表される。

　なお、債券は必ずしも額面（100円）で発行されるわけではなく、額面より低い価格（アンダーパー）や高い価格（オーバーパー）で発行される場合もある。

$$応募者利回り=\frac{クーポン+（額面価格－発行価格）／償還年数}{発行価格}$$

4　直接利回り、最終利回り、所有期間利回り

⑴　直接利回り

　直接利回りは、直利とも呼ばれ、利付債の購入価格に対する1年間に受け取るクーポンの割合を示したものをいう。

$$直接利回り=\frac{クーポン}{購入価格}$$

⑵　最終利回り（単利ベース）

　最終利回りは、債券を購入した日から満期日まで保有した場合の利回りのことで、債券の購入から償還までの全期間に入ってくるクーポンと償還差損益の合計金額を、1年当たりに換算して、投資元本に対して年何％の利回りになる

のかをいう。

$$最終利回り = \frac{クーポン + （額面価格 - 購入価格）／残存年数}{購入価格}$$

(3)　所有期間利回り

所有期間利回りは、債券を満期日まで保有せず、途中で売却した場合の利回りのことで、投資家が得たクーポン収入と売買損益の合計額が投資元本に対して年何％の利回りになるのかをいう。

$$所有期間利回り = \frac{クーポン + （売却価格 - 購入価格）／所有期間}{購入価格}$$

例えば、額面100円、残存期間 5 年、クーポンが 3 ％の利付債券を102円で購入した場合の直接利回り、最終利回り、また、 2 年間保有後101円で売却した場合の所有期間利回りは、それぞれ次のようになる。

①　直接利回り

$$\frac{3 円}{102円} = 2.94\%$$

②　最終利回り（単利ベース）

$$\frac{3 円 + （100円 - 102円）／ 5 年}{102円} = 2.55\%$$

③　所有期間利回り

$$\frac{3 円 + （101円 - 102円）／ 2 年}{102円} = 2.45\%$$

5　実効利回り

上記の最終利回り（単利ベース）と所有期間利回りには、クーポンの再投資部分が考慮されていない。クーポンの再投資を考慮した複利ベースの利回りを**実効利回り**という。

購入価格が B、満期が n 年、毎年支払われるクーポンが C、割引率（実効利回り）が r 、再投資レートが R、額面が F とすると、以下の式で表される。

$$B = \frac{C (1 + R)^{n-1}}{(1 + r)^n} + \frac{C (1 + R)^{n-2}}{(1 + r)^n} + \cdots + \frac{C + F}{(1 + r)^n}$$

　ここで、上記の式の右辺第1項の分子は、1期目に支払われるクーポンをn－1期間、再投資レートRで運用したことを示しており、これを現在価値に割り戻すために（1＋r）^{n}で割っている。

　例えば、残存期間4年、クーポンが3％、再投資レート3％の利付債券を102円で購入した場合の実効利回りは、以下の式を満たすrとして求められる。

$$102 = \frac{3(1+0.03)^3}{(1+r)^4} + \frac{3(1+0.03)^2}{(1+r)^4} + \frac{3(1+0.03)}{(1+r)^4} + \frac{3+100}{(1+r)^4}$$

　これを解くと、r＝2.49％となる。

【2】　金利の期間構造とイールドカーブ

1　フィッシャー効果

　フィッシャー効果とは、人々の時間選好や資金需要によって、実質金利がまず決まり、名目金利は実質金利に期待物価上昇率を加えた水準になる、というものである。フィッシャー効果から下記**フィッシャー関係式**を得る。

名目金利＝実質金利＋期待インフレ率

　年間1％の期待インフレ率を見込むとすれば、名目金利は、実質金利に変化がなければ、1％上昇すると予想される。しかし、例えば、消費税が引き上げられるケースで市場の見通しとして、将来の消費税引上げで、個人消費が低迷し、全体的に景気が後退すると予測されると、期待インフレ率が上昇しても実質金利が低下し、それほどは名目金利が上昇しない可能性もある。

2　金利の期間構造

　金利の期間構造とは、債券の最終利回り（以下、利回りという）と満期までの残存期間との間にみられる関係を示すもので、一般にイールドカーブ（利回り曲線）で表される。**イールドカーブ**とは、残存期間が異なる複数の債券等における利回りの変化をグラフにしたものをいう。横軸に残存期間、縦軸に利回りをとり、各債券の残存期間と利回りに対応する点をつないだ曲線を指す。したがって、一つの債券の動きを表すものではなく、同種の債券の中で残存期間の異なる債券が1本の曲線の形で表される。例えば、利付国債には残存年数ごとに複数の債券が存在するが、それら複数の債券を1本のイールドカーブで表す。

　イールドカーブは利回りを規定している主要な要素である金利が期間という軸でどのような分布になっているか、更には、どのようにその形状が変化する

かを端的に示している。金利は景気動向だけでなく直接的に債券投資戦略にも影響する。米国が金利を引上げ、内外金利差が拡大する局面では外国証券の運用を重視する必要があるし、景気回復局面ではインフレに強い株式投資を重視するなど、金利が資産選択の指標となる。金利動向の変化に債券投資を行う多くの機関投資家が注目しており、将来の景気動向についてどのように予測しているかがイールドカーブの形状やその変化に表れる。

(1) 順イールド

通常、長期金利は短期金利を上回っており、イールドカーブは右上がりの曲線になる。この状態を**順イールド**という。これは債権債務関係を思い浮かべれば容易に理解できる。債権者は債務者に対して貸付を行う。例えば、信用リスクが同一の債務者の場合、1年間貸し付ける場合と5年間貸し付ける場合では、長期である5年の方が1年より金利を高くしたいと考えるのが通常であろう。債券はそもそも債権債務関係を証券化した証券であり、証券化したため売り買いが自由にできる金融商品である。

次に、経済状態が変化する場合について考えてみよう。

(2) 逆イールド

イールドカーブはその時々の経済環境や投資家の期待によって変化する。短期金利が長期金利を上回り、イールドカーブが右下がりの曲線となっている状態を**逆イールド**という。例えば、金融引締めの末期では、先行き金利低下期待が支配的となり、利回り曲線が右下がりになるという現象がみられることがある。

順イールド	曲線は右上がり（短期金利＜長期金利）
逆イールド	曲線は右下がり（短期金利＞長期金利）

図表2-2-32　イールドカーブ（順イールドと逆イールド）

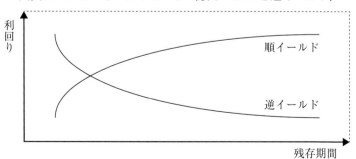

⑶　イールドカーブのスティープ化

　直近と将来を比較して、今はまだ景気が良いと言えないけれども、徐々に将来の見通しが明るくなっていくような状況では、長期金利が上昇し、短期金利との差が拡大することがある。この場合、長期債券の価格は短期債券と比較して大きく下落する（イールドカーブ上では、長期債券の利回りが短期債券に比較して大きく上昇する）。このような状況をイールドカーブの**スティープ化**という。したがって、こうした状況では短期債券のウェイトを高めたり、株式投資へシフトしたりする。

図表2-2-33　スティープ化

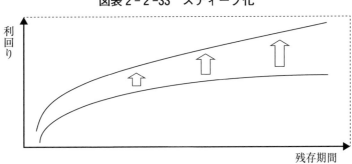

⑷　イールドカーブのフラット化

　一方で、景気が転換期を迎え、金利水準が今後どう変化するかが不透明な場合、長期金利と短期金利の差が小さくなり、カーブが緩くなる傾向がある。このような状況をイールドカーブの**フラット化**という。

図表2-2-34　フラット化

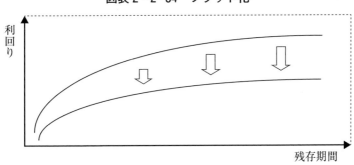

⑸　パラレルシフト

　イールドカーブの傾きが変わらずに、全体が平行に上または下にシフトする
ことをイールドカーブの**パラレルシフト**という。

図表2－2－35　パラレルシフト

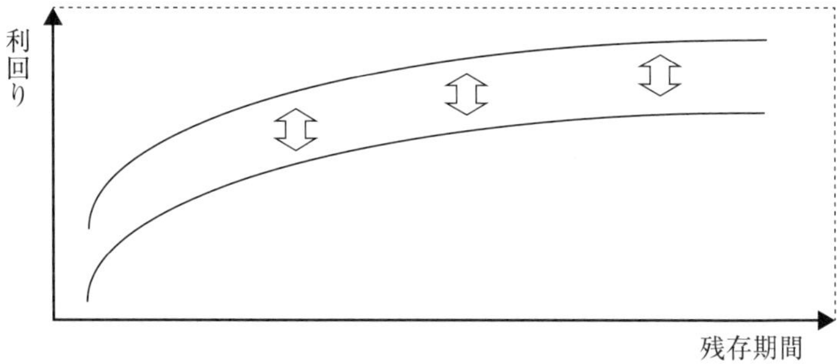

3　金利の期間構造の代表的な理論

　金利の期間構造を説明する代表的な理論には、純粋期待仮説、市場分断仮説、
流動性プレミアム仮説などがある。

　純粋期待仮説とは、長期金利は将来の短期金利の期待値で決定されるという
仮説。この仮説では、資産を長期金利の債券で運用しても、短期金利の債券で
繰り返して運用していっても、同じ結果となるように長期の金利が決められ、
異なる満期の債券が相互に完全に代替的であるとされている。

　これと対照的なのが**市場分断仮説**である。この仮説では、短期金利と長期金
利は全く別々の市場で、各期間の金利に対する債券の需要と供給で決定され、
異なる満期の債券は全く代替的でないとしている。

　第三の仮説は**流動性プレミアム仮説**である。この仮説では、短期の債券と長
期の債券が部分的に代替的であり、投資家は長期の債券に比べて金利の変動が
小さいとみられる短期の債券を選好する傾向があることを前提としている。

Column 2-2-3

日本銀行の長短金利操作
（イールドカーブ・コントロール）

　日本銀行では、景気動向とイールドカーブが密接な関係にあることに着目し、イールドカーブをコントロールすることで金融市場を調節しようとする長短金利操作（イールドカーブ・コントロール）を2016年9月の金融政策決定会合で新たに導入した。長短金利操作は、①短期金利については日本銀行当座預金のうち政策金利の対象となっている残高に▲0.1％のマイナス金利を適用し、②長期金利については、10年物国債金利が概ね現状程度（ゼロ％程度）で推移するよう、長期国債の買入れを行うという2つの要素で構成されている。日本銀行では、2016年2月にマイナス金利を導入した後、国債の買入れと組合わせることによって、短期金利のみならず長期金利も大きく押し下げることができた経験を踏まえ、マイナス金利と国債買入れを適切に組合わせることにより、イールドカーブ全般に影響を与える今回の政策を採用した。ただし、イールドカーブに影響を与える際には、貸出金利や社債金利への波及、経済への影響、金融機能への影響など、経済・物価・金融情勢を踏まえて判断することが適当であるとしている。

【3】　債券投資のリスク

1　債券投資のリスク

　債券投資のリスクには、主なものとして図表2-2-36に示してある5つがある。購入した債券を期間中に売買してキャピタルゲインを得たい投資家ならば金利変動リスクが価格に影響する（**金利変動リスク**）。途中売却してキャピタルゲインを望むのではなく、満期まで保有する場合でも、発行体の経営状況が悪化し利払いができなくなる場合もある（**デフォルトリスク**）。特に外国債券の場合は、**カントリーリスク**だけでなく、そもそもその国での債券の発行量が少ない場合もあり流動性に注意する必要がある。残存期間の途中で償還されれば運用できなくなってしまう（**途中償還リスク**）。流動性がなければ売りたい価格で売れないかもしれない（**流動性リスク**）。債券投資にはこれらのさまざまなリスクがあることを理解しなければならない。

図表2-2-36　債券投資のリスク

金利変動リスク	市場金利の変動により債券利回りが影響を受け、債券価格が大きく変動するリスク。長期債、低クーポン債ほど価格変動が大きい。
デフォルトリスク	債券がデフォルト（債務不履行）に陥る、あるいは格付機関による格下げにより債券価格が大きく下落するリスク。デフォルトリスクが大きくなるほど、利回りは上昇する（価格は下落する）。
途中償還リスク	債券がその発行体により満期前に償還されることにより、運用機会を消失するリスク。
流動性リスク	市場における債券の流通量が少ないことにより、換金したい時に換金できない、あるいは自らの換金により価格を大きく下げるリスク。
カントリーリスク	外国債券に投資した場合、その国の政治や経済情勢等の変化により、価格が大幅に変動する、あるいは資金の回収が困難になるリスク。

　ここで、債券の条件の違いによる価格変動リスクの違いを見てみる。

　例えば、次のような2種類の債券がある場合、債券価格の変動は以下のようになる。

	額面	クーポン	利払い	残存期間	市場金利
債券A	100円	3%	年1回	2年	5%
債券B	100円	4%	年1回	4年	5%

(1)　現在（市場金利5%）の債券価格

$$債券A = \frac{3}{(1+0.05)} + \frac{3+100}{(1+0.05)^2} = 96.28円$$

$$債券B = \frac{4}{(1+0.05)} + \frac{4}{(1+0.05)^2} + \frac{4}{(1+0.05)^3} + \frac{4+100}{(1+0.05)^4} = 96.45円$$

(2)　金利1%上昇時（市場金利6%）の債券価格

$$債券A = \frac{3}{(1+0.06)} + \frac{3+100}{(1+0.06)^2} = 94.50円$$

$$債券B = \frac{4}{(1+0.06)} + \frac{4}{(1+0.06)^2} + \frac{4}{(1+0.06)^3} + \frac{4+100}{(1+0.06)^4} = 93.07円$$

(3)　金利1%下落時（市場金利4%）の債券価格

$$債券A = \frac{3}{(1+0.04)} + \frac{3+100}{(1+0.04)^2} = 98.11円$$

$$債券B = \frac{4}{(1+0.04)} + \frac{4}{(1+0.04)^2} + \frac{4}{(1+0.04)^3} + \frac{4+100}{(1+0.04)^4} = 100.00円$$

　以上のように、現在（市場金利 5 ％）は、債券Aと債券Bの価格にはほとんど差はないが、市場金利が 1 ％上昇すると、債券Aは▲1.78円下落するのに対し、債券Bは▲3.38円下落する。また、市場金利が 1 ％下落すると、債券Aは1.83円上昇するのに対し、債券Bは3.55円上昇する。

　このように、残存期間が長い債券Bの方が、債券Aよりも価格変動リスクが大きい。もし、市場金利の影響を抑えたいのならば、残存期間の短い債券で債券ポートフォリオを組むのがよいことがわかる。残存期間のほか、クーポンレートの大きさなども価格変動に影響する。これらの影響を数値的に把握するのに便利なのがデュレーションである。

2　デュレーション

　デュレーション[27]とは、債券への投資資金の平均回収期間が元の意味であるが、もう一つの意味として、金利が 1 ％変化したときの価格変化率を示す意味がある。これは、金利変動による債券価格の変動性を示す指標ともなる。つまり、デュレーションの長い債券ほど、金利変動による債券価格の変動が大きくなるのに対し、デュレーションの短い債券ほど、金利変動による債券価格の変動が小さくなる。また、利付債のデュレーションは、利息収入があるため、残存期間よりも短くなるのに対し、割引債のデュレーションは、利息収入がないため、残存期間と同じになる。

　なお、デュレーションを（ 1 ＋最終利回り）で除したものを修正デュレーションと呼ぶ場合がある。修正デュレーションは、金利変動による債券価格の変動性を表す尺度で、利回りが 1 ％変化した場合に、債券価格が何％変化するかを表す。

図表 2 - 2 -37　デュレーションを長くする 3 要素

残存期間が長い		デュレーションが長い
クーポンが低い	➡	
最終利回りが低い		

---

[27] デュレーションは、創案者（Frederick Macaulay）の名からマコーレー・デュレーションとも呼ばれる。

3　信用格付

信用格付とは、格付機関が国債や社債などの債券投資を行う投資家向けに、将来、元本や利息の支払いが行われるかどうかの信用リスクを記号化して評価することでその会社のリスク度合いを知らせるものをいう。格付は格付会社により評価方法や表記が異なるが、通常アルファベットで記載される。

図表 2 - 2 -38　格付けとその意味（例）

AAA	債務履行の確実性が最も高い
AA	債務履行の確実性は極めて高い
A	債務履行の確実性は高い
BBB	債務履行の確実性は高いが、将来確実とはいえない
BB	債務履行に当面問題はないが、将来確実とはいえない
B	債務履行の確実性に問題がある
CCC	現時点で不安定な要素がある
CC	債務不履行（デフォルト）となる可能性が高い
C	債務不履行（デフォルト）となる可能性が極めて高い
D	現時点で債務不履行（デフォルト）をおこしている

　格付がBBB以上の債券を**投資適格債**、BB以下の債券を**投資不適格債**（ジャンク・ボンド）という。一般的には、他の条件が同じであれば、格付が低い債券ほど利回りは高くなる。なお、代表的な格付会社には、格付投資情報センター（R&I）、ムーディーズ、スタンダード・アンド・プアーズ（S&P）、フィッチなどがある。

4　信用格付けとクレジットスプレッド

　格付投資情報センター（R&I）の「日本企業のデフォルト率・格付け推移行列」（2021年 6 月）のレポートをみると、例えば、BBB格 5 年間累積倒産確率は、1978年から2020年の平均値が、1.02％となっている。簡便的な理解としては 1 年間当たり0.2％の倒産確率である。一方、証券業協会の「格付けマトリックス」によれば、2022年 1 月現在のR&IのBBB格 5 年債の利回りは0.562％であり、5 年国債利回りの－0.012％に対し約0.5％程度高い。このように、社債の対国債クレジットスプレッドは、 1 年間当たり倒産確率の 2 倍程度以上となっていることが多い。

　単純な計算をしてみると、例えば、100社投資するポートフォリオ投資が可

能と仮定して、投資家は、少なくとも倒産確率と同じ水準のクレジットスプレッドを要求する必要がある。実際には、年間倒産確率の2倍程度を要求する形になっているが、その理由は倒産確率以外のリスク要因が含まれているからである。「日本におけるクレジットスプレッド変動要因」（日本銀行ワーキングペーパーシリーズ、2007年1月）によれば、クレジットスプレッドには、金融市場全体のリスク、倒産リスクの不確実性、価格変動リスク、事業リスク、非流動性リスク等総合的なリスクに対するリスクプレミアムが含まれている。

5　債券価格の変動要因

　債券価格は、市場環境の変化を事後的に反映するのではなく、将来の変化の予想に基づいて形成される。例えば、将来、金利が低下すると予想する投資家は、債券の利回りも実際に将来低下することを見込んで債券を購入する。債券価格の算出式を思い浮かべれば理解しやすい。債券は将来受け取る利札（クーポン）の額が決まっている。将来受け取るクーポンや額面の現在価値を算出するために割り引く割引率がどのようになるかの見通しが投資家によって異なるから将来の債券価格の予測が異なることで取引が生じる。つまり、債券価格の変動は、市場における金利などに対する予想の変化が、債券の需給に反映されることによって引き起こされる。

　債券価格と景気、海外金利、為替レートとの関係は次のように考えられるが、現実には株価同様、さまざまな要因が影響するため、短期的にはそのとおりの動きとはならないことに注意が必要である。

(1)　景気と債券価格

　不況期には企業の設備投資意欲が減退し、個人消費も低調となるため、企業の資金需要は減少する。その結果、金利が下がり、債券価格が上昇する。一方で、好況期には資金需要の増加から金利が上昇し、債券価格が下落する。このように債券価格と株価は景気をベースに考えれば、基本的には逆方向に動くことがわかる。そのためポートフォリオに株式と債券を組み込めばリスク低減効果が見込める。

(2)　海外金利と債券価格

　わが国の債券価格は、海外金利、特に米国金利の影響を強く受ける。例えば、米国金利が上昇して、日本との金利差が拡大すると、投資家は利回りの高い米国債券への投資を積極化することから、国内の債券需給が悪化し、債券価格が下落（利回りが上昇）する。海外との金利差が拡大すれば海外投資の需要は高

まるが、一方で外貨への需要が高まるので為替レートに影響する。つまり、円貨を売って外貨を買い、海外投資を行う動き[28]となり円安要因となる。

(3)　為替レートと債券価格

　為替レートは、内外の資金の動きや、わが国の金融政策に影響を及ぼすとともに、債券価格とも密接に関係している。例えば、円高局面では次の図表のような動きが起こり、債券価格は上昇（金利は低下）する。また、円安局面ではこの逆の動きが起こる。

図表2-2-39　円高局面での債券価格の動き

為替差益を狙う海外資金の流入	金融の緩和	債券価格上昇（金利低下）
輸出の減少	景気の悪化	資金需要の鈍化 → 債券価格上昇（金利低下）
国内からの外国債券投資抑制	債券需給好転	債券価格上昇（金利低下）
ドル買い介入と低金利による円高抑制策		債券価格上昇（金利低下）
輸入物価下落	国内物価下落	債券価格上昇（金利低下）

【4】　債券の種類

1　ワラント債（新株予約権付社債）

　新株予約権が付与された社債をワラント債（新株予約権付社債）という。**ワラント（新株予約権）** とは、発行した会社に対して権利を行使することによって、その会社の株式の交付を受けることができる権利のことをいう。ワラントは一種の株式コール・オプション（オプションについては本章第7節【1】5を参照）であり、そのオプション価値が付いている分、金利が低くても発行できる。

---

[28]　金利差に着目して低金利の円貨を借り入れて、外貨と交換し金利の高い外貨で運用する取引を円キャリートレードという。投機目的で外貨ポジションを持つため、為替レートが円安になれば金利収益に加えて為替収益も得られることから円安時に借り入れていた円貨の返済用に円を買い、運用していた外貨を売る反対トレードが起こる。

2　CB（転換社債型新株予約権付社債）

　株式に転換する権利が付いた社債を**CB**（Convertible Bond；**転換社債型新株予約権付社債**）といい、株式と債券の二つの特徴をあわせ持つ。CBは社債に新株予約権が付与された形態で発行され、新株予約権を行使することで、発行時に決められた値段（転換価額）で社債を株式に転換することができる。一方、社債のまま保有し続けると、利付債として定期的に利子を受け取ることができ、償還日には額面金額が払い戻される。一旦株式へ転換した後に社債へ戻すことや、新株予約権を分離譲渡することはできない。

　株式に転換して売却するか、CBとしてそのまま売却するかを決定する際には、CBを株式に転換した際のCBの理論価格やCBの市場価格と理論価格との乖離率などが判断材料になる。株式転換権は、一種の株式コール・オプションなので、オプション価値の分金利を低く発行できる。

3　パリティ

　パリティ（**パリティ価格**）は、CB（転換社債型新株予約権付社債）を株式に転換する時の理論価格のことをいう。これは、額面100円に対する金額で表示され、株価を転換価格で割って求められるもので、CBに投資する際の一つの尺度となる。パリティは、株価に連動し、株価と転換価格が同じ時は100となる。通常、100を上回っている時は株式的価値が高く、100を下回っている時は社債的価値が高い。

4　ハイイールド債

　ハイイールド債は、ジャンク債（ジャンクボンド）とも呼ばれ、低格付けでデフォルトリスクの高い債券のことをいう。例えば、スタンダード・アンド・プアーズ社（S&P）の格付けで「BB」、ムーディーズ社（Moody's）の格付けで「Ba」、ないしそれ以下の低格付けの債券のことを指す。

　一般に、ハイイールド債は信用格付けが低く、元本割れが発生するリスクが高い分、利回りは高く設定される。このような特性に着目して、複数のハイイールド債をパッケージにして運用することで、リスクを分散させながら高いリターンを求める投資戦略のファンドをハイイールド債ファンドという。

5　コーラブル債（期限前償還条項付債券）

　コーラブル債（Callable Bond；**期限前償還条項付債券**）は、債券の発行体

が予め決められた特定日（償還可能日）に、債券を投資家から買い戻すことにより、繰上償還（コール）できる権利が付いた債券のことをいう。債券の発行体が償還可能日に繰上償還する権利を有している代わりに、同期間の債券よりもクーポンが高くなっているのが特徴である。このため、満期が10年のコーラブル債に投資したのに3年後に早期償還されたということも起こりうるので、投資家の立場で考えると投資期間が確定しないというリスクがある。

　なお、発行体が早期償還できるタイミングは、債券の利払いに合わせて設定されるが、満期までの間に複数回早期償還のタイミングが設定されているものをマルチ・コーラブル債と呼んで区別する場合もある。

6　仕組債

　仕組債とはデリバティブ（金融派生商品）を内蔵したハイリスク・ハイリターンの債券のことをいう。オプションやスワップなどのデリバティブを組み込むことで、通常の債券のキャッシュフローとは異なるキャッシュフローを持つようにした債券が該当する。具体的には、償還期限が近づくにつれて金利が上がるステップアップ債や金利が下がるステップダウン債、株価指数や為替相場等に連動して償還額や利率が変わる株価連動債や為替連動債、その他にリバースフローター債、デュアルカレンシー債、他社株転換社債（EB債）などがある。通常、これらの債券は、国債や預貯金よりも高いリターンを期待できる半面、中途換金が難しかったり、損失が膨らんだりするリスクがあり、相場環境次第では、償還額が元本を大きく割り込む場合もある。

図表2-2-40　仕組債

ステップアップ債	当初利率は低く、一定期間後から利率が上昇する債券
ステップダウン債	当初利率は高く、一定期間後から利率が低下する債券
株価連動債	償還金や利率などが日経平均などの株価指数に連動する債券
為替連動債	償還金や利率などが為替レートに連動する債券
リバースフローター債	利率が市場金利と逆に変動する債券
デュアルカレンシー債	利払いと償還が異なる通貨の債券
他社株転換社債（Exchangeable Bond）	特定他社の株価動向次第で、償還金のかわりに他社株式で償還される可能性のある債券

7　物価連動債

　物価連動債は、債券のパフォーマンスがインフレに連動するように設計され

た債券である。この債券は、インフレが大きくなれば、投資対象として注目されるが、現在までは日本の低インフレ時代を反映して注目されていなかった。

　しかし、特に重要な機能がある。それは、通常の国債の利回りと、物価連動債の利回りの差が、市場のコンセンサスとしての長期予想インフレ率の情報を提供することである。一般投資家も、日本相互証券のウェブサイトから、ブレイクイーブン・インフレ率を検索すると、その情報を簡単に得ることができる。因みに2022年3月現在の市場の長期予想インフレ率は、0.77％程度である。

　市場が効率的ならば、同残存期間の通常国債と物価連動国債の収益率は等しくなるように値付けされるはず（無裁定条件）。従って、利回り格差は将来のインフレ率に対する市場参加者の予想を反映するはずである。

$$利回り格差 = 期待インフレ率 = Break\ Even\ Inflation\ rate$$

　現時点での物価連動国債に投資する意義としては、長期化する量的緩和政策（過剰流動性）が将来のインフレリスクを堆積させている可能性を無視できないので、インフレーションやスタグフレーションに対するヘッジとなることである。

例題 2 - 2 - 3

　債券投資についての記述で、正しいものに〇、誤っているものに×を付けその理由を説明しなさい。

1　債務不履行により、クーポンや元本を当初の約束通り受け取れなくなる可能性をデフォルトリスクという。

2　市場における債券の流通量が少ないことにより、換金したい時に換金できない可能性を途中償還リスクという。

3　純粋期待仮説では、長期金利は将来の短期金利の期待値で決定される。

4　デュレーションとは、債券への投資資金の平均回収期間が元の意味であるが、もう一つの意味として、金利が 1 ％変化したときの価格変化率を示す意味がある。

5　イールドカーブのスティープ化とは、景気が転換期を迎え、金利水準がどう変化するか不透明な場合、長期金利と短期金利の差が小さくなり、イールドカーブカーブが緩くなる状況をいう。

6　物価連動債は、債券のパフォーマンスがインフレに連動するように設計された債券である。

解答・解説

1　〇　問題文の通り。

2　×　途中償還リスクではなく流動性リスクである。

3　〇　問題文の通り。

4　〇　問題文の通り。

5　×　スティープ化ではなくフラット化である。

6　〇　問題文の通り。

第4節　株式

学習ポイント

●PER（株価収益率）、PSR（株価売上高比率）、PBR（株価純資産倍率）、PCFR（株価キャッシュフロー倍率）等株式の評価尺度について理解する。
●株価の評価方法について理解する。

【1】　上場企業経営者にとっての株価

　株式を上場する際に、持ち株を放出し創業者としての上場利益を得たという話はよくある。この話を聞いた顧客からプライベートバンカーに「上場したほうがいいのか」という漠然とした質問をされる場合がある。上場できるかどうかの具体的な話は幹事証券会社に任せるとしても、プライベートバンカーとして「上場すると経営者にどんな変化が起こり、そのために経営者はどのような心構えが必要か」という問いに答えられなければ信頼を得られない。そのためにも投資家の視点から選ばれる会社とはどんな会社なのかを顧客に説明する必要がある。

　まず、株式が取引所で公開され自由に売買されるようになると、企業価値を高められない株式は売却されることになる。投資家が株式を保有する目的が純粋に投資目的なら、インカムゲインやキャピタルゲインを目的に投資している。つまり、配当目的か売却益目的である。利益が出たときに配当を増加させるか、内部留保して企業価値を高めるための資金とするか、経営者は株主に経営計画を説明し理解を得る必要がある。これを怠ると、株価が下がれば保有している株式の価値が毀損されるだけではなく、買収される可能性が高まる。また、逆に、他社を買収しようとする場合、他社の株価が下がれば自社の株式交換比率が高まるので買収コストが低下することになる。一定の資金を調達するため増資するにしても、株価が下落すれば株価が高い場合と比較して、多くの株式数を必要とすることになる。このため、経営者は株価の下落を放置することはできない。

　つまり、上場すれば経営者は投資家から常に企業価値を高める努力を求められることになる。確実に銀行に返済を行い従業員に給与を支払うというだけでは投資家の期待に応えることはできないので、投資家が期待するリターンを実現するような経営努力が必要となる。なぜなら、投資家は預金にも債券にも、

またその他のあらゆる金融商品への投資が可能な中で、顧客が経営する（株式に価格変動リスクのある）会社に投資してもらうには、無リスク資産のリターンを超えるリスクプレミアムへの期待に応えることが必要だからである。

　では、投資家から選ばれる会社とはどのような会社か。会社の経営成績をみる指標としてROAとROEがある。

1　総資本利益率（ROA）

　利益を総資本（総資産）で割ったものを**総資本利益率**（ROA；Return On Asset）という。これは、企業がすべての資本を利用して、どれだけの利益を上げているかを示す総合的な収益の財務指標である。分子の利益には、営業利益、経常利益、事業利益、当期純利益などが使われ、それぞれ、総資本営業利益率、総資本経常利益率、総資本事業利益率、総資本当期純利益率と定義される。

　ROAは、企業が持っている総資本が利益獲得のためにどれだけ有効に活用されているかを表すことから、企業の収益効率をチェックする指標として**ROE**と共によく利用される。分子の利益には、通常、事業利益が使われる。

$$総資本事業利益率（\text{ROA}）=\frac{事業利益}{総資本}$$

　なお、ROAは以下の2指標に分解できる。

$$\text{ROA}＝売上高事業利益率×総資本回転率$$
$$\frac{事業利益}{総資本}=\frac{事業利益}{売上高}×\frac{売上高}{使用総資本}$$

2　自己資本利益率（ROE）

　利益を自己資本で割ったものを**自己資本利益率**（ROE；Return On Equity）という。これは、企業の収益力を判断する財務指標の一つで、自己資本を使って、どれだけ効率的に多くの利益を生み出すことができているかを表すとともに、自己資本がどれだけ高い成長力を持つかを表している。分子の利益には、通常、当期純利益が使われる。

　一般に、株価の動きには、その時々の経済環境や投資家のさまざまな思惑が絡むため、短期的にはROEが示す企業の利益成長力が株価に反映されるとは

限らないが、長期的には株価の値上がりと配当収入を合わせたトータルリターンは、ROEと密接に関連していることが確認されている。

$$\text{自己資本当期純利益率(ROE)} = \frac{\text{当期純利益}}{\text{自己資本}}$$

ROEもROAも分子は利益である。その違いは分母が株主の提供した自己資本か他人資本である借入を含めた総資本かの違いにある。資金調達の違いと利益を対比して経営者の経営能力を評価しようという考え方である。

経営不振をどのように改善したらよいのか。例えば、ROEを3指標に分解して他社と比較してどこを改善すべきなのかを明確化して経営戦略を立案することができる。

$$\text{ROE} = \text{売上高当期純利益率} \times \text{総資本回転率} \times \text{財務レバレッジ}[29]$$

$$\frac{\text{当期純利益}}{\text{自己資本}} = \frac{\text{当期純利益}}{\text{売上高}} \times \frac{\text{売上高}}{\text{使用総資本}} \times \frac{\text{使用総資本}}{\text{自己資本}}$$

利益率が劣るなら商品単価つまり商品の利益率や商品ラインナップを見直す必要があるだろう。回転率を上げる方法は2つ、売上を伸ばすか使用総資本を削減することだ。ホテル旅館業なら稼働率を上げるか無駄をなくすために空いたスペースをレストランや催事、リラクゼーション施設として活用することが考えられる。財務レバレッジを高めるには余剰資金を配当や自社株買いに回すことで、自己資本を減らす。同業他社と比較するとともに時系列で分析すれば、経営者がどこに配慮して経営をしたか苦心の跡を読み取ることができる。

無駄な借入金を返済するのは当然だが、経営の成長にドライブをかけるべき時期には資金を調達して使用総資本を増加させることも必要である。投資家の期待リターンは借入利子率よりも高いので[30]、調達コストの低い借入を増加させて使用総資本を増加させることが考えられる。ただし、自己資本との対比で負債を増加させすぎると企業の信用力が落ちることになる。そこでインタレスト・カバレッジ・レシオを活用して適正化を図る。

---

[29] 自己資本比率の逆数で、借入金などをテコ（レバレッジ）として使うことにより、自社の総資本が自己資本の何倍となっているかを表し、負債をどのくらい有効活用しているかを示す。

[30] 株価の価格変動の大きさ、つまり、価格変動リスクと企業の信用リスクを考慮した金利を比較すれば、通常、期待収益率の方が借入の金利よりは高いことがわかる。

3　インタレスト・カバレッジ・レシオ

　インタレスト・カバレッジ・レシオは、会社の借入金等の利息の支払能力を測るための財務指標で、金融費用（支払利息・割引料）に対する事業利益（営業利益と受取利息・受取配当金の合計）の倍率をいう。これは、企業の信用力（安全性）を評価するための指標で、年間の事業利益が金融費用の何倍であるかを示し、金融機関が融資を行う際や格付会社が社債等の格付けを行う際に重視している。

　一般にインタレスト・カバレッジ・レシオの倍率が高いほど、有利子負債の返済の安全度が高く、会社の金利負担能力が高い（財務的に余裕がある）ことを示す。

$$
インタレスト・カバレッジ・レシオ = \frac{営業利益 + 受取利息・配当金}{支払利息・割引料}
$$

　つまり、インタレスト・カバレッジ・レシオに注意しながら効率経営を行う必要がある。そもそも、一年間の経営成果である当期純利益をどのように配分するかは株主総会の重要な決議事項である。配分には社外流出と内部留保がある。配当として社外流出[31]すればその資金は株主のインカムゲインとなる。一方、内部留保して利益剰余金として株主資本に組み入れれば、その資金を活用して企業の成長に役立てることができる。配当として株主に還元すべきか内部留保して企業価値の成長に資金を回すかを決定するのが株主総会の決議である。企業価値向上のために確かな戦略を投資家に訴えるIR（Investor Relations）活動でいかに内部留保が必要で成長に役立つかを訴えかける必要がある。内部留保がどのように成長に役立つかの指標としてサステイナブル成長率がある。

4　サステイナブル成長率

　企業活動における**サステイナブル成長率**とは、外部資金調達を行わずに、内部投資のみで実現できる成長率のことをいう。企業の成長を支えるのは、内部に再投資した資本が生み出す利益やキャッシュフローであることから、持続的な成長を示す指標として重視されている。前提条件や詳細な説明は省くが、内部留保された利益がROEの利益率で成長するとする以下の式で表される。

---

[31]　社外流出には配当のほかに税金、役員報酬などがある。ここでの社外流出とは単純に資金が社内に残るか出ていくかの違いを表現している。

　例えば、ROEを10％、配当性向を60％とすると、毎期の投下資本は、内部留保の分だけ増加することから、サステイナブル成長率は10％×（1−0.6）＝4％となる。

サステイナブル成長率＝ROE×内部留保率
　　　　　　　　　　＝ROE×（1−配当性向）[32]

【2】株式価値の評価尺度

1　株価と利益

　上場企業の場合、経営努力は株価にどのように影響するのだろうか。図表2−2−41は利益伸び率（法人企業統計の経常利益伸び率）と株価上昇率（TOPIX上昇率）を示している。後述するように、株式の価値は、将来予想利益の価値である。従って、従来の市場予想と異なり予想利益が増加する情報を得られれば、株価は上昇する。これは予想利益との関連であるが、実績利益との関連でも同じことが言える。図表をみれば、利益が伸びればおおむね株価は上昇していることがわかる。

図表2−2−41　利益伸び率と株価上昇率

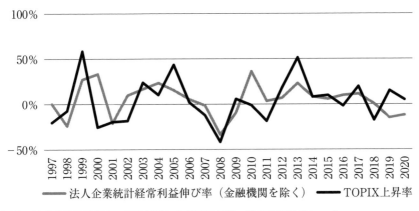

（出所）　法人企業統計調査　2009年度および2020年度、日本取引所グループ

---

[32] 税金、役員報酬を無視すると内部留保＝利益−配当。両辺を利益で割ると、内部留保率＝1−配当性向となる。

2　上場企業株価のマルチプルによる評価

　企業が生み出す利益の成長が株価の上昇をもたらす。将来、株価が上昇するような会社を見つけて株式に投資すればやがて株価が上昇するので、売却すれば売却益（キャピタルゲイン）を、保有すれば配当を得ることができる。このような投資の意思決定をするためには実際に取引されている現在の株価が公正価値（理論価格）と比較して割安か割高かを判定する必要がある。上場企業であれば株価がわかる。株価と財務情報を対比して割安割高の判定に役立つものとしていくつかの指標が利用される。主なものを下記に整理する。

(1)　株価収益率（PER）

　株価を1株当たりの当期純利益で割ったものを**株価収益率（PER；Price Earnings Ratio）**という。これは、株価が1株当たり当期純利益の何倍まで買われているかを示す指標で、数値（倍率）が高いほど割高で、数値（倍率）が低いほど割安とされる。分母の当期純利益に実績利益が使われると実績PER、予想利益が使われると予想PERと呼ばれる。PERは、株価を利益面（企業業績）から見て割安か割高かを判断する際に使われる投資指標で、例えば、株価が500円で、1株当たり当期純利益が50円ならば、PERは10倍となる。

　一般にPERは、業種や成長段階により水準が異なるため、業種平均との比較や、その会社の過去の数値との比較から、割安か割高かを判断する。どのくらいのPERが妥当かという基準は特になく、グローバルに企業を比較する場合は、各国の税制や企業会計の慣行なども考慮する必要がある。株価とは1株当たりの価格であるので、利益も1株当たりに揃えなければ比較できない。そこで1株当たりの当期純利益を算出するために当期純利益を発行済み株式数で除すことで**1株当たりの利益（EPS）**が算出できる。

　1株当たり純利益（EPS；Earnings Per Share）は、企業の成長性をみる指標として使われる。過去のEPSの推移をみることで成長力を分析し、将来の株価を予測するのに役立つ。

$$1株当たり当期純利益(EPS) = \frac{当期純利益}{発行済株式数}$$

EPSを用いてPERを表すと以下のようになる。

$$株価収益率(PER) = \frac{株価}{1株当たり当期純利益(EPS)}$$

なお、新興企業については、その成長性から将来のEPSの増大が期待先行で買われ、現在のEPS基準のPERが高くなる傾向がある。

⑵　株価純資産倍率（PBR）

利益が出ていない赤字会社はPERで割安か割高かが評価できない。赤字会社の安定性をみるために純資産と株価の比較で割安か割高を評価するのが、**株価純資産倍率（PBR）**である。この算出のためにはまず純資産を発行済み株式数で除すことで**1株当たりの純資産（BPS）**を算出する。1株当たり純資産（BPS；Book-value Per Share）は、企業の安定性をみる指標として使われる。BPSが高ければ高いほど、その企業の安定性は高いといえる。

$$1株当たり純資産(BPS) = \frac{純資産}{発行済株式数}$$

株価を1株当たり純資産で割ったものを株価純資産倍率（PBR；Price Book-value Ratio）という。これは、株価が1株当たり純資産の何倍まで買われているかを示す指標で、数値（倍率）が高いほど割高で、数値（倍率）が低いほど割安とされる。1株当たり純資産の意味は、企業活動に投入されている1株当たりの自己資本投資額である。

PBRは、株価を1株当たり自己資本投資額から見て割安か割高かを判断する際に使われる投資指標で、PBRが1倍未満の株価とは企業が持つ資産価値（1株当たり自己資本投資額）を株価が下回っていることを意味する。そのため、PBR1倍は株価の一つの下限と考えられ、当面の下値を推定する上では有効である。

なお、平常時のマーケットでPBRが異常に低い銘柄については、将来の収益見通しが悪化していることを意味するので、企業の存続自体に問題がある可能性がある。

$$株価純資産倍率(PBR) = \frac{株価}{1株当たり純資産(BPS)}$$

また、

$$PBR = PER \times ROE^{33}$$

となるので、PBRを高めるにはROEを上昇させることが必要になることがわかる。

(3) 株価キャッシュフロー倍率（PCFR）

株価を1株当たりキャッシュフローで割ったものを**株価キャッシュフロー倍率（PCFR；Price Cash Flow Ratio）**という。これは、株価が1株当たりキャッシュフローに対して何倍まで買われているかを示す指標で、数値（倍率）が高いほど割高で、数値（倍率）が低いほど割安とされる。

キャッシュフローは、税引き後当期純利益に減価償却費を加えたものであることから、減価償却方法の異なる企業の収益力の比較が可能になる。また、PERと異なり、会計制度の影響を受けにくく、国際的な株式投資の指標として利用されることも多い。

$$株価キャッシュフロー倍率(PCFR) = \frac{株価}{1株当たりキャッシュフロー}$$

(4) 株価売上高比率（PSR）

株価を1株当たりの売上高で割ったものを**株価売上高比率（PSR；Price to Sales Ratio）**という。これは、株価が1株当たり売上高に対して何倍まで買われているかを示す指標で、数値（倍率）が高いほど割高で、数値（倍率）が低いほど割安とされている。

PSRは、売上高の増加が株主価値の増加につながる可能性が高い企業の評価に適している。業種では、小売業等が該当するが、まだ利益水準が低い新興企業の株価を評価する際に、PERやPCFRの先行指標として利用されることもある。

$$株価売上高比率(PSR) = \frac{株価}{1株当たり売上高}$$

---

[33] $PER \times ROE = (株価／EPS) \times (当期純利益／自己資本)$
　　$= (株価 \times 発行済株式数／当期純利益) \times (当期純利益／自己資本)$
　　$= 株価 \times (発行済株式数／自己資本) = 株価／BPS = PBR$
　　厳密に言えば、会計上非支配株主持分等がある場合には、自己資本と純資産は一致しないが、ここでは、自己資本＝純資産としている。

　これまでは株価と会計情報との関係をベースに考えてきた。ただし、株価が利益等との関係で割安か割高か判断可能だとしても、そのベースとなる会計情報は一期間にすぎない。次に多期間の利益の水準を株価に反映させることを考えよう。

3　DDM方式による株価評価の考え方

　多期間の株式評価モデルとして配当割引モデル（DDM）を説明する。一般に資産の価値は、その資産を保有することによって将来得られるキャッシュフローを現在価値に割り引いて計算することができる。この考え方に基づいて株式を評価したのが、**配当割引モデル（DDM；Dividend Discount Model）**であり、普通株式の理論株価は、将来的に予測されるディスカウント済みのキャッシュフローの合計値であるという考え方に基づく（割引キャッシュフロー法）。将来的に予測されるキャッシュフローはすべて配当[34]であるとしている。配当割引モデルには、割引率も1株当たり配当も一定であると仮定する定額配当割引モデル（ゼロ成長モデル）と、割引率が一定で1株当たり配当が一定割合で増加すると仮定する定率成長モデルがある。

　なお、以下に述べる株価理論モデルを実際の株価評価に利用するには、理論的仮定を実務的に修正する必要がある場合がある。例えば、定率成長モデルは、1株当たり配当の増加率（成長率）が割引率より小さいと仮定されているが、現実は一時的に高い成長率が見込まれることもあり、その時には3段階DDMモデル等の高度なモデルを利用する必要がある。

　下記のモデルで共通して重要な数値は割引率である。割引率は株主資本コストともいう。その具体的な求め方は(5)の項目で扱う。

(1)　定額配当割引モデル（ゼロ成長モデル）

　現在の株価をP、配当金をD、割引率をrとすると、株価Pは以下のように表すことができる。

$$P = \frac{D}{1+r} + \frac{D}{(1+r)^2} + \frac{D}{(1+r)^3} + \cdots + \frac{D}{(1+r)^n} + \cdots$$

ここで、配当金が永続的に支払われると仮定すると、以下の近似式で置き換えられる。

---

[34] 最終利益を外部流出させるか内部留保するかという問題は、実際は重要なテーマであるが、ここでは区別をしない（配当として外部流出させた場合はインカムゲインとなって投資家に還元されるが、内部留保されても企業価値が上昇して株価が上がるため）。

$$P = \frac{D}{r}$$

これを**定額配当割引モデル**、あるいは**ゼロ成長モデル**という。

例えば、１株当たり配当金が毎年50円、割引率が３％とすると、株価は、以下のように求められる。

$$P = \frac{50円}{0.03} = 1,667円$$

(2)　定率成長モデル

次に、現在の株価をＰ、配当金をＤ、割引率を r 、配当金の成長率を g とすると、株価Ｐは以下のように表すことができる。

$$P = \frac{D}{1+r} + \frac{(1+g)D}{(1+r)^2} + \frac{(1+g)^2 D}{(1+r)^3} + \cdots + \frac{(1+g)^{n-1}D}{(1+r)^n} + \cdots$$

ここで、配当金が永続的に支払われると仮定すると、以下の近似式で置き換えられる。

$$P = \frac{D}{r-g}$$

これを**定率成長（配当割引）モデル（ゴードンモデル）**という。

例えば、１株当たり配当金が毎年50円、割引率が３％、配当金の成長率を２％とすると、株価は、以下のように求められる。

$$P = \frac{50円}{0.03 - 0.02} = 5,000円$$

配当割引モデルでは、無配の場合や、フリーキャッシュフローに比して配当が少ない場合、株式の価値を正確に評価することが難しくなる。そこで、配当の代わりに毎年企業が生み出すフリーキャッシュフローの額を割引いて株式の価値を評価するモデルを株主フリーキャッシュフロー割引モデルという。

(3)　株主フリーキャッシュフロー割引モデル

株主フリーキャッシュフローを用いる株価モデルの式は、配当割引モデルの１株当たり配当を、１株当たり株主フリーキャッシュフロー（**FCFE**）に置き換えれば良い。

株主フリーキャッシュフロー＝当期純利益－投資純増－負債返済

と定義される（更に、応用バージョンとして、投資純増の一定部分を負債で継

220

続的に調達すると仮定する場合は、その額をプラスすることもある）。

$$P = \frac{FCFE}{1+r} + \frac{(1+g)FCFE}{(1+r)^2} + \frac{(1+g)^2 FCFE}{(1+r)^3} + \cdots + \frac{(1+g)^{n-1} FCFE}{(1+r)^n}$$

ここで、一定の株主フリーキャッシュフローが永続的に支払われると仮定すると、以下の近似式で置き換えられる。

$$P = \frac{FCFE}{r-g}$$

⑷　残余利益割引モデル

配当やキャッシュフローという単一の会計数値を使うことによる不安定さを是正するために考案されたのが、**残余利益割引モデル**（Discounted Residual Income Model）である。

残余利益とは、当期純利益から株主の期待収益を引いたもの、つまり株主の期待収益率を上回る利益をいう。1株当たり残余利益をSURPLUS、1株当たり純資産をBという記号で表し、前述の定率成長配当割引モデルを変形すると下記のようなモデルを得る。

この形式で表現すると、株価は、1株当たり純資産を基本にして、将来の1株当たり残余利益の現在価値を加算したものであることがわかる。このモデルの長所は、将来の残余利益が期待できそうかどうかという点について、将来の企業収益力が市場の要求収益率より高いか低いかという視点から、素人でも直感的に判断できることにある。また、貸借対照表から得られる株主資本の会計数値を使うことから、より安定的な株式の価値を利用して評価することが可能になる点も長所と考えられている。

$$P = B + \frac{SURPLUS}{r-g} = B + \frac{(ROE - r)B}{r-g}$$

⑸　上場企業の株主資本コストの求め方

上記⑴〜⑷において、最も重要なパラメータは、割引率＝株主要求収益率＝株主資本コストである。上場企業の株主資本コストは、通常CAPM理論を利用する。

$$\beta = \frac{（市場ポートフォリオと個別資産の共分散）}{（市場ポートフォリオの分散）}$$

とすると、CAPMによって以下の式で株式期待リターン（株主要求収益率）

を求める。

個別株式の期待リターン＝無リスク資産のリターン

$\quad + \beta \times$（市場ポートフォリオのリターン−無リスク資産のリターン）

Column 2-2-4

分解することの意味

　本章では株式の理論価格のさまざまなモデルを説明したが、ベースとなる考え方は多期間の会計情報を現在価値に換算しその合計額がその企業の公正価値であり理論価格であるとするものである。実際の市場価格とこの理論価格を比較することで割安割高を判断する。投資家が合理的であるならば、市場価格はやがて理論価格に収束するとの考えである。

　モデルを複雑化すれば精度は向上すると期待される。しかし、複雑化すればするほど労力が多大になる。期間が遠い将来であればあるほど予測の正確性は劣化する。だからといってモデルが無用かというとそうではない。投資判断をする場合、理論価格が決まらなければぼんやりとした判断となる。具体的にある価格（理論価格）までは「買い」であるけれどそれを超えると「売り」に変わる。つまり、なんとなく良い企業、悪い企業という判断では投資の意思決定はできないのである。

　また、もっとも単純な以下の式でも株価分析ができる。ある企業の株価が上昇したとしよう。それはDの増加すなわち「分子である企業業績が回復したためなのか」、ｒである「期待収益率が低下したためなのか[35]」、それとも、ｇである「その企業の成長性が高まったのか」の3つの要素に株価上昇要因を分解して分析できる。

$$P = \frac{D}{r - g} \qquad P：株価 \quad D：配当 \quad r：期待収益率 \quad g：成長率$$

　例えば、ある家電メーカーは株価が低迷していた。しかし、金融緩和政

---

[35] その企業の期待収益率はリスクフリー・レート＋リスクプレミアムなので、投資家がその企業に要求するリスクプレミアムが変わらなくても、政策的にリスクフリー・レートを低下させれば期待収益率は低下する。アベノミクスの金融政策は大量に資金供給することで実質的なリスクフリー・レートを低下させる政策であったといわれている。

策で利回り全般の低下、株式市場でも期待収益率全体が低下したため株式市場の上昇機運が高まった（ r の低下）。為替が円高から円安へと方向転換したため、輸出企業であるこの家電メーカーの業績が回復してきた（Dの増加）。これまでは高価格帯中心の商品ラインナップであったが、競合他社と比較してマーケティング戦略を再考し、シンプルで高品質な中価格帯の商品を投入し市場開拓を行った結果、企業業績の成長が見込めるようになった（gの上昇）。

このような株価の分析だけでなく、プライベートバンカーとして顧客である経営者の企業の成長アドバイスにも配当割引モデルを活用できる。ROEの3指標分解で分析することも、顧客企業の業績向上をはかるための手法として有用である。

例題 2 - 2 - 4

株式投資についての記述で、正しいものに○、誤っているものに×を付けその理由を説明しなさい。

1　PERが高ければ、企業が上げている利益に対して株価が割高である。
2　PBRは、その企業の解散価値に当たる自己資本と市場で付けられている株価の比率で、1を下回ることは企業の解散価値以下になることを示す。
3　保有銘柄数を増やすことにより、ポートフォリオのリスクを低減することができるが、低減できるのは、市場リスクである。
4　市場の効率性が高いと考え、アクティブ運用の投資信託を選択した。

解答・解説

1　○　問題文の通り。

2　○　問題文の通り。

3　×　低減できるのは、固有リスクである。

4　×　市場の効率性が高いのであれば、パッシブ運用の投資信託を選択
することが合理的である。

第5節　投資信託

●投資信託を活用するメリットとデメリットを理解する。

●投資信託にかかるコストなど、運用に当たってのチェックポイントを理解する。

●アクティブ運用とパッシブ運用のメリット・デメリットを理解する。

●バリュー型、グロース型の商品特性を理解する。

●インデックスファンドとETFの違いを理解する。

【1】　投資信託のメリットとデメリット

1　投資信託のメリット

投資信託を活用するメリットとして次のようなものがある。

⑴　少額から分散投資が可能

・株式や債券について個別銘柄を選んで十分に分散投資することは、債券の市場取引金額等を考えると、富裕層のある程度まとまった資金であっても、個人で行うには難しい面があるが、投資信託であれば可能となる。

⑵　専門家に運用を任せることができる

・個人投資家ではアクセスしにくい、海外の株式や債券に投資ができる。

⑶　透明性が高い

・基準価額が日々公表される。

・決算ごとに監査法人の監査を受ける。

2　投資信託のデメリット

投資信託を活用するデメリットとして次のようなものがある。

⑴　諸経費がかかる

諸経費が安いファンドが良いファンドとは必ずしも言えないが、手数料がかさめば、パフォーマンスへの影響も大きいので、投資信託活用に当たっては、以下のような手数料等について目論見書等で確認し、同種のファンドを比較するなどの検討が必要である。（次の【2】「投資信託のコスト」参照）

・販売手数料

・信託報酬（運用管理費）

・解約手数料（信託財産留保額）等

(2)　売却時の制約

　上場株式と違い、公募契約型投資信託の売却時の基準価額は、売却約定日以降に決まる（売却申込時点での価額で、必ずしも売却できるわけではない）。

　また、一定期間換金できない「クローズド期間」といった制約つきの商品もある。

(3)　仕組みなどが分かりにくい商品がある

　デリバティブ内蔵型の商品やファンド・オブ・ファンズ（以下参照）など、その内容や運用状況が分かりにくいものがある。

3　ファンド・オブ・ファンズ

　ファンド・オブ・ファンズ（Fund of funds）は、簡単に言えば「投資信託に投資する投資信託」で、複数の投資信託（ファンド）を適切に組合わせて、一つの投資信託（ファンド）にまとめたものをいう。これには、運用会社が自社で運用するファンドを投資対象とするものと、他社が運用するファンドを投資対象とするもの、あるいは自社と他社のファンドをミックスして投資対象とするものがある。ファンド・オブ・ファンズは、株式や債券などの個別銘柄へ投資するのではなく、複数のファンドへ投資するファンドであり、運用会社に銘柄選びを任せるのではなく、ファンド選びを任せることになる。

図表2-2-42　ファンド・オブ・ファンズの仕組み

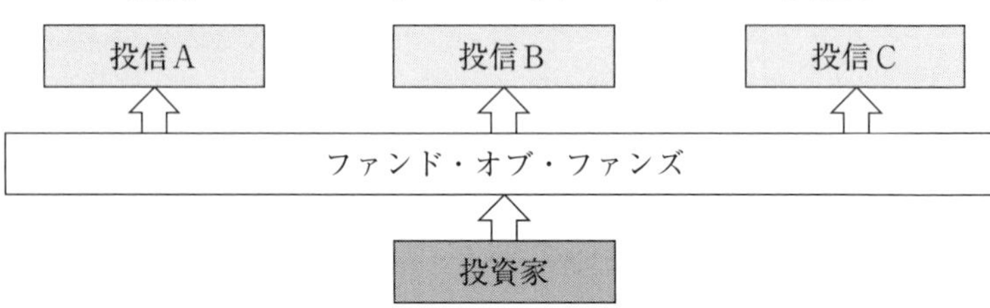

　ファンド・オブ・ファンズは、投資信託の一つの形態として普及しているが、次のようなメリットとデメリットがある。

メリット	・購入者は複数の投資信託の選択を行う手間が省ける。 ・運用のプロによって、ファンド選択が行われる。 ・分散投資効果が高く、リスクを低減できる。 ・既に実績のあるファンドの付加価値を統合できる。 ・資産配分方針により、自動的にリバランスが行われる。 ・運用する会社や人を分散できる。 ・リサーチや運用を効率化できる。
デメリット	・運用報酬が二重にかかるなどコストが高くなる。 ・運用状況が通常のファンドに比べてわかりづらい。

【2】 投資信託のコスト

図表2-2-43　投資信託の主なコスト

購入の申込みをする時	⇨	購入時手数料	・購入申込みのための手数料（無料の場合もある） ・手数料に対する消費税
保有している間		運用管理費（信託報酬）	・投資信託を運用するための費用 ・投資信託を管理するための費用
換金等をする時		信託財産留保額	・投資信託を換金等する人が換金等にかかった費用を自ら負担するもの（かからない投資信託もある）

1　公募契約型(※)投資信託

　公募契約型投資信託のコストには、直接的に負担するものと間接的に負担するものの2種類があり、直接的に負担するものには、購入時の販売手数料や換金時の換金手数料（信託財産留保額）、利益や分配金に対する税金などがある。また、間接的に負担するものには、購入時の募集手数料、監査報酬や保有時の運用管理費（信託報酬）、ファンド内の組入証券の売買委託手数料などがある。

（※）　契約型は、運用会社と信託銀行が信託契約をして組成する。わが国の投資信託は契約型が主流。

2　公募会社型(※)投資信託

　取引は証券会社に口座開設し、証券会社を通じて証券取引所で売買を行う。投資家は証券会社に「株式売買手数料」を支払う必要がある。証券会社の手数料の体系によっては、取引ごとではなく、一定期間の定額料金の場合もある。そのほか、「運用会社」「事務受託会社」「資産保管会社」などに業務委託の対価として委託報酬を支払っているが、投資信託の価格は市場で決定されるため、投資家がこの委託報酬を意識することはない。

（※）　会社型は、法人を設立して組成する。わが国ではJ-REITなどを中心に用いられている。

3　ノーロード型ファンド

ノーロード型ファンドとは、購入時にかかる販売手数料が無料の投資信託をいう。元々、欧米で普及した商品だが、最近では日本でもインデックス投信やライフサイクル投信などで販売手数料を取らないノーロード型ファンドが増加傾向にある。

なお、ノーロード型ファンドは、購入時に手数料を節約できるが、購入後の信託財産留保額や運用管理費（信託報酬）などのコストは普通にかかるほか、販売手数料を無料とする代わりに、運用管理費が高めになっていることもあるので、購入を検討する際には、すべてのコストをよく確認し、総合的に判断することが必要である。

また、ラップ口座のように手数料体系が投資信託と異なり、売買による手数料がかからないサービスもある。

4　ラップ口座

ラップ口座とは、証券会社や信託銀行などの金融機関が顧客と投資一任契約を締結し、顧客の資産運用や管理、投資アドバイスなどの金融サービスを包括的に提供する口座のことをいう。ラップ（wrap）とは「包む」という意味で、資産運用に関するさまざまなサービスを包括して提供することから、この名が使われている。

通常、株式や投資信託などを売買すると、金融機関に手数料をその都度支払うが、ラップ口座では、売買による手数料はかからず、顧客から預かっている運用資産残高に応じて、予め決められた比率の残高手数料がかかる。つまり、顧客の運用資産残高が増えると、サービスを提供している金融機関の手数料収入も増える仕組みのため、顧客と金融機関が資産を殖やすという同じ目標を共有することになる。

ただし、取り扱い金融機関により手数料の体系は異なるので、活用にあたっては、その他の諸経費も含め比較検討する必要がある。

ラップ口座の特徴
・顧客の運用方針を受けて、基本的な投資対象が決定され、金融機関が投資一任により独自の判断で運用する。
・資産運用のアドバイスや金融商品の売買注文などを一括して提供するサービスであり、顧客は、資産残高に応じて手数料を支払う。
・金融機関にとっては、手数料稼ぎのための売買をする必要がなく、収益を得るためには、アドバイス力や運用力が試される。
・利用する顧客は、ある程度の大きな資金があって、独自に運用するのではなく、投資のプロに運用を任せたい場合に利用する。

【3】　投資信託の取引

1　公募契約型投資信託

購入したい投資信託の取り扱いのある証券会社や銀行などの販売会社で購入申し込みを行う。購入にあたっての取引価格は申込日の基準価額であるが、申し込みは市場の終値が決定するまでとなっているため、終値が確定する翌日に判明することになる。これは既存の購入者との公平性を保つためでブラインド方式と呼ばれている。

基準価額とは、投資信託の単位口数当たりの価額（時価）を表し、購入または換金の際の基準となる価額となる。ファンドに組み入れられている資産を営業日毎に時価で評価し、利息や配当金などを加えて資産総額を算出し、更に運用にかかるコスト（売買手数料などの運用経費や運用管理費等）を差し引いて純資産総額を算出し、受益権口数で割って算出する。

基準価額＝信託財産の純資産総額／受益権口数

基準価額は、委託会社（投信会社）が営業日毎に算出・公表しており、通常、1口＝1円でスタートしたファンドの基準価額は、1万口当たりで公表される。また、基準価額は、運用管理費等が既に控除された後の価額だが、販売手数料や信託財産留保額は反映されていないので、投資家が損益計算をする際には、それらの費用のほか、税金等を考慮する必要がある。

2　公募会社型投資信託

上場しているため、通常の株式の売買と同じく成行・指値注文が可能である。取引にあたっては証券会社に口座開設し、市場で取引を行う。

【4】　投資信託の分配金

1　公募契約型投資信託

　分配金とは、投資信託の分配可能原資の中から、決算の後に支払われる金銭をいう。これは、所定期間の運用の結果、得られた収益を口数に応じて決算毎に投資家に分配するもので、予め定められた収益分配方針に従って、どれくらい出すかを運用会社が決定する。なお、追加型株式投資信託の分配金には、課税対象となる**普通分配金**と課税対象とならない元本払戻金（**特別分配金**）の2つがある。

普通分配金	ファンドの分配落ち後の基準価額が、受益者の個別元本と同額かまたは上回っている場合に支払われる分配金をいう。
元本払戻金（特別分配金）	ファンドで支払われる収益調整金[36]を原資とする分配金をいう。税務上、元本部分の払い戻しであると考えられるため、非課税とされる。

　例えば、以下のような投資信託を保有している場合の第3回の受益証券10,000口当たりの収益分配金の税引き後手取り額を考えてみる。
・投資対象：国内株式
・購入時基準価額：10,500円
・購入後の収益分配金（10,000口当たりの金額）

	第1回	第2回	第3回
収益分配金	400円	500円	600円
分配前基準価額	11,000円	10,200円	10,100円

　第1回分配金は、分配前基準価額（11,000円）が個別元本（10,500円）を上回っているので、すべて普通分配金となり、個別元本の変更はない。第2回分配金は、個別元本（10,500円）を下回っているので、すべて特別分配金となり、個別元本は10,000円に変更される。そして、第3回分配金は、個別元本を上回っている部分の普通配当金に対して課税されることになる。
　ここで、税率を20％とすると、第3回分配金の税引き後手取り額は以下のようになる。

---

[36] 収益調整金とは、追加型株式投資信託において、追加設定によって、投資家間で不利が生じないように調整するための損益の勘定項目。

10,500円 − 500円 ＝ 10,000円 （第 3 回分配前の個別元本）

10,100円 − 10,000円 ＝ 100円 （個別元本超過部分）

600円 − 100円 ＝ 500円 （非課税となる特別分配金）

100円 × (1 − 0.2) ＋ 500円 ＝ 580円 （第 3 回分配金の手取り額）

10,000円 − 500円 ＝ 9,500円 （第 3 回分配後の個別元本）

2　公募会社型投資信託

　一般に会社には法人税が課税される。しかし、会社型投資信託は投資法人であっても利益のほとんどを投資家に分配すること（導管性[37]）を条件に投資信託自体には法人税は非課税である。例えば、投資対象が不動産の場合、実際に不動産に投資するのと同様に不動産からの収益を毎期の分配金として受け取ることができる。ただし、取引価格は市場の需給によって決定されるので日々変動する。また、不動産賃料についても不動産市場の状況によって変動することを忘れてはならない。なお、分配金および譲渡損益の課税は株式に準じて行われる。

【5】　パッシブ運用（インデックス運用）とアクティブ運用
1　パッシブ運用（インデックス運用）とアクティブ運用

　インデックス運用は、**パッシブ運用**とも呼ばれ、日経平均株価やTOPIXなどの市場の代表的なインデックスの動きに連動したパフォーマンスを目指す運用のことをいう。インデックス運用には、指数を構成する銘柄を一定の条件で組み入れ、指数の構成どおりに買い付ける完全法や、銘柄を業種ごとに区分して、類似した構成にする層化抽出法、あるいはマルチファクターモデルなどクォンツ的な手法により最適ポートフォリオを作る最適化法などがある。

　インデックス運用は、対象となる指数と同じ値動きを目指すため、長期的には市場平均とほぼ同じ投資成果を期待できる。また、次に述べるアクティブ運用と比べて、企業分析や情報収集、銘柄入替などにかかるコストが小さいため、信託報酬などのコストが抑えられることも大きな特徴となっている。

　アクティブ運用は、ベンチマーク[38]や市場平均を上回るリターンを上げるこ

---

[37]　資産の証券化に当たって資産から得られた利益をそのまま投資家に配分するための機能をいう。

[38]　資産運用におけるベンチマークとは、運用成果（運用成績）を測定し、評価するための基準（目標基準、対抗指標）となるもの。

とを目標とした運用スタイルのことをいう。経済や市場動向などマクロ的な投資環境の予測をベースに、資産配分や業種配分を決め、その後に個々の投資対象を選択する**トップダウンアプローチ**と、ファンドマネージャーやアナリストの徹底した調査・分析に基づいて個別銘柄の投資価値を判断し、その積み上げによる相対的な比較に基づいてポートフォリオを構築していく**ボトムアップアプローチ**の2種類がある。

アクティブ運用では、ファンドマネージャーが株式や債券[39]などの組入れ比率や銘柄を決定するため、運用成績はファンドマネージャーの能力に大きく依存し、またパッシブ運用に比べて、手数料や信託報酬が全般的に高めとなる傾向がある。

なお、対象となるベンチマークは、日本国内の上場株式を投資対象とする場合は日経平均株価やTOPIX等が、海外株式を投資対象とする場合はMSCI（Morgan Stanley Capital Index）指数等が、公社債の場合はNOMURA-BPI等が用いられることが多い。

インデックス運用とアクティブ運用の違いは「市場は効率的であるかどうか」に関係している。効率的であればすべての情報が即座にかつ完全に株価に反映する。したがって、情報を先取りすることはできないので市場のリターンを超える機会はない。これが、インデックスに連動するパフォーマンスを目指すというパッシブ運用の投資哲学となる。一方で「市場は効率的でない」と考えれば、ストラテジストによる投資環境の分析と戦略やアナリストが発掘する有益な情報でインデックスを上回るパフォーマンスを目指すことができる。

図表2-2-44　インデックス運用とアクティブ運用

	インデックス運用	アクティブ運用
運用目標	インデックスに連動するパフォーマンスを目指す。	インデックスを上回るパフォーマンスを目指す。
投資判断	インデックス構成銘柄に投資する。	ファンドマネージャーが判断する。
コスト	相対的に低い。	相対的に高い。
投資のポイント	運用に係るコスト	マネージャーの能力

---

[39] 債券の銘柄選択によりインデックスを超えるリターンを狙う運用は主に金利の予測に基づく。債券ポートフォリオは、債券価格を左右する金利の将来を予測するデュレーション戦略の採用や信用リスクの違いによる利回り水準の変化（信用スプレッド）を予測することで超過リターンを狙って銘柄を選択する。

2　クォンツ運用

クォンツ運用は、システム運用とも呼ばれ、最近のAI運用もクォンツ運用である。マーケットや経済情勢などのデータによってコンピュータを利用した数理モデルに従って運用する投資スタイルのことをいう。クォンツ（Quants）の名称はQuantitative（数量的、定量的）という英語からきており、高度な数学的手法や数理モデルを使って、マーケットを分析したり、投資戦略や金融商品を考案・開発したりすること、もしくはその専門家のことをいう。

クォンツ運用は、システムによって運用が機械的に行われるため、運用担当者の相場感を排除し、相場の雰囲気に影響されることなく投資行動できることが一つの強みとなっている。一方で、弱点としては、過去のデータに基づくため、市場環境の変化や想定外の事態に弱いこと、他者に真似されやすいことなどが挙げられる。

パッシブ運用だけでなく、アクティブ運用にもシステムで運用するモデルが開発されていることに留意したい。

3　レバレッジ運用

相場が一方向に動くと確信があるときに利用されるのが、**レバレッジ運用**である。投資信託には、ブル型とベア型のファンドが商品開発されている。

ブル型ファンドとは、先物の利用により、相場の上昇に対して2倍、3倍等の投資成果を目指すファンドのことをいう。指数が上昇した時に利益が出る仕組みとなっており、その投資対象となる指数には、株価指数先物や債券先物、為替先物などがある。

図表 2 - 2 -45　ブルとベア

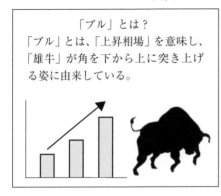
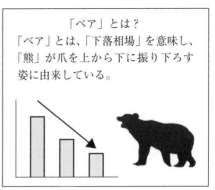

「ブル」とは？
「ブル」とは、「上昇相場」を意味し、「雄牛」が角を下から上に突き上げる姿に由来している。

「ベア」とは？
「ベア」とは、「下落相場」を意味し、「熊」が爪を上から下に振り下ろす姿に由来している。

　これに対して、先物の利用により、相場の下落に対して2倍、3倍等の投資成果を目指すファンドを**ベア型**ファンドという。この二つを合わせてブル・ベア型ファンドという。

【6】　バリュー投資とグロース投資

1　バリュー投資

　バリュー投資は、割安株投資とも呼ばれ、企業のビジネス価値を分析して、利益や資産などの基準に対して割安なものに投資する手法のことをいう。企業の本源的価値に対する株式の割安度を重視する。

　バリュー株投資において割安度を判断する場合には、市場平均と比べて、PERやPBRの低いもの、配当利回りの高いものなどが代表的な選択基準となる。バリュー株投資は、景気の回復局面など市場環境が大きく変わる局面において、割安な株価が修正されることで大きなリターンを得られることが多いが、その一方で、割安に放置されている理由はさまざまであることから、市場で再評価され株価が上昇する銘柄を見つけ出すことは簡単ではないといわれる。

2　グロース投資

　グロース投資は、成長株投資とも呼ばれ、企業の将来の利益成長性を重視し、業績の伸びが期待できる銘柄を探し、成長に伴って株価が上昇することを狙って投資する手法のことをいう。

　グロース投資において成長性を判断する場合には、企業の競争力評価や将来の業績予想とともに、現在のROEの高さなどを基準にすることが多く、その対象となる銘柄は、PERやPBRなどが市場平均より高く、配当利回りが低いといった傾向がある。また、グロース投資は、成功した場合、非常に大きなリターンを得られるが、その一方で、成長する銘柄を見極めることが難しく、また長期間に亘って辛抱強く保有する必要があると言われる。

図表２-２-46　バリュー投資とグロース投資

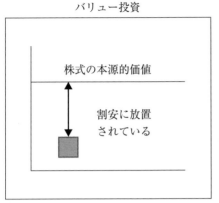

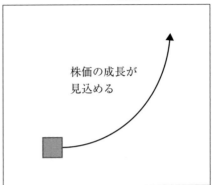

【7】　ETF

1　ETF（上場型投資信託）の仕組み

　ETF（Exchange Traded Funds）は、金融商品取引所（証券取引所）に上場し、取引されている投資信託で、大きく分けて、運用成果が株価指数や商品指数などに連動して運用される指数連動型上場投資信託と、金価格などに連動して運用される指数連動型以外の上場投資信託の２つがあり、現在、その大半は前者の指数連動型上場投資信託となっている。

　ETFは、オープン型投資信託のインデックスファンドとは仕組みが異なり、

図表２-２-47　現物拠出型ETFの仕組み

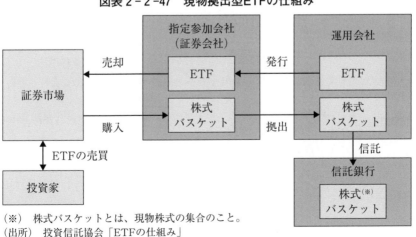

（※）　株式バスケットとは、現物株式の集合のこと。
（出所）　投資信託協会「ETFの仕組み」

235

株式と同じように4桁の証券コードが割り当てられ、売買も株式と同じように証券会社を通じていつでも行うことができる。

　また、ETFは、ファンドを組成する管理会社が募集を行い、これに応じた者に対して、ETFの受益証券を発行することになるが、通常の投資信託とは異なり、投資家は、管理会社の募集に応じて大量の受益証券を取得する者（大口投資家、指定参加者）と、市場を通じて小口で受益証券を取得する一般の投資家に分けられる。

ETFの特徴（一般の投資家を対象とする場合）
・商品内容が指数に連動するため、わかりやすい。
・少ない資金でリスク分散ができる。
・証券取引所に上場されているため、価格が明らか。
・通常の投資信託と比べて信託報酬などコストが安い。
・株式と同じようにいつでも売買ができる。
・指値注文や成行注文ができる。
・信用取引（買建て、売建て）ができる。

2　ETFとインデックスファンドの違い

　取引は証券会社に口座開設し、証券会社を通じて証券取引所で売買を行う。投資家は証券会社に「株式売買手数料」を支払う必要がある。

図表2-2-48　ETFとインデックスファンドの比較

	ETF	インデックスファンド
購入窓口	証券会社	各投資信託の取扱いがある証券会社、銀行などの販売会社
購入価格	その時の取引価格	基準価額
注文方法	成行・指値注文が可能。	基準価額がわからない状況で購入・換金の申込を行う。
購入時の手数料	証券会社ごとに手数料率は異なる。	ファンドごと、販売会社ごとに手数料率は異なる。
信託報酬率	一般的なインデックスファンドの信託報酬より低い傾向にある。	一般的なETFの信託報酬より高い傾向にある。
最低投資金額	1万円程度から購入できるETFもあるが、多くは10万円程度の資金が必要（相場動向による）。	1万円程度から
信用取引	できる	できない

（出所）　投資信託協会「ETFの仕組み」

一般の投資信託より信託報酬は低い。「運用会社」「事務受託会社」「資産保管会社」などに業務委託の対価として委託報酬を支払っているが、ETFの価格は市場で決定されるため、投資家がこの委託報酬を意識することはない。

3　ETFの分配金

ETFは株式のバスケットを購入しているので、購入している株式からの配当を原資として分配金を受け取ることができる。分配金の受け取りは株式の配当を受け取る場合と同様に権利確定日までETFを保有していることが条件となる。

例題 2 - 2 - 5

投資信託に関して、正しいものに○、誤っているものに×を付けその理由を説明しなさい。

1　ETFは株式と同じように4桁の証券コードが割り当てられ、売買も株式と同じように証券会社を通じていつでも行うことができる。

2　パッシブ運用では、ファンドマネージャーが株式や債券などの組入れ比率や銘柄を決定するため、運用成績はファンドマネージャーの能力に大きく依存する。

3　ラップ口座とは、金融機関が顧客と投資助言契約を締結し、顧客の資産運用や管理、投資アドバイスなどの金融サービスを包括的に提供する口座のことをいう。

解答・解説

1　○　問題文の通り。

2　×　パッシブ運用ではなくアクティブ運用である。

3　×　投資助言契約ではなく投資一任契約である。

第6節　外国為替

【1】　為替レートの決定理論

　為替レートには、株価や債券価格のように、合理的かつ包括的な価格の決定理論はない。通貨間の相対的な需給関係[40]以外に、基軸通貨である米ドルやユーロの影響が大きく、その価格の根拠は非常に複雑になっている。

　為替レートの妥当性を考える上で、過去から現在までさまざまな理論が考えられてきており、その代表的なものには、次に述べる購買力平価説やアセット・アプローチがある。

1　購買力平価説

　為替レートを説明する代表的な理論として**購買力平価説**[41]がある。この理論では、全く同じ商品やサービスを購入する場合、通貨単位は異なっても同じ価値を持つという視点から、為替レートの適正水準を割り出す。

　購買力平価説は、短・中期の為替レートの説明にはあまり役立たないが、長期（10年以上）の為替レートの説明には有効で、為替レートはいずれ購買力平価に収斂すると考えられている。なお、購買力平価説には、絶対的購買力平価説と相対的購買力平価説の2つがあり、現在は相対的購買力平価説が主流である。

　絶対的購買力平価説は、為替レートは二国間の通貨の購買力によって決定さ

---

[40] 為替レートは外国為替市場における外貨の需給関係で決定される。この需給関係を形成する基本となる取引が、主に民間部門による実需取引と公的部門による為替介入である。実需取引は更に、経常取引と資本取引に分けられる。例えば、経常収支が黒字の場合、外貨を売って円を買う動きとなり、円高になる傾向がある。

[41] 購買力平価説は、スウェーデンの経済学者カッセル（Gustav Cassel）が、金本位時代の1921年に提唱した古典的な為替レートの決定理論。

れるという説。例えば、アメリカでは 1 ドルで買えるハンバーガーが日本では
100円で買える場合、 1 ドルと100円の購買力は等しいので、為替レートは 1 ド
ル＝100円が妥当だとする。一物一価の原則に基づいた説であるが、現実には
関税や輸送コストの関係もあって、必ずしも裁定は成立しない。

　相対的購買力平価説は、一物一価の原則が厳密には成立しないとしても、為
替レートは二国間の物価上昇率の比で決定されるという説。例えば、ある国の
物価上昇率が他の国より相対的に高い場合、その国の通貨価値は減価するため、
為替レートは下落すると考える。

2　アセット・アプローチ

　アセット・アプローチとは、現代の外国為替市場においては、短期の資本取
引が支配的であるため、為替レートは金融資産（アセット）に対する需要と供
給が均衡するように決まるという為替レートの決定理論である。

　アセット・アプローチでは、異なる通貨建ての資産の期待収益率が等しくな
るように為替レートが変動すると考えられ、投資家は国内外の金融市場を見た
うえで、国内の金融資産と海外の金融資産の組み入れを行って最適なポート
フォリオを構築し、その保有比率によって為替レートが決定されると考える。
例えば、日本の金利が不変で米国の金利が 1 ％上がれば、米国の金融資産購入
のために円売りドル買いが増え、 1 ％円安になると考える。つまり、金融資産
の需給関係をもとにした短期の資本移動を重視する考え方となっている。

【2】　外国証券投資、外貨預金と為替レート

1　外国証券投資と為替の影響

　本章第 2 節【7】「国際分散投資」で述べたように、外国証券投資は、国内
資産とは異なる投資機会であり、分散投資によりリスク軽減効果を高めること
が期待される。

　外国証券投資では、投資対象資産価格の変動による損益に加え、為替レート
の変動による損益がパフォーマンスに影響を与える。損益は価格の変化率と為
替レートの変化率の大きさで決まる。

　外国証券投資は、投資する相手国の株式や債券の市場だけではなく、為替レー
トについても考慮して、投資の意思決定を行う必要がある。

2　外貨預金の利回り計算

　ここで、**外貨預金**の利回りについて考えてみる。外貨預金の利回りは金利と為替レートの変動による損益で決まり、外貨預金の元となった円貨額と、一定期間外貨の運用後円換算した額を比べて算出する。したがって、円→外貨、外貨→円の為替手数料控除後の利回りということになる。

　例えば、期間6ヵ月、年利率0.1％の米ドル建て外貨預金に1万米ドルを預け入れた場合、預け入れ時点のTTS（顧客が円を外貨に交換する為替レート）が120円、満期時のTTB（顧客が外貨を円に交換する為替レート）が122円とすると、利回りは以下のようになる。

・預け入時に必要な円貨：

　1万米ドル×120円＝120万円

・満期時の元利合計：

　1万米ドル×（1＋0.1％×0.5年）×122円＝122万610円

・円換算利回り：

$$\frac{122万610円－120万円}{120万円}÷0.5年×100＝3.4％$$

【3】　為替ヘッジと資産運用

　為替ヘッジとは、為替レートの変動による損失を避けるため、通貨の先物取引やオプション取引などを利用して、為替レートの変動リスクを回避することをいう。外貨建て資産に投資する際や、輸出企業が自国通貨の上昇に備える場合などに用いられ、為替レートが有利な方向に動いた場合には差益を得ることができないが、不利な方向に動いた場合には損失を防ぐことができる。

　一般に外国証券に投資する場合、為替ヘッジは、円高による為替差損を回避する目的で行われることが多く、通常、外貨建て資産に投資すると同時に、外貨売り・円買いの先物予約をして将来の為替レートの変動に備える。

　なお、為替ヘッジには、通常二国間の短期金利差相当（＝日本円短期金利—外国通貨短期金利）の**ヘッジコスト**がかかるが、為替や金利の動向によっては、そのコストが想定以上になることもあるので注意が必要である。為替ヘッジした場合には為替レートの変動リスクは低減できるが、ヘッジコストがパフォーマンスに影響を与える。例えば、外国通貨建て資産運用商品の期待リターンは、為替ヘッジをする場合ヘッジコストを差し引いて考える必要がある。また、年金のような長期運用においては、為替レートは、長期的にみてインフレ率格差

により決まり、円高の損失とインフレによる証券価値の増加が打ち消しあうので、実質的価値の変動は小さいと考えて為替ヘッジをしないことも多い。短期的な将来に円安を想定する場合には、あえて為替ヘッジをせずに、為替レートの変動による利益を狙うことも考えられる。為替レートの見通しから、為替ヘッジをするべきか、ヘッジする場合にどの程度行うか、外国証券に投資するにあたっての重要な戦略となる。

【4】　先物為替レートと直物為替レート

　為替レートには、通貨の受け渡しの時期によって、**先物為替レート**と**直物為替レート**の２つがある。先物為替レートとは、将来の為替レートを表し、直物為替レートとは、現在の為替レートを表す。先物為替レートは直物為替レートと金利スプレッド（２通貨間の金利差）から決定される。

　高金利通貨のスプレッドはディスカウント（先物為替レートが直物為替レートより低い）、低金利通貨のスプレッドはプレミアム（先物為替レートが直物為替レートより高い）という。

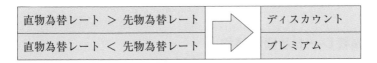

直物為替レート ＞ 先物為替レート	ディスカウント
直物為替レート ＜ 先物為替レート	プレミアム

　例えば、米国の金利が日本より高い場合には、直物為替レートから金利スプレッドを引くことで、先物為替レートを計算する。これをドルディスカウントという。逆に、米国の金利が日本より低い場合には、直物為替レートに金利スプレッドを加えて先物為替レートを計算する。これをドルプレミアムという。

【5】　FX（外国為替証拠金）取引

　FX（外国為替証拠金）取引とは、一定の証拠金を担保に、米ドル／円などの通貨ペアをリアルタイムで売買できる外国為替取引をいう。FX取引は、一定の証拠金（担保）を差し入れることによって、少ない元手で大きな取引（例えば、証拠金の25倍の取引）ができるのが特徴である。

【6】　為替レートと株価

　売上げや仕入れに占める輸出入の比率が大きい企業は、為替レートの変動が利益に直結することから、為替レートの株価に対する影響が大きい。自動車、

電機、機械といった輸出型企業は、為替レートが円安になると、価格競争力が上がり、利益が増加する。一方、資源、食品、小売りといった輸入型企業は、為替レートが円高になると、仕入れ価格が低下して、利益が増加する。

図表2-2-49　株価の変動要因

株価	景気		金利		為替レート	
	好景気	不景気	上昇	下落	円高	円安
	⬆	⬇	⬇	⬆	輸入企業⬆ 輸出企業⬇	輸入企業⬇ 輸出企業⬆

　上の図表は株価の変動要因として、景気、金利、為替レートの3つの要素の影響をまとめた表である。解説したとおりそれぞれの要因が大きく影響する企業とそうでない企業もあれば、為替レートのように輸入企業と輸出企業でまったく反対に影響するものもある。これらの関係性を理解することは資産運用に役立つ。更に、株価の変動が顧客の事業にどのように影響するかを考慮して総合提案書を作成する必要があろう。

【7】　為替レートと債券価格

　為替レートは、内外の資金の動きや、わが国の金融政策に影響を及ぼすとともに、債券価格と密接に関係している（本章第3節【3】5(3)「為替レートと債券価格」参照）。

【8】　新興国市場投資と新興国通貨

　新興国市場は、グローバル統合化の影響度も低く、先進国と異なり、依然として他の市場から分断された市場であるとされる。高い成長性や他の資産クラスとの低い相関を期待して、新興国投資は活発に行われている。

　ただし、新興国への投資にあたっては、通貨危機等のリスクを十分に考慮するべきである。近年でも、トルコ、アルゼンチン、ブラジル、ギリシャ、韓国等で通貨危機・金融危機が発生し、資産価格の暴落が発生している。大量の資本が流入した新興国で、政治不安や対外債務の拡大が表面化し、資本が急激に流出し、通貨危機が発生している。

　また、そもそも新興国通貨は、市場での取引量が少ないため、価格の変動も大きく、通貨交換時のスプレッド（コスト）も高い。先物市場等が十分整備さ

れていない等インフラ面での課題もある。

　新興国市場への投資は魅力が大きいが、対象国の通貨リスク等に十分留意する必要がある。

例題 2 - 2 - 6

　外国為替についての記述で、正しいものに○、誤っているものに×を付けその理由を説明しなさい。

1　為替ヘッジとは、為替レートの変動による損失を避けるため、通貨の先物取引やオプション取引などを利用して、為替レートの変動リスクを回避することをいう。

2　米国の金利が日本より低い場合には、直物為替レートに金利スプレッドを加えて先物為替レートを計算する。これをドルディスカウントという。

解答・解説

1　○　問題文の通り。

2　×　ドルディスカウントではなくドルプレミアムである。

Column 2-2-5

実質実効為替レート（日銀ウェブサイトより）

　日銀ウェブサイトより抜粋した実質実効為替レートの解説とグラフを以下の通り紹介する。実質実効為替レートは、両国のインフレ率の影響を除いて計算するので、前述の購買力平価理論のアプローチで求めた一つの為替レートの指標になっている。購買力平価説によれば、他の要因がなければ実質実効為替レートは一定基準値（2010年＝100）で安定すると考える。実際の実質実効為替レートは、諸要因により理論値から乖離する。その乖離状況の要因分析をして、今後の動向を予想することができる。重要な知

見は、現在の日本円は、実質実効為替レートでみるとここ40年間の中で、米国ドルに対し最も円安の水準の領域にあるということである。

1　目的・機能

実効為替レートは、特定の2通貨間の為替レートをみているだけでは捉えられない、相対的な通貨の実力を測るための総合的な指標である。具体的には、対象となるすべての通貨と日本円との間の2通貨間為替レートを、貿易額等で計った相対的な重要度でウェイト付けして集計・算出する。

2　公表系列

名目実効為替レートと物価の影響を除いた実質実効為替レートがある。

3　作成方法

最新の値は、国際決済銀行（Bank for International Settlements、略称BIS）公表の、Broadベースの実効為替レートを利用する。同系列の作成方法やカバレッジ、ウェイト等の詳細については、BISのウェブサイト（外部サイトへのリンク）を参照。

4　その他

BISは、各国の実質実効為替レートを、Broadベースでは約60か国・地域、Narrowベースでは約25か国・地域で使用されている通貨に対して作成している（2019年4月時点）。

図表2-2-50　日米実質実効為替レート推移グラフ

（出所）　BIS「Effective exchange rate indices」のデータより筆者作成

第7節　デリバティブ

学習ポイント

●原資産の価格変動とデリバティブの関係を理解する。
●先物取引の仕組みを理解する。
●金利・為替スワップ等の内容と活用方法を理解する。
●オプションの仕組み、価格の特性を理解する。

【1】　デリバティブとは

　デリバティブ（金融派生商品）とは、元となる資産から派生して生まれた取引である。デリバティブ取引は通常の現物取引とは異なり、契約時点で取引対象商品の受渡しが行われないことに大きな特徴がある。元となる資産には、商品を対象としたデリバティブでは、実物資産である原油、金などの鉱物資源や、米、とうもろこし、大豆、コーヒーなどの農産物があり、金融資産を対象としたデリバティブでは、株式、債券、為替などがある。これらの元となる資産のことを原資産という。

　デリバティブの価格は、原資産の将来の価格に依存するため、その価格は原資産の将来価格を基に算出される。つまり、対象デリバティブの将来キャッシュフローを、原資産の将来キャッシュフローと無リスク資産の将来キャッシュフ

図表2-2-51　金融商品を対象としたデリバティブ

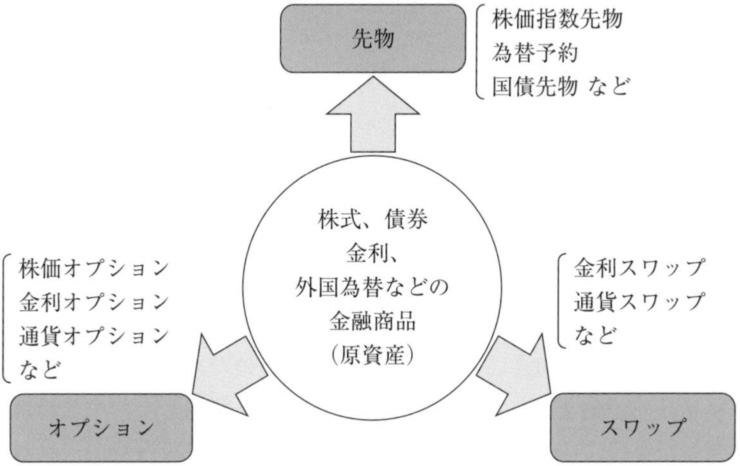

ローと組合せることで複製する。

【2】　デリバティブの特徴

デリバティブ取引には原資産取引と比較して、以下のような特徴がある。

図表2−2−52　デリバティブの特徴

レバレッジ効果	原資産の取得に比べて少額の資金で、原資産を保有するのと同様の効果が得られる。つまり、デリバティブを使うことで、少額の資金で大きなポジションを取ることができる。これをレバレッジ効果という。
ゼロサムゲーム	デリバティブ取引は当事者間の損益を合計するとゼロになるゼロサムゲームである。株式や債券と違い、当事者全員がプラスあるいはマイナスとなることはない。
高流動性低コスト	現物取引と比較して、流動性が高く、取引コストが低い。例えば、TOPIXに連動したインデックス運用を行うにあたり、個別株式を購入すると、高いコストと時間がかかるが、デリバティブ（TOPIX先物）を利用すれば、簡単にポジションが取れる。

【3】　先物取引

先物取引は、ある対象商品を将来の一定の期日に、現時点で取り決めた価格で売買することを予め約束する取引のことをいう。

先物取引は、現在、世界各地にある取引所を通して行われており、買い手は先物相場の上昇により利益が得られる一方で、売り手は先物相場の下落により利益が得られる。また、取引所が指定する一定の証拠金を預託することにより取引（預託金取引）し、反対売買により、または差額授受により決済（差金決済）する。

ちなみに、世界初の公認の先物取引は、1730年に日本において、江戸幕府公認として開設された大阪「堂島米会所」での米の先物取引だといわれている。

先物取引と似た取引として**先渡取引**がある。いずれもある商品を将来の一定の期日に、一定の価格で取引することを約束する契約をいう。この点では、先物取引と先渡取引とは同じだが、先物取引は諸条件がすべて標準化、定型化され、取引所で行われるのに対し、先渡取引は商品の種類、数量、受渡しの時期、売買の場所等の条件を、当事者間で任意に定めることができる。また、先渡取引は、期限日に現物を渡すことが原則となる。そのため、期限日までの間に取引の対象商品の値動きによって契約を変更したり、解約したりする場合、相手方との交渉が必要になるが、先物取引は期限日前にいつでも自由に反対売買す

ることによって、当初の契約を解消することができる。

図表 2 - 2 -53　日本の先物取引の取引金額（2021年）

原資産種別	先物名	取引金額（兆円）
株価指数	日経225先物取引	520
株価指数	日経225mini	644
株価指数	TOPIX先物取引	456
国債	長期国債先物取引	1,242

（出所）　日本取引所グループウェブサイト

　代表的な先物取引は上記の通りだが、例えば、日経225先物取引は、3月、6月、9月、12月の各月の第二金曜日の前日を取引最終日とする取引に区分して行われる（限月取引という）。日経225先物取引では、各取引の期間は6月および12月の各限月については8年、3月および9月の各限月取引については1年6ヶ月で、常に19の限月取引が並行して行われる。

　株価指数先物取引の場合、取引最終日までに転売または買戻しがなされなかった建玉は、最終決済期日において最終清算数値（取引最終日の翌日における日経平均株価の各構成銘柄の始値に基づいて算出した特別な清算数値でスペシャル・クォーテーション（SQ）と呼ばれる）による決済が行われる。現物の受渡しはなく、すべて差金により決済される。

【4】　スワップ取引

　スワップ取引は、等価のキャッシュフローを交換する取引の総称であり、特定の想定元本に対し異なる指標を用いて計算したキャッシュフローを一定期間交換する取引をいう。スワップ取引は、相場変動の回避や、効率的な資金の調達や運用を実現するために利用される。具体的には、**金利スワップ**、**通貨スワップ**、クーポンスワップ、エクイティスワップ、コモディティスワップなどがある。

　歴史的には、1981年に世界銀行とIBMとの間で行われた通貨スワップが、世界最初のスワップ取引と言われており、以後、世界中で急速に拡大した。

　なお、外国為替取引において、異なる通貨の金利と元本の交換を行う取引のうち、変動金利を直接的に交換することを通貨スワップというのに対し、直先スプレッドを通じて間接的に固定金利を交換することを**為替スワップ**という。

図表 2 - 2 -54　代表的なスワップ取引の種類

金利スワップ	同一通貨間で異なる種類の金利を交換する。
通貨スワップ	異なる通貨の金利と元本を交換する。
クーポンスワップ	異なる通貨間で、金利のみを交換する。
エクイティスワップ	キャッシュフローの少なくとも一方が株式に関連したものを受払いする。
コモディティスワップ	商品価格と金利等を交換する。
為替スワップ	直先スプレッドを通じて間接的に固定金利を交換する。

【5】　オプション取引

1　オプション取引の価格

オプション取引は、ある商品について、将来の一定の期日（期間内）に、一定の数量を予め決められた特定の価格（**権利行使価格**）で買う権利、または売る権利を売買する取引のことをいう。

対象となる商品（原資産）には、通貨、金利、債券、株式、株価指数、コモディティなどがある。また、原資産を買う権利のことを**コール・オプション**、売る権利のことを**プット・オプション**といい、それぞれの権利に対して付けられる価格のことをプレミアムという。

プレミアムは、オプションの権利（買う権利または売る権利）に対して付けられる価値のことをいう。通常、その価値は、権利の対象となる原資産価格、価格変動の大きさ（ボラティリティ）、権利行使価格、残存期間などによって変化する。具体的には、権利行使価格が原資産の市場価格に近いほど、残存期間が長いほど、ボラティリティが大きいほど、その価値は高くなる。

図表 2 - 2 -55　プレミアムの価格決定要因

決定要因		コール	プット
原資産価格	上昇	上昇	下落
	下落	下落	上昇
権利行使価格	高い	低い	高い
	低い	高い	低い
残存期間	長い	高い	高い
	短い	低い	低い
ボラティリティ	増加	上昇	上昇
	減少	下落	下落

2　バリア・オプション

　バリア・オプションとは、原資産価格がある一定の価格（バリア）に到達するか否かで、権利が発生したり消滅したりするオプションのことをいい、ノックイン・オプションとノックアウト・オプションがある。

　ノックイン・オプションは、原資産価格がある一定の価格（ノックインプライス）に到達すると、オプションの権利が発生するオプションのことをいう。

　ノックアウト・オプションは、原資産価格がある一定の価格（ノックアウトプライス）に到達すると、オプションの権利が消滅してしまうオプションのことをいう。原資産価格が満期までの間にノックアウトプライスに到達しなければオプションの権利は有効だが、ノックアウトプライスに到達するとオプションの権利が消滅する。

3　金利オプション

　金利オプションとは、金利商品を原資産とするデリバティブ取引をいう。マーケットの各種金利の変動に対応した金利商品に対するオプション取引で、代表的なものには「スワップション」「金利キャップ」「金利フロア」の 3 つがある。

図表 2 - 2 -56　代表的な金利オプション

スワップション	金利スワップを原資産とし、将来のある時点におけるスワップの固定金利を権利行使価格とするオプションで、将来のある期日における金利スワップを開始する権利を取引する。
金利キャップ	オプション（キャップ）の買い手が売り手に対してプレミアムを支払うことによって、契約期間中の金利更改日に基準金利がストライクプライス（権利行使価格、キャップレート）を上回った場合に、その差額（金利差）を受け取ることができる取引。
金利フロア	オプション（フロア）の買い手が売り手に対してプレミアムを支払うことによって、契約期間中の金利更改日に基準金利がストライクプライス（フロアレート）を下回った場合に、その差額（金利差）を受け取ることができる取引。

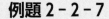

例題2-2-7

　デリバティブについての記述で、正しいものに○、誤っているものに×を付けその理由を説明しなさい。

1　原資産を買う権利のことをコール・オプション、売る権利のことをプット・オプションといい、それぞれの権利に対して付けられる価格のことをプレミアムという。

2　オプション取引においては、ボラティリティが大きいほど、プレミアムは低くなる。

3　ノックアウト・オプションとは、原資産価格がある一定の価格（ノックアウトプライス）に到達すると、オプションの権利が発生するオプションのことである。

解答・解説

1　○　問題文の通り。

2　×　ボラティリティが大きいほど、プレミアムは高くなる。

3　×　ノックアウト・オプションは原資産価格が一定の価格に到達するとオプションの権利が消滅する。

第8節　オルタナティブ投資

●オルタナティブ投資の特徴と分散投資効果を知る。

●インフラ投資、PE（プライベートエクイティ）、ヘッジファンド等代表
　的なオルタナティブ投資を知る。

●機動的にポートフォリオを変更する際に資産の流動性が重要であること
　を理解し、運用資産によってはキャッシュ化までに時間を要するリスク
　があることを理解する。

【1】　オルタナティブ投資

1　伝統的資産とオルタナティブ投資

　投資の世界でいう**伝統的資産**とは、株式と債券を意味し、通常、国内株式、外国株式、国内債券、外国債券の4資産を指す。伝統的資産という点から、この場合の外国株式や外国債券は先進国の株式や債券を指す。また、現金（キャッシュ）を伝統的資産に含めることもある。伝統的資産への投資では、先進国株式は相互に相関が高く、十分な分散投資が難しいことから、分散投資やリスクの抑制のためにオルタナティブ投資が広がった。**オルタナティブ[42]（代替資産）投資**とは、株式や債券などの伝統的な資産とは異なる資産への投資をいう。

　一般にオルタナティブ投資における投資対象は、株式や債券などとの相関性が低いとされ、分散投資の一つの選択肢となっている。昨今は、個人投資家向

図表2-2-57　主な伝統的資産とオルタナティブ投資

伝統的資産	オルタナティブ投資
国内株式 外国株式 国内債券 外国債券　　など	不動産 コモディティ（商品） プライベートエクイティ ヘッジファンド インフラ投資 証券化商品 保険商品投資　　　　など

---

[42] オルタナティブ（alternative）とは、「既存のものに代わる、慣習にとらわれない」といった意味。

けにもオルタナティブファンドなどが販売されているほか、REITや商品指数
連動ETF、金、商品先物取引、差金決済取引などを活用して、オルタナティ
ブ投資を行うことができる。

2　オルタナティブ投資の特徴

　オルタナティブ投資の最大の特徴は、投資対象となる資産の範囲が拡大する
ことである。オルタナティブ投資の対象は、不動産、コモディティ（商品）、
プライベートエクイティ、ヘッジファンドなどの各種ファンド、インフラ投資、
証券化商品、保険商品投資など多岐にわたる。

　2つめの特徴として、投資手法の多様化があげられる。従来型の伝統的資産
投資では、基本的に価格の上昇が収益の獲得につながるが、オルタナティブ投
資では先物取引やオプション取引、スワップ取引といった金融デリバティブを
用いて、あらゆる市場の局面で収益機会が得られるように投資手法が多様化さ
れている。オルタナティブ投資の一つであるヘッジファンドでは、先物取引、
オプション取引などの金融デリバティブが活用され、相場下落局面でも収益を
上げる投資手法もあり、リスクを抑制しつつリターンを高めるような工夫が行
われている。ただし、パフォーマンスは、運用者の技量に依存するので、誰で
も良いわけでなく、投資先の技量を良く調べることが重要である。

　また、投資する国・地域の拡大も特徴の一つである。伝統的資産では先進国
への投資が中心であったが、オルタナティブ投資では、新興国への投資も頻繁
に行われる。

3　オルタナティブ投資のメリット・デメリット

　オルタナティブ投資のメリット、デメリットを整理すると次のようになる。

図表2-2-58　オルタナティブ投資のメリット・デメリット

オルタナティブ投資のメリット	
分散効果	・投資対象となる資産の拡大、投資手法の多様化、投資する国・地域の増加が期待できる。 ・伝統的資産である株式や債券とは異なった価格変動をする資産が多い。
収益機会	・収益機会の多様化が期待できる。 ・「買い」と「売り」の両方の取引を行うことにより、金融市場のあらゆる局面で収益機会が得られる。

オルタナティブ投資のデメリット	
仕組み	・仕組みが複雑でわかりづらい場合がある。 ・ヘッジファンドなど高度な手法を用いた取引は、一般には複雑でわかりづらい。
価格変動	・値動きの要因や理由がわかりづらい場合がある。 ・ヘッジファンドなど、どういう状況で資産価格が上昇・下落するかわかりづらい。
パフォーマンス評価	・ファンドマネージャーの技量を評価する必要がある。価格の妥当性の目安となるベンチマークがないものが多く、パフォーマンス評価が困難。 ・株式のPERのような資産価格の目安・基準となるものがないものが多い。
取引コスト	・伝統的資産と比べて売買手数料や管理手数料などの各種手数料が高い。
流動性	・流動性や換金性が低く、思ったようなタイミングで売却できない場合がある。

【2】　オルタナティブ投資の種類[43]

1　不動産

　オルタナティブ投資の代表例の一つが不動産である。不動産投資には、直接アパートやマンションなどの実物不動産に投資する、不動産の小口化商品に投資する、上場されたREITに投資する、不動産に投資する投資信託に投資する、などの方法がある。機関投資家の場合は私募REITや私募ファンドに投資する方法も考えられる。

図表2-2-59　不動産投資

不動産投資
・実物不動産（現物不動産） ・小口化商品 ・上場REIT ・私募REIT ・不動産に投資する投資信託 ・私募ファンド

2　コモディティ

　コモディティ（**商品**）投資としては、金地金の積立投資や金ETFなどへの

---

[43]　本節において、オルタナティブ投資の個々の商品内容を説明することは省略するが、種類ごとの商品分類と、それぞれの名称等については覚えておきたい。

投資などがよく知られている。金やプラチナなどの貴金属はそれ自体に価値が
あり実物を保有できる資産であることも特徴の一つである。その他のコモディ
ティにはエネルギー、産業用金属、農産物、畜産物等がある。

図表 2 - 2 -60　コモディティ投資

コモディティ投資
・貴金属（金、銀、プラチナ） ・産業用金属（アルミニウム、銅、鉛） ・エネルギー（原油、ガソリン） ・農産物（小麦、コーン、大豆） ・畜産物（牛肉、豚肉）

3　プライベートエクイティ

　プライベートエクイティとは未公開株に投資するファンドのことをいう。ベ
ンチャー企業に投資をするベンチャーキャピタル、企業を買収して高い企業価
値を持たせてから売却するバイアウトファンド、経営不振の企業の立て直しを
行う企業再生ファンド、経営破綻したあるいは経営破綻しそうな企業の株式を
買い取るディストレストファンドなどがある。

　プライベートエクイティ・ファンドは、簡単にファンドから退出できない特
徴を持つので、最低10年の長期投資を覚悟する必要がある。しかし、その一方
で、長期的には大変高いパフォーマンスを実現する。米国の大学基金のように
数十年の投資が可能な運用機関は、プライベートエクイティへのポートフォリ
オ投資比率をここ15年増加させてきている。例えば、2019年度のハーバード大
学基金の資産運用をみると、28％をプライベートエクイティ（ベンチャーとバ
イアウトを含む）に投資し、高いパフォーマンスを獲得している。日本でも最
近プライベートエクイティに注目している投資顧問会社が出てきている。

図表 2 - 2 -61　プライベートエクイティ投資

プライベートエクイティ投資
・ベンチャーキャピタル ・バイアウトファンド ・企業再生ファンド ・ディストレストファンド ・セカンダリーファンド ・メザニンファンド

4　ヘッジファンド

　ヘッジファンドとは、先物取引などの金融デリバティブ（金融派生商品）などの取引手法を活用したファンドをいう。ヘッジファンドの投資戦略は大きく分けると相場見通しに基づいて投資を行うディレクショナル（方向性）戦略、銘柄間などの相対的な価格差に着目して割安な銘柄を買い割高な銘柄を売るレラティブバリュー（相対価値）戦略、企業買収などのイベントに着目して利益を狙うイベントドリブン戦略などがある。（ここで詳細な説明は行わないが、どのような投資があるか言葉は知っておきたい。）

図表 2 - 2 -62　ヘッジファンド投資

ヘッジファンド投資
・ディレクショナル（方向性）戦略（株式ロングショート、 　グローバルマクロ、マネージドフューチャーズ） ・レラティブバリュー（相対価値）戦略（株式マーケットニュートラル、 　債券アービトラージ、転換社債アービトラージ） ・イベントドリブン戦略（ディストレスト、M&Aアービトラージ、 　スペシャル・シチュエーション）

5　インフラ投資

　インフラ投資とは経済や社会の基盤となるインフラ施設に直接的・間接的に投資することをいう。インフラ施設には、経済インフラと社会インフラがある。

図表 2 - 2 -63　インフラ投資

インフラ投資
・経済インフラ（道路、橋、トンネル、鉄道、河川、港湾、空港、発電所、 　送配電施設、パイプライン、ダム、上下水道、放送・通信施設、衛星、ケーブル） ・社会インフラ（学校、病院、刑務所、政府関連施設）

6　証券化商品

　証券化商品とは、不動産、ローン、債権、知的財産権、事業など収入（キャッシュフロー）が見込まれる原資産を裏付けとして発行された証券が商品化されたものをいう。不動産関連ローンを裏付けとするMBS（不動産担保証券）、社債や金融機関の事業会社に対するローンを裏付けとするCDO（債務担保証券）、MBSやCDOに分類されない資産を裏付けとするABS（狭義の資産担保証券）

などがある。

図表 2 - 2 -64　証券化商品投資

証券化商品投資
・MBS（不動産担保証券）、RMBS（住宅ローン担保証券）、 　CMBS（商業不動産担保証券）、CMO（不動産抵当証券担保債券） ・CDO（債務担保証券）、CBO（社債担保証券）、CLO（ローン担保証券） ・ABS（自動車ローン債権、リース料債権、割賦債権、クレジットカード債権、 　学生ローン債権、消費者ローン債権、売掛金、商業手形など）

7　保険商品投資

　保険商品投資とは生命保険や損害保険に連動する保険リンク証券などに投資することをいう。再保険・再々保険、証券化の仕組み、金融デリバティブの仕組みなどを使って損害保険や生命保険のリスクに投資する。景気動向などにリターンが左右されないことが特徴である。具体的には自然災害の発生状況によって得られる収益が変わってくるキャットボンド（CAT債；Catastrophe bond）などがある。

図表 2 - 2 -65　保険商品投資

保険商品投資
・生命保険投資（超過死亡リスクの再保険、長寿リスクの再保険、 　医療保険の超過支払いリスクの再保険、ライフセトルメント） ・損害保険投資（CAT債（キャットボンド）、再保険・再々保険、 　ILW（インダストリー・ロス・ワランティ））

Column 2-2-6

オルタナティブ投資をどうとらえるか？

　オルタナティブの日本語訳は「代替的」であるが、伝統的資産を代替する資産と理解するのではなく、伝統的な投資ではない投資と理解したほうがわかりやすい。

　例えば、不動産投資信託と不動産会社の上場株式に投資するのでは意味が違う。インフラファンドとインフラ企業の上場株式に投資するのも同様だ。伝統的な株式というくくりの中での不動産会社やインフラ会社の株価は株式のインデックスの動きとは無関係ではいられない。たとえ、不動産賃貸やインフラからの利益が景気とは関係なく業績は安定したとしても、投資家が株式投資に神経質になって資金を他の資産に振り替えれば株式のインデックスは下落する。それにともなって不動産会社やインフラ企業の上場株式の価格も下落することになる。一方で不動産投資信託やインフラファンドのリターンの源泉は賃料収入やインフラからの利益であるので市場の影響は受けにくいのである。このようにオルタナティブ投資を考えるときにはリターンの源泉が何かを分析することが重要となる。

　また、投資手法に源泉を求めるヘッジファンドでは、その投資手法が投資する期間の市場環境に適しているかどうかを見極める必要がある。ヘッジファンドやプライベートエクイティは運用者の能力が大きな鍵となるため、実績を確認するとともに将来の市場環境との適合性を評価する必要がある。例えば、米国においては、IT革命やエネルギー革命の中で、プライベートエクイティのベンチャーファンドとバイアウトファンドについては、優秀なファンドマネージャーに長期間運用委託すれば、高いパフォーマンスが得られることが知られてきている。ただし、プライベートエクイティは、解約申請してから資金が完全に回収されるまで長期間必要とするという特徴がある。米国の大学基金や年金のように、数十年の長期運用を展望できる運用機関の運用資産の中のプライベートエクイティへの投資比率は、例えば、米国大手5大学基金の場合平均28%（2019年末）となっている。一方、日本ではようやくプライベートエクイティへの投資が始まったところである。

例題 2 - 2 - 8

　オルタナティブ投資についての記述で、正しいものに○、誤っているものに×を付けその理由を説明しなさい。
1　一般にオルタナティブ投資における投資対象は、株式や債券などとの相関性が低いとされ、分散投資の一つの選択肢となっている。
2　ヘッジファンドでは、金融デリバティブが活用され、リスクを抑制しつつリターンを高めるような工夫が行われているため、パフォーマンスは、運用者の技量に左右されない。

解答・解説

1　○　問題文の通り。
2　×　ヘッジファンドのパフォーマンスは、運用者の技量に依存するので、投資先の技量は良く調べることが重要である。

本章のまとめ

●顧客の立場にたった投資政策のポイントは、目標の設定、資産配分方針の決定、資産管理モニタリング、コミュニケーション、である。顧客のファイナンシャルゴールは、顧客の人生観に依存するので、良いアドバイスのためには、よくヒアリングすることが重要である。

●個人投資家の資産運用では、投資期間等を考慮しつつライフサイクルに即した投資行動が求められる。

●将来受け取ることができる金額について、現時点の価値に計算し直したものを現在価値という。

●投資の利益／投資額がリターンであり、将来のキャッシュフローが不確実な証券のリターンは確率変数とみなし、確率変数であるリターンの期待値が期待リターンである。

●証券投資のリスクは、投資資産のリターンが期待リターンから外れる可能性があることであり、保有する資産全体のリターンの標準偏差で測る。

●投資政策の基本は、分散投資によるリスク管理である。基本は、海外・国内の株式・債券の4分類である。ポートフォリオ投資により分散投資をすると、リスクが打ち消しあって、ポートフォリオのリスクが低下する効果を得られる。これをリスク分散効果と呼ぶ。

●長期分散投資をすると、複利効果に加え、市場の平均回帰性により、良好なパフォーマンスを得られる可能性がある。ただし、その場合でも、リスク許容度を勘案しつつ、資産分配を考えることが必要になる。

●外国証券に投資することで、国内では得られないリターンの獲得や分散投資によるリスク低減効果が期待できる。

●デリバティブは原資産から派生した資産であり、原資産の価格変動によりデリバティブの価格も変化する。

●分散投資効果の更なる拡充を図るため、REIT、ヘッジファンドといったオルタナティブ投資の利用が進んでいる。

索　引

260

参考文献

はじめに、第1編

足立優、米田隆『成功する歯科医院のビジネスモデル』クインテッセンス出版、
　　2006年。

荒尾正和ほか『ファミリービジネス白書』白桃書房、2018年、2022年。

後藤俊夫『ファミリービジネス　知られざる実力と可能性』白桃書房、2012年。

米田隆『世界のプライベートバンキング「入門」』ファーストプレス、2008年。

森本滋編著『商行為法講義［第3版］』成文堂、2009年。

ジョフ・コルヴァン、米田隆訳『究極の鍛錬』サンマーク出版、2010年。

ドロシー・M・サンプソン、デール・フェザーリング、フィル・リッチ、米田
　　隆訳『セカンドライフを愉しむ』ファーストプレス、2006年。

エドガー・H・シャイン、二村敏子・三善勝代訳『キャリア・ダイナミックス』
　　白桃書房、1991年。

M・チクセントミハイ、今村浩明訳『フロー体験　喜びの現象学』世界思想社、
　　1996年。

ジョージ・E・ヴァイラント、米田隆訳『50歳までに「生き生きとした老い」
　　を準備する』ファーストプレス、2008年。

Gersick, Kelin E., John A. Davis, Marion McCollom Hampton, and Ivan
　　Lansberg. *Generation to Generation: Life Cycles of the Family Business.*
　　Harvard Business Review Press, 1997.

Gibson, Ronald J., and Jeffery N. Gordon. "Board 3.0 – An Introduction", *The
　　Business Lawyer*, Vol. 74, Spring 2019, pp. 351-366.

Sobel, Andrew and Jagdish Sheth. *Clients for Life*. Free Press, 2002.

Ward, John L. *Keeping the Family Business Healthy*. Palgrave Macmillan,
　　2011.

第2編

三好秀和、公益社団法人　日本証券アナリスト協会『資産運用・管理の基礎知
　　識』ときわ総合サービス、2019年。

Campbell, John Y., Joao Cocco, Francisco Gomes, Pascal J. Maenhout, and
　　Luis M. Viceira. "Stock Market Mean Reversion and the Optimal Equity

Allocation of a Long-Lived Investor", *European Finance Review*, 5[3], 2001, pp. 269–292.

Chopra, Vijay K. and William T. Ziemba. "The Effect of Errors in Means, Variances, and Covariances on Optimal Portfolio Choice", *Journal of Portfolio Management*, Winter 1993, 19(2), pp. 6–11.

Fama, Eugene F. and Kenneth R. French. "The Cross-Section of Expected Stock Returns", *The Journal of Finance*, Vol. 47, No.2, June 1992, pp. 427–465.

Sharpe, William. "Adaptive Asset Allocation Policies", *Financial Analysts Journal*, Vol. 66, No.3, 2010, pp. 45–59.

Siegel, Jeremy J. *Stock for the Long Run: The Definitive Guide to Financial Market Returns and Long-Term Investment Strategies*. McGraw-Hill, 5th ed. 2014.

新プライベートバンキング（第1分冊）

<執筆者>

◆はじめに　第1編第1章、第2章

米田　隆（よねだ　たかし）

早稲田大学ビジネス・ファイナンス研究センター　上級研究員（研究院教授）

株式会社グローバル・リンク・アソシエイツ　代表取締役

株式会社青山ファミリーオフィスサービス　取締役

1981年　早稲田大学法学部卒業後、日本興業銀行入行。

1985年　米国フレッチャー法律外交大学院修士（国際金融法務専攻）。

1991年　株式会社グローバル・リンク・アソシエイツ設立。

1999年　エル・ピー・エル日本証券代表取締役社長、2008年取締役会長。

2010年6月より株式会社グローバル・リンク・アソシエイツ　代表取締役。

日本証券アナリスト協会PB教育委員会委員長、同PB資格試験委員会委員、同PB職業倫理等審査委員会委員。

◆第1編第3章

大石　篤史（おおいし　あつし）

森・濱田松本法律事務所パートナー

弁護士／税理士

1996年　東京大学法学部卒業

1998年　弁護士登録

2003年　ニューヨーク大学ロースクール修了

2003年　Weil, Gotshal＆Manges　LLPニューヨークオフィス執務

2006年　税理士登録

2016年　早稲田大学「国際ファミリービジネス総合研究所」招聘研究員
　　　　　（〜現在）

日本証券アナリスト協会PB教育委員会委員、同PB職業倫理等審査委員会委員。

安部　慶彦（あべ　よしひこ）
森・濱田松本法律事務所シニア・アソシエイト
弁護士
　2013年　早稲田大学法学部卒業
　2015年　東京大学法科大学院修了
　2016年　弁護士登録

◆**第2編第1章**
北山　雅一（きたやま　まさいち）
株式会社キャピタル・アセット・プランニング　代表取締役
公認会計士／税理士／CMA
　1979年　慶応義塾大学商学部卒業後、大手監査法人にて銀行、証券会社、
　　　　　証券投資委託会社の監査に従事。
　1990年　株式会社キャピタル・アセット・プランニングを設立し、代表取
　　　　　締役に就任。
日本証券アナリスト協会PB教育委員会委員、同PB資格試験委員会委員。

◆**第2編第2章**
木村　哲（きむら　さとる）
明治大学名誉教授
CMA／CIIA
　1974年　早大理工学部卒　同年日本興業銀行入行
　1998年　興銀（現みずほ第一）フィナンシャルテクノロジー㈱取締役投資
　　　　　技術開発部長
　2004年4月　明治大学専門職大学院グローバル・ビジネス研究科教授
　　　　　　　日本金融・証券計量・工学学会理事
　　　　　　　日本価値創造ERM学会評議員
　2021年6月　㈱The Intellectual Bank of Japan取締役
日本証券アナリスト協会カリキュラム委員、同PB資格試験委員。

新プライベートバンキング
―プライマリーPB資格試験対応―
第1分冊

2023年1月31日　初版第1刷発行

編　者 —— 公益社団法人 日本証券アナリスト協会

発行所 —— ときわ総合サービス 株式会社

〒103-0022　東京都中央区日本橋室町4-1-5
共同ビル（室町四丁目）
☎ 03-3270-5713　FAX 03-3270-5710
https://www.tokiwa-ss.co.jp/

印刷／製本 —— 株式会社サンエー印刷